プリント形式のリアル過去問で本番の臨場感！

広島県

広島国際学院中学校

2025年春 受験用 解答集

本書は，実物をなるべくそのままに，プリント形式で年度ごとに収録しています。
問題用紙を教科別に分けて使うことができるので，本番さながらの演習ができます。

■ 収録内容

・解答集（この冊子です）

書籍ＩＤ番号，この問題集の使い方，最新年度実物データ，リアル過去問の活用，
解答例と解説，ご使用にあたってのお願い・ご注意，お問い合わせ

・2024（令和６）年度 ～ 2022（令和４）年度　学力検査問題

JN132334

〇は収録あり　年度	'24	'23	'22			
■ 問題（入試Ⅰ・入試Ⅱ）※	〇	〇	〇			
■ 解答用紙	〇	〇	〇			
■ 配点						

算数に解説があります

※2024年度より入試Ⅰで英語選択型を導入（リスニングの音声・原稿は収録していません）
注）問題文等非掲載:2023年度入試Ⅰ国語の一，2022年度入試Ⅰ国語の二と三，2021年度入試Ⅰ社会の3

問題文などの非掲載につきまして

著作権上の都合により，本書に収録している過去入試問題の本文や図表の一部を掲載しておりません。ご不便をおかけし，誠に申し訳ございません。

本文の一部を掲載できなかったことによる国語の演習不足を補うため，論説文および小説文の演習問題のダウンロード付録があります。弊社ウェブサイトから書籍ＩＤ番号を入力してご利用ください。

なお，問題の量，形式，難易度などの傾向が，実際の入試問題と一致しない場合があります。

教英出版

■　書籍ＩＤ番号

入試に役立つダウンロード付録や学校情報などを随時更新して掲載しています。
教英出版ウェブサイトの「ご購入者様のページ」画面で，書籍ＩＤ番号を入力してご利用ください。

書籍ＩＤ番号　124432

（有効期限：2025年9月30日まで）

【入試に役立つダウンロード付録】
「要点のまとめ(国語／算数)」
「課題作文演習」ほか

■　この問題集の使い方

年度ごとにプリント形式で収録しています。針を外して教科ごとに分けて使用します。①片側，②中央のどちらかでとじてありますので，下図を参考に，問題用紙と解答用紙に分けて準備をしましょう（解答用紙がない場合もあります）。

針を外すときは，けがをしないように十分注意してください。また，針を外すと紛失しやすくなりますので気をつけましょう。

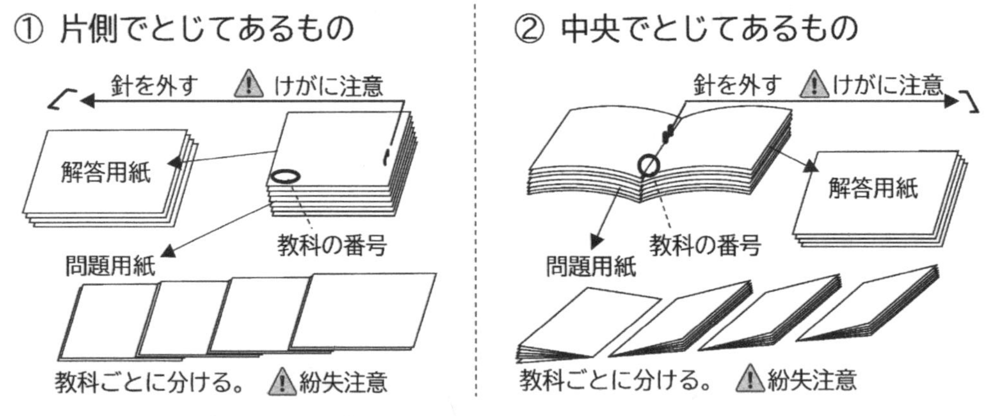

※教科数が上図と異なる場合があります。
解答用紙がない場合や，問題と一体になっている場合があります。
教科の番号は，教科ごとに分けるときの参考にしてください。

■　最新年度　実物データ

実物をなるべくそのままに編集していますが，収録の都合上，実際の試験問題とは異なる場合があります。実物のサイズ，様式は右表で確認してください。

問題用紙	Ｂ５冊子(二つ折り) 英：Ａ４冊子(二つ折り)
解答用紙	Ｂ４片面プリント

リアル過去問の活用

～リアル過去問なら入試本番で力を発揮することができる～

本番を体験しよう！

問題用紙の形式（縦向き / 横向き），問題の配置や余白など，実物に近い紙面構成なので本番の臨場感が味わえます。まずはパラパラとめくって眺めてみてください。「これが志望校の入試問題なんだ！」と思えば入試に向けて気持ちが高まることでしょう。

入試を知ろう！

同じ教科の過去数年分の問題紙面を並べて，見比べてみましょう。

① 問題の量

毎年同じ大問数か，年によって違うのか，また全体の問題量はどのくらいか知っておきましょう。どのくらいのスピードで解けば時間内に終わるのか，大問ひとつにかけられる時間を計算してみましょう。

② 出題分野

よく出題されている分野とそうでない分野を見つけましょう。同じような問題が過去にも出題されていることに気がつくはずです。

③ 出題順序

得意な分野が毎年同じ大問番号で出題されていると分かれば，本番で取りこぼさないように先回りして解答することができるでしょう。

④ 解答方法

記述式か選択式か（マークシートか），見ておきましょう。記述式なら，単位まで書く必要があるかどうか，文字数はどのくらいかなど，細かいところまでチェックしておきましょう。計算過程を書く必要があるかどうかも重要です。

⑤ 問題の難易度

必ず正解したい基本問題，条件や指示の読み間違いといったケアレスミスに気をつけたい問題，後回しにしたほうがいい問題などをチェックしておきましょう。

問題を解こう！

志望校の入試傾向をつかんだら，問題を何度も解いていきましょう。ほかにも問題文の独特な言いまわしや，その学校独自の答え方を発見できることもあるでしょう。オリンピックや環境問題など，話題になった出来事を毎年出題する学校だと分かれば，日頃のニュースの見かたも変わってきます。

こうして志望校の入試傾向を知り対策を立てることこそが，過去問を解く最大の理由なのです。

実力を知ろう！

過去問を解くにあたって，得点はそれほど重要ではありません。大切なのは，志望校の過去問演習を通して，苦手な教科，苦手な分野を知ることです。苦手な教科，分野が分かったら，教科書や参考書に戻って重点的に学習する時間をつくりましょう。今の自分の実力を知れば，入試本番までの勉強の道すじが見えてきます。

試験に慣れよう！

入試では時間配分も重要です。本番で時間が足りなくなってあわてないように，リアル過去問で実戦演習をして，時間配分や出題パターンに慣れておきましょう。教科ごとに気持ちを切り替える練習もしておきましょう。

心を整えよう！

入試は誰でも緊張するものです。入試前日になったら，演習をやり尽くしたリアル過去問の表紙を眺めてみましょう。問題の内容を見る必要はもうありません。どんな形式だったかな？受験番号や氏名はどこに書くのかな？…ほんの少し見ておくだけでも，志望校の入試に向けて心の準備が整うことでしょう。

そして入試本番では，見慣れた問題紙面が緊張した心を落ち着かせてくれるはずです。

※まれに入試形式を変更する学校もありますが，条件はほかの受験生も同じです。心を整えてあせらずに問題に取りかかりましょう。

広島国際学院中学校【入試Ⅰ】

《国　語》

一　問一．①規模　②たいこ　③さば　④異常　　問二．Ⅰ．イ　Ⅲ．ウ　　問三．主観　　問四．エ　　問五．人間が厳しい環境の中で生き残るために、その弱い心をさまざまな不安やストレスから守ってくれるものとして、魂や来世といった宗教的な考えが人々の心の中に自然と生まれた　　問六．全知全能の絶対者　　問七．全知全能の神は、この世界の悲惨なことをなくせるはずなのに、世界には悪や苦しみが存在し続けていること。　　問八．ウ　問九．ア

二　問一．①やじ　②済　③一束　④がってん〔別解〕がてん　　問二．Ⅰ．オ　Ⅱ．イ　　問三．ウ　　問四．小川の髪が蔵並の肩や背中にかかっているのを、近すぎ遠すぎもしない絶妙な距離で、しかも自分だけが気にして見ていたから。　　問五．班別自由行動の日に単独行動をすると言ったことで、ちょっと呆れたような、冷めた雰囲気になる中、小川が楽しそうに場を和ませるようなことを言うので、勇気づけられて少し安心している。

問六．ア　　問七．ウ，エ　　問八．X．新大久保　Y．東京タワー　Z．葛西臨海水族館〔別解〕水族園

三　問一．ⅰ．玉　ⅱ．壁　　問二．1．オ　2．ウ　3．キ　4．コ　　問三．エ　　問四．Ⅰ・Ⅱ．果／長／育 などから1つ　Ⅲ・Ⅳ．達／完／賛 などから1つ　　問五．七転八起　　問六．名よ

《算　数》

1　(1)2024　(2)$\frac{5}{14}$　(3)46　(4)7　(5)15.7　(6)(ア)2　(イ)5

2　(1)65　(2)$\frac{1}{5}$　(3)$\frac{1}{5}$

3　(1)8　(2)3.2　(3)4

4　(1)②　※(2)50　※(3)2000

5　※(1)7：9　※(2)1500　(3)600

※の計算式や考え方は解説を参照してください。

《英　語》

≪リスニングテスト≫

放送原稿非公表のため，解答例は掲載しておりません。

≪筆記試験≫

1　(1)3　(2)2　(3)1　(4)3　(5)1　(6)3　(7)4　(8)2　(9)3　(10)2

2　(1)3　(2)3　(3)2　(4)1　(5)4

3　(1)エ　(2)ウ　(3)ウ　(4)カ

4　(1)3　(2)4　(3)1

5　(1)エ　(2)オ　(3)イ　(4)ア

6　(1)1　(2)2　(3)3　(4)4　(5)1

7　(1)I like reading　(2)How many books　(3)I play the piano

《社会・理科》

1　問１．⑴藤原道長　⑵遣唐使　⑶菅原道真　問２．ウ　問３．⑴イ→ア→ウ　⑵イ　問４．それまでの納税額による制限が撤廃され、満25歳以上のすべての男子に選挙権が与えられたから。　問５．エ　問６．ウ　問７．人工知能　問８．メディアリテラシー

2　問１．協調　問２．⑴中国　⑵ロシア　問３．加　問４．ウ　問５．⑴ＥＵ〔別解〕ヨーロッパ連合　⑵イギリス　問６．グローバルサウス　問７．⑴推古天皇　⑵平清盛　⑶資料館・慰霊碑・原爆ドームを一直線上に並べ，見通すことができるようにした。　問８．(広島)大本営

3　問１．遠洋　問２．ア　問３．群馬県・栃木県・奈良県などは海に面していない内陸県であり，漁港がないから。　問４．大宝律令　問５．ウ　問６．エ　問７．日本は化石燃料による火力発電の割合が高いが，フランスは原子力発電の割合が高いから。　問８．１つ目…自由権　２つ目…生存権

4　問１．③　問２．ア．肺ほう　イ．じん臓　ウ．ぼうこう　エ．アンモニア　オ．じゅう毛　問３．誤り…炭水化物　正しいことば…たんぱく質　問４．水分を吸収し，便をつくる。　問５．消化こう素　問６．異なる結果…Ａ　実験の手順…⑶　実験方法…２本の試験管を10分間40℃のお湯に入れる。

5　問１．④　問２．(ア)　問３．②，⑤　問４．食塩水　問５．うすい塩酸，炭酸水　問６．④

6　問１．384　問２．ア　問３．ア．78.4　イ．65.6　ウ．52.8　問４．オ　問５．160　問６．エ

7　問１．太陽の光を反射して光っている　問２．衛星　問３．①クレーター　②月の自転周期と公転周期が同じだから。　問４．①12　②６　問５．ベガ／アルタイル／デネブ

【算数の解説】

1　⑴　与式$=8\times\{256-(2\times2\times2\div2-2\div2)\}=8\times\{256-(4-1)\}=8\times(256-3)=8\times253=\mathbf{2024}$

⑵　与式$=(\frac{1}{2}-\frac{1}{3})+(\frac{1}{3}-\frac{1}{4})+(\frac{1}{4}-\frac{1}{5})+(\frac{1}{5}-\frac{1}{6})+(\frac{1}{6}-\frac{1}{7})=\frac{1}{2}-\frac{1}{7}=\frac{7-2}{14}=\mathbf{\frac{5}{14}}$

⑶　**【解き方】151－13＝138，335－13＝322，2037－13＝2024の公約数のうち最も大きいものを求めるので，最大公約数を求める。**

３つ以上の数の最大公約数を求めるときは，右のような筆算を利用する。３つの数を割り切れる数で次々に割っていき，割った数をすべてかけあわせれば最大公約数となる。よって，138と322と2024の最大公約数は，２×23＝**46**である。46は13より大きいので条件に合う。なお，2024＝２×２×２×11×23のように，自分が受験する年度の西暦を素数の積で表した式は暗記しておくこと。

2)	138	322	2024
23)	69	161	1012
	3	7	44

⑷　**【解き方】食塩水の問題は，うでの長さを濃度《のうど》，おもりを食塩水の重さとしたてんびん図で考えて，うでの長さの比とおもりの重さの比がたがいに逆比になることを利用する。**

Ａの中での操作について，右図Ⅰのようなてんびん図がかける。

ａ：ｂ＝(５－３)：(８－５)＝２：３だから，混ぜ合わせた食塩水の量の比はこの逆比の３：２である。図Ⅰの３％の食塩水の量を③，８％の食塩水の量を②とすると，Ａから取り出した食塩水の量は②÷２＝①だから，③＋①＝④が400ｇにあたる。したがって，Ａから取り出した食塩水は，$400\times\frac{①}{④}=100$(ｇ)，Ｂの中に残っていた食塩水は600－100×２＝400(ｇ)だから，Ｂの中での操作について，図Ⅱのようなてんびん図がかける。ｃ：ｄは100：400＝１：４の逆比の４：１だから，ｃ：(ｃ＋ｄ)＝４：(４＋１)＝４：５である。

図Ⅰ

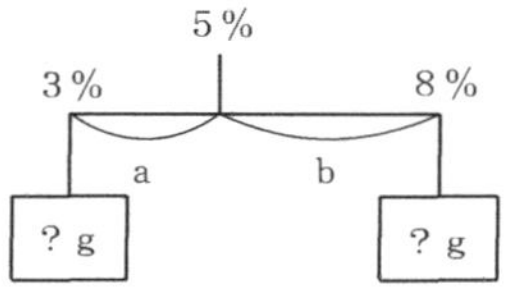

図Ⅱ

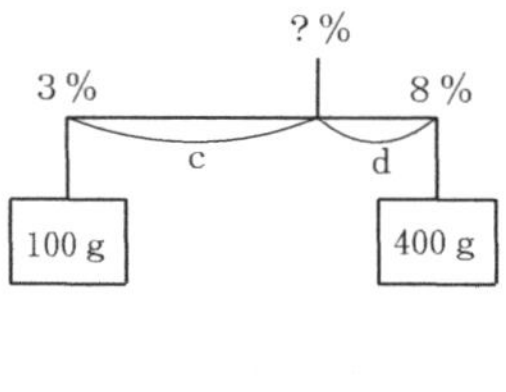

よって，c＝(8－3)×$\frac{4}{5}$＝4(%)だから，求める濃度は，3＋4＝**7**(%)

⑸　**【解き方】右図のように記号をおく。求める長さは，曲線EDの長さの5倍である。**

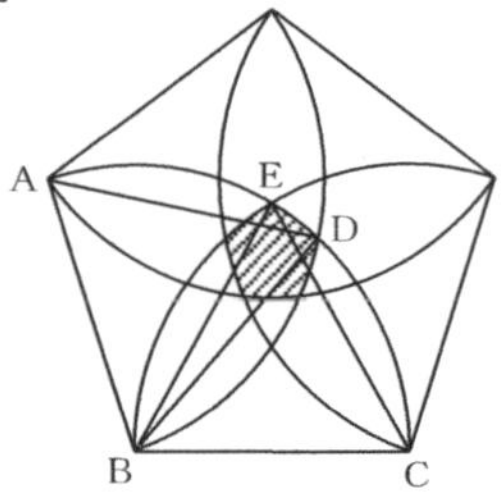

五角形の内角の和は，180°×(5－2)＝540°だから，正五角形の1つの内角は，

540°÷5＝108°なので，角ABC＝108°

三角形ADBと三角形BECは正三角形なので，角ABD＝角EBC＝60°

したがって，角EBD＝60°＋60°－108°＝12°

よって，求める長さは，(15×2×3.14×$\frac{12°}{360°}$)×5＝5×3.14＝**15.7**(cm)

⑹　**【解き方】見取り図をかきながら，展開図と見取り図で対応するように頂点の記号をおくと，右図のようになる。切り口は図Ⅱの太線である。**

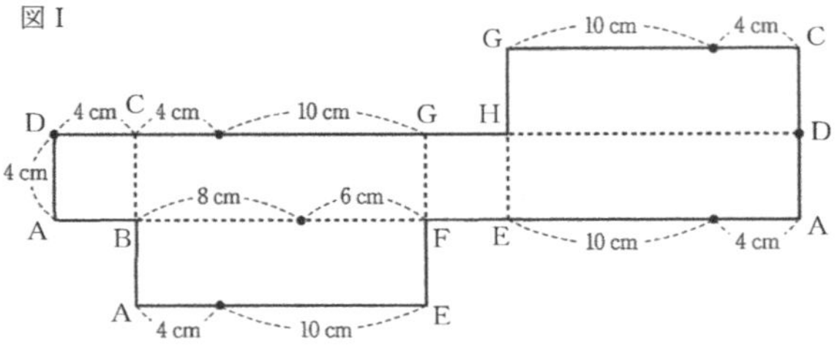

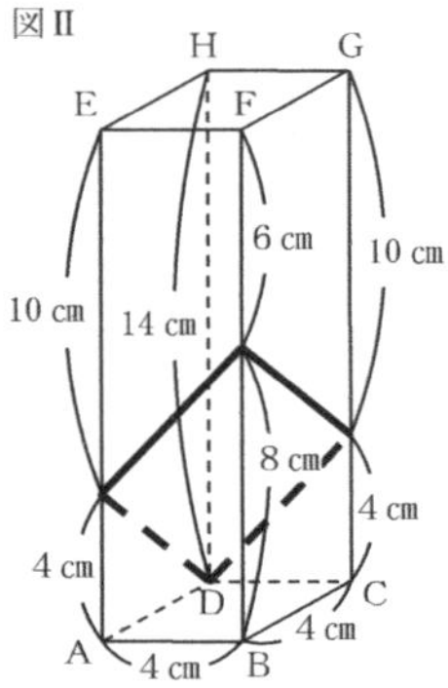

2つに分けられた立体のうちBをふくむ方の立体を2つ用意し，切断面で重ねると，底面積が4×4＝16(cm²)で高さが8cmの直方体ができる。したがって，Bをふくむ方の立体の体積は，(16×8)÷2＝64(cm³)

図Ⅱの直方体の体積は，16×14＝224(cm³)だから，Fをふくむ方の立体の体積は，224－64＝160(cm³)

よって，求める体積比は，64：160＝**2：5**

2　⑴　与式＝(11÷$\frac{1}{5}$－11)＋(7×2＋7)＝(11×5－11)＋14＋7＝55－11＋21＝**65**

⑵　与式より，3÷□－3＝12だから，3÷□＝12＋3　　3÷□＝15　　□＝3÷15＝$\frac{1}{5}$

⑶　与式より，◇÷$\frac{1}{3}$－◇＝$\frac{1}{3}$×◇＋$\frac{1}{3}$　　◇×3－◇＝◇×$\frac{1}{3}$＋$\frac{1}{3}$　　◇×(3－1)＝◇×$\frac{1}{3}$＋$\frac{1}{3}$

◇×2＝◇×$\frac{1}{3}$＋$\frac{1}{3}$　　◇×2－◇×$\frac{1}{3}$＝$\frac{1}{3}$　　◇×(2－$\frac{1}{3}$)＝$\frac{1}{3}$　　◇×$\frac{5}{3}$＝$\frac{1}{3}$　　◇＝$\frac{1}{3}$÷$\frac{5}{3}$＝$\frac{1}{3}$×$\frac{3}{5}$＝$\frac{1}{5}$

3　⑴　**【解き方】右図のように面積を変えずに斜線部分を変形できる。**

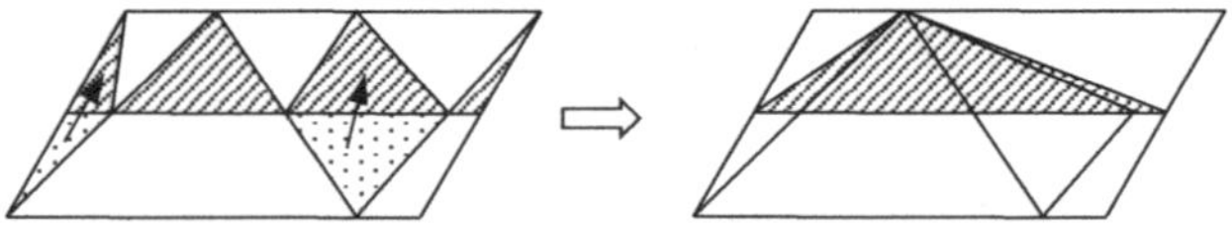

斜線部分の面積は，底辺の長さが8cm，高さが4÷2＝2(cm)の三角形の面積と等しいから，8×2÷2＝**8**(cm²)

⑵　**【解き方】右図のように記号をおく。三角形ACGと三角形JCGは，底辺をそれぞれAC，JCとしたときの高さが等しいから，面積比はAC：JCに等しい。**

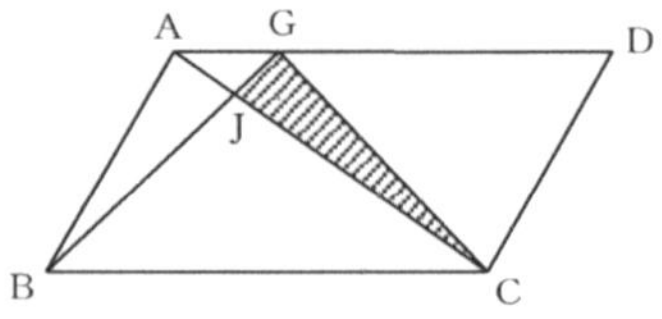

三角形ACGの面積は，2×4÷2＝4(cm²)

ADとBCが平行だから，三角形AGJと三角形CBJは同じ形なので，

AJ：CJ＝AG：CB＝2：8＝1：4　　よって，AC：JC＝(1＋4)：4＝5：4だから，

(三角形JCGの面積)＝(三角形ACGの面積)×$\frac{4}{5}$＝4×$\frac{4}{5}$＝**3.2**(cm²)

⑶　**【解き方】ＡＧ＝ＧＨ＝ＨＩ＝ＩＤ＝２㎝である。したがって，右図のように記号をおいて⑵と同様に考えると，ＡＪ：ＪＣ＝ＧＫ：ＫＣ＝ＨＬ：ＬＣ＝ＩＭ：ＭＣとなるから，ＡＤと直線ℓは平行である。同様に，直線mと直線ｎも辺ＡＤと平行である。**

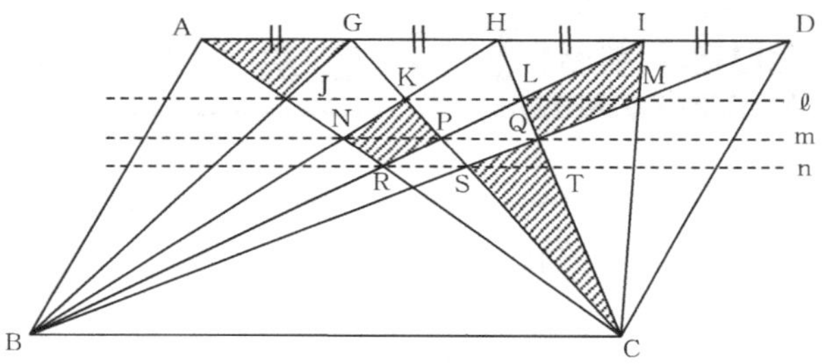

三角形ＪＫＣは三角形ＡＧＣを，三角形ＬＭＣは三角形ＨＩＣを，$\frac{ＪＣ}{ＡＣ}$倍に縮小した図形だから，ＡＧ＝ＨＩより，ＪＫ＝ＬＭである。三角形ＧＪＫと三角形ＩＬＭは，底辺をそれぞれＪＫ，ＬＭとすると，底辺の長さと高さが等しいから，面積が等しい。同様に，三角形ＮＪＫと三角形ＱＬＭは面積が等しい。

同様に，ＡＧ＝ＧＨよりＲＳ＝ＳＴだから，三角形ＰＲＳと三角形ＱＳＴ，三角形ＣＲＳと三角形ＣＳＴはそれぞれ面積が等しい。よって，斜線部分の面積は三角形ＡＧＣの面積と等しく，２×４÷２＝**４**(㎠)

４　⑴　グラフの形から右図のことが読み取れる。したがって，先にＱに着いたのは「**②かめさん**」である。

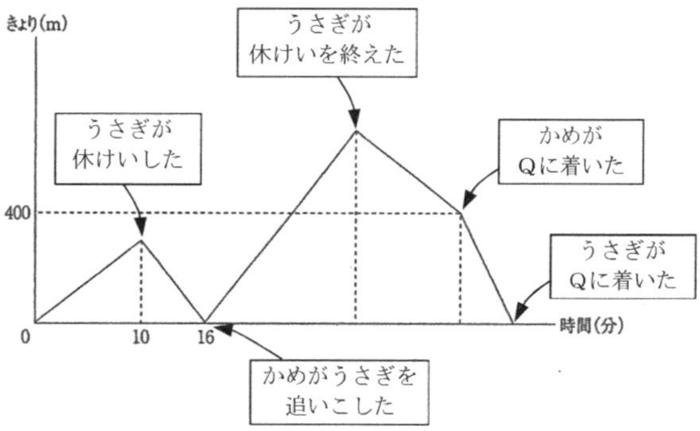

⑵　うさぎさんは 80×10＝800(m)進んで休けいした。かめさんは 800m進むのに 16 分かかったから，かめさんの速さは，800÷16＝50 より，毎分 **50**m である。

⑶　うさぎさんが休けいを終えたとき，かめさんは 50×(10＋20)＝1500(m)進んでいた。このときかめさんはうさぎさんの 1500－800＝700(m)先にいた。かめさんがＱに着いたのは，この後うさぎさんがかめさんに 700－400＝300(m)近づいたときである。うさぎさんがかめさんに近づく割合は，80－50＝30 より，毎分 30mだから，300÷30＝10(分)かかる。10 分でかめさんは 50×10＝500(m)進むので，かめさんはＰから 1500＋500＝**2000**(m)進んだときにＱに着いた。これが求める道のりである。

５　⑴　**【解き方】３人の所持金の合計は変わっていないことに注目する。**

10：５：３の比の数の合計 18 と，６：13：11 の比の数の合計 30 は同じ金額を表すので，３人の所持金の合計を 18 と 30 の最小公倍数の90⃝とする。はじめの長男，次男，三男の所持金はそれぞれ，90⃝×$\frac{10}{18}$＝㊿，㊿×$\frac{5}{10}$＝㉕，㊿×$\frac{3}{10}$＝⑮であり，お金が動いた後の所持金はそれぞれ，90⃝×$\frac{6}{30}$＝⑱，⑱×$\frac{13}{6}$＝㊴，⑱×$\frac{11}{6}$＝㉝である。

よって，求める比は，(㊴－㉕)：(㉝－⑮)＝**７：９**

⑵　⑴より，㊴－㉕＝⑭が 1400 円にあたるから，①は 1400×$\frac{①}{⑭}$＝100(円)にあたる。よって，求める金額は，100×15＝**1500**(円)

⑶　**【解き方】プレゼントを買う直前の長男，次男，三男の所持金はそれぞれ，1800 円，3900 円，3300 円である。**

長男は 1800 円出したから，次男と三男は合わせて 3600－1800＝1800(円)出した。また，次男は三男より 3900－3300＝600(円)多く出した。

次男が出した金額を 600 円少なくすると，２人の出した金額は同じになり，合計は 1800－600＝1200(円)となる。

よって，三男が出した金額は，1200÷２＝**600**(円)

広島国際学院中学校【入試Ⅱ】

《適性１》

1　問１．右図　　問２．12　　問３．２，10

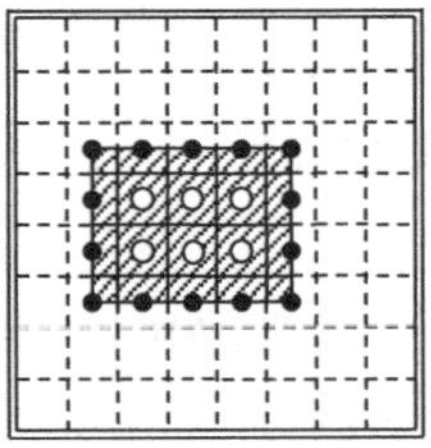

2　問１．ウ　※問２．19

問３．②①①③①①②④①①①③①④②／

①②①①③①②④①①①③①④②　のうち１つ

3　問１．木　※問２．2029　　問３．225　※問４．19

4　問１．空気の出入りが多いから。　　問２．右グラフ

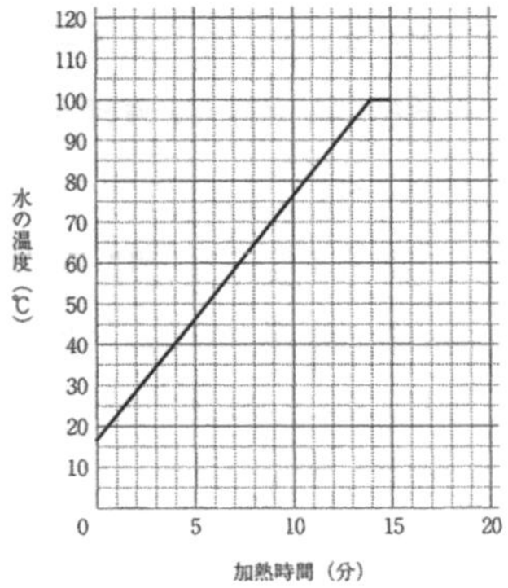

問３．ドラム缶のふちは，ドラム缶の中の湯の温度より高くならないから。

5　問１．原子核にある陽子の数。　　問２．あえん　　問３．ウ

問４．(a)酸素原子１個の原子核の重さの２倍となり，（８＋８）×２＝32　(b)８

※の求める過程，理由は解説を参照してください。

《適性２》

1　昔は水田として利用された水はけがよくない土地であるのに加え，宅地を作ったり道路などを舗装したりしたことで，雨水が地面にしみ込まなくなって水の行き場が少なくなり，内水はんらんが起こったから。

2　(1)A．高度経済成長期　B．北方領土　　(2)発電量の 50％以上が火力発電である　　(3)年中を通して吹く偏西風により安定した発電が見込めるのに加え，イギリスは島国で海岸線が長く，水深の浅い海岸近くの海上に多くの風車を設置できるから。　　(4)D．かつてイギリスに支配されていた名残から英語教育を受けていて，英語を使って仕事ができる　E．13　F．インドでは朝の会社が始まる時間になる

3　(1)A．カラダを使った　B．受動的　　(2)自分たちで考えながら遊ぶ

(3)<作文のポイント>

・最初に自分の主張、立場を明確に決め、その内容に沿って書いていく。

・わかりやすい表現を心がける。自信のない表現や漢字は使わない。

さらにくわしい作文の書き方・作文例はこちら！→　https://kyoei-syuppan.net/mobile/files/sakupo.html

2024 算数分野の解説 令和6年度 広島国際学院中学校【入試Ⅱ】

《適性１》

1　**問１**　タイルＡの数は，タイルＣだけでできる長方形の周りの長さと等しい。タイルＡが10個なので，タイルＣだけでできる長方形の縦と横の長さの和が，10÷２＝５(㎝)になればよい。したがって，タイルＣを縦に２個，横に３個並べれば，解答例のような長方形ができる。

問２　問１の解答例より，縦３㎝，横４㎝だから，面積は，３×４＝12(㎠)

問３　問１をふまえる。タイルＣが６＋３＝９(個)になる。９を２つの整数の積で表すと，９＝１×９＝３×３の２通りできる。したがって，タイルＣだけでできる長方形は，縦１㎝，横９㎝か，縦と横がともに３㎝かのどちらかである。縦１㎝，横９㎝の場合，タイルＡは(１＋９)×２＝20(個)必要なので，20－10＝10(個)増やす。縦と横がともに３㎝の場合，タイルＡは３×４＝12(個)必要なので，12－10＝２(個)増やす。

2　**問１**　ア～エでは前に２つ進んでから左を向く。このあと①では進めないので，イは正しくない。イ以外の３つの経路は右図のようになる(下の経路から順にア，エ，ウであり，アは直方体の奥の面を通る)。アとエは最後のカブトムシロボットの向きが合わない。オは③④②①①③①①の後④では進めないので，正しくない。以上より，正しいのはウである。

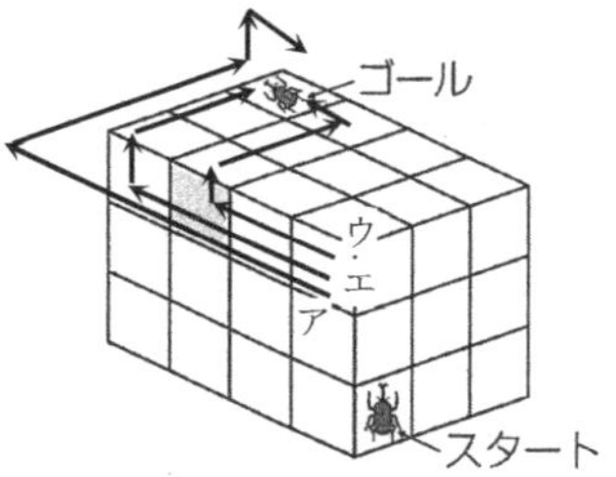

問２　側面での移動は時間がかかるので，なるべく早く上面に出るようにする。したがって，右図のように動けば最も速く移動できる(上面での経路は図の２通りのうちどちらでも時間が変わらない)。①①④で上面に出るまでの時間が，３×２＋2.5＝8.5(秒)である。上面では１マス動くのにも向きを変えるのにも1.5秒かかるから，②①①③①①①としても①①①②①①③としても，上面でかかる時間は1.5×７＝10.5(秒)である。よって求める時間は，8.5＋10.5＝19(秒)

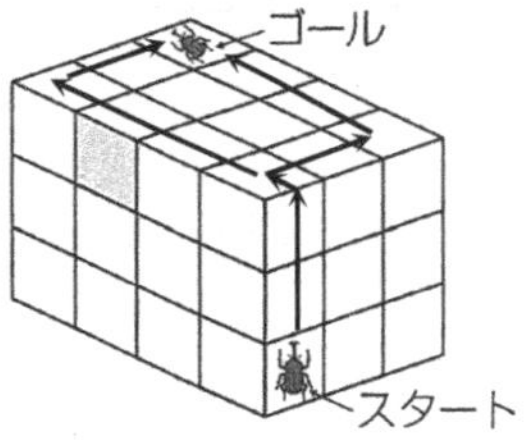

問３　色がついている面にたどり着くまでは，右図のように２通りの最短経路があり，それぞれ②①①③①①，①②①①③①である。
色がついている面から上面に出ると，Ａのマスまで来たときさらに前に進むことができない。④は同じ立方体でない場合は進むことができないからである。
したがって，色がついているマスから，図では見えない直方体の右の面に進み，ゴールの真下まできてから向きを変えてゴールまで上る。このプログラムは，②④①①①③①④②である。なお，Ａから右に向きを変えてゴールを目指しても最短経路にはならない。

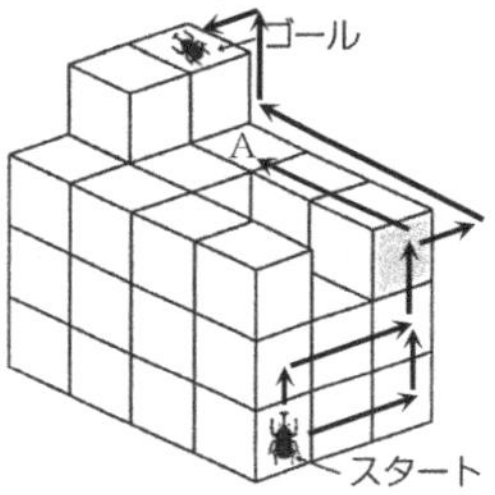

3　**問１**　2025年１月23日は2024年１月23日の52週と２日後だから，曜日は２つ後ろにずれて，木曜日になる。

問２　うるう年ではない年は，365÷７＝52余り１より，52週と１日である。したがって，１年後の同じ日の曜日は１つ後の曜日となるが，うるう年の２月29日をまたぐ場合は，２つ後の曜日となる。よって，１月23日の曜日を１年ごとに見ていくと，火(2024年) → 木(2025年) → 金(2026年) → 土(2027年) → 日(2028年) → 火(2029年) となるから，求める年は2029年である。

問３　939－［イ］＝714となったのだから，［イ］＝939－714＝225

問４　太郎さんの計算では④の後に1500になったのだから，③の後は1500－25＝1475，②の後は1475÷25＝59である。よって，②で太郎さんが加えた数は，59－10×４＝19

2023 解答例 令和５年度　広島国際学院中学校【入試Ⅰ】

《国　語》

一　問一．①表明　②道筋　③観察　④成熟　　問二．Ⅰ．イ　Ⅱ．エ　　問三．イ　　問四．ア　　問五．性の対象物としての危険や恐れをともなう〈おませ〉になるか、子ども扱いされて友だちから相手にされない〈おくて〉でいるかを決めかねている状態。　　問六．ぴったりの自称詞がなく、少女が〈子ども〉でも〈女〉でもないアイデンティティを表現するために「ぼく・おれ・うち」を使うのは、新しい〈少女性〉の創造だということ。
問七．オ　　問八．ⅰ．安心感　ⅱ．同質

二　問一．①ていりゅう　②なっとく　③うわめ　④しょもつ　　問二．ⓐイ　ⓑエ　　問三．Ⅰ．ア　Ⅱ．オ　Ⅲ．イ　　問四．悲しませたくない大切な人を悲しませてしまったことで、罪深さを強く自覚する気持ち。
問五．１．久志は弟を連れて入院中の自分に会いに来るために罪を犯したので、さみしい思いをさせていることに心が痛み、責任を感じる心情。　２．ⅰ．自分で考えさせる　ⅱ．どれだけ悪いことか　　問六．ウ

三　問一．そつ／ひきいる　　問二．Ⅰ．まず　Ⅱ．次に　Ⅲ．さらに　〔別解〕Ⅰ．第一に　Ⅱ．第二に　Ⅲ．第三に　　問三．A．長方形　B．三分割〔別解〕三等分　　問四．エ　　問五．形から色／上から下／外から内／全から個　などから２つ

《算　数》

1　(1)192　(2)2，48　(3)50　(4)64　(5)56.52　(6)26

2　(1)2，40　(2)5：1　(3)4，48

3　(1)18000　(2)4　(3)110

4　(1)(ア)1　(イ)7　(ウ)1　※(2)15　※(3)1023

5　(1)30　※(2)1，4　※(3)3，00

※の計算式や考え方は解説を参照してください。

《社会・理科》

1　問１．(1)縄文　(2)合掌　(3)推古　(4)平安　　問２．A．ク　B．ウ　C．オ　　問３．ウ　　問４．ア→ウ→イ
問５．ア　　問６．ウ　　問７．(1)ウ　(2)国民主権／平和主義／基本的人権の尊重

2　問１．(1)安全保障　(2)拒否権　(3)6　(4)半数　(5)248　　問２．(1)(ア)→(エ)→(イ)→(ウ)　(2)ラクスマン
(3)液化天然ガス〔別解〕ＬＮＧ　(4)社会主義　(5)ウ　　問３．岸田文雄　　問４．①イ　②イ　③ク　④セ　⑤ツ
問５．(1)エ　(2)①70　②15　問題点…(例文)住宅地への戦闘機のつい落などの事故が起きる可能性があること。

3　問１．火山〔別解〕地熱　　問２．第一次世界大戦後の，パリ講和会議で結ばれた条約の名前は何でしょう
問３．材料…小麦　問題点…自給率が低く，多くを輸入にたよっていること。　　問４．太平洋の沿岸部にある。
問５．イ　　問６．ウ　　問７．権力がらん用されることを防ぎ，国民の権利が侵害されないようにするため。
問８．得点…５　名前…益口

4　問１．A．根毛　B．表面積　C．小腸　D．光合成　E．合弁花類　　問２．実験１…適当な温度　実験２…水
実験３…空気　　問３．①双子葉類　②根…主根と側根に分かれている。　子葉…２枚ある。

問4．根…水　気こう…二酸化炭素　　問5．葉に当たる日光の総量が多くなる

5　問1．イ　　問2．食塩を加える。　　問3．③　　問4．①ア　②キ　③なし　　問5．②　　問6．92

6　問1．③，⑥　　問2．1.1　　問3．1.7　　問4．ウ　　問5．ウ　　問6．ウ，オ

7　問1．しん食　　問2．ア　　問3．イ　　問4．イ　　問5．不整合　　問6．西

1　⑴　$2023\times\frac{2}{17}\times(\frac{1}{7}\div\frac{1}{4}+\frac{4}{17})=238\times(\frac{4}{7}+\frac{4}{17})=238\times\frac{4}{7}+238\times\frac{4}{17}=136+56=$**192**

⑵　42 km＝42000mより，かかる時間は 42000÷250＝168(分)＝**2時間 48 分**

⑶　**【解き方】合格者の平均点を□点とする。また，合格者と不合格者の人数比は３：２だから，合格者を③人，不合格者を②人とする。このときの人数と得点について面積図で表すと右図のようになり，ａの面積とｂの面積（色つき部分）の面積は等しい。**

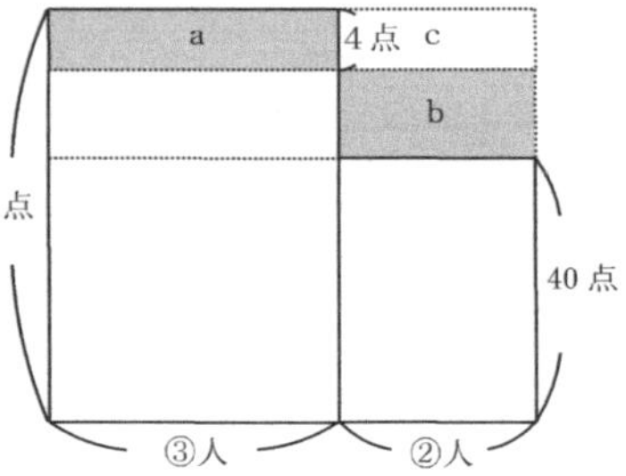

(ａの面積)＝(ｂの面積)より，

(ａの面積)＋(ｃの面積)＝(ｂの面積)＋(ｃの面積)が成り立つ。

よって，４×(③＋②)＝(□－40)×②　　(□－40)×②＝４×⑤　　□－40＝４×$\frac{⑤}{②}$　　□＝10＋40＝**50**(点)

⑷　**【解き方】右図のＥＡを延長し，角ＧＡＢをつくる。角ＧＡＢを折り返すと角ＢＡＣに重なるので，角ＧＡＢ＝角ＢＡＣである。**

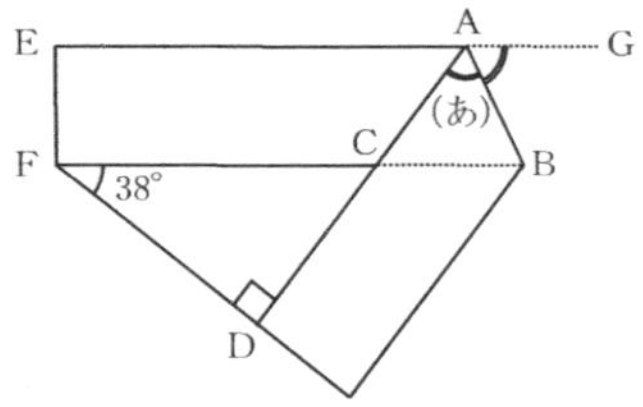

角ＤＣＦ＝180°－(38°＋90°)＝52°

ＡＥとＢＣは平行であり，平行線の錯角だから角ＥＡＣ＝角ＡＣＢ，

対頂角だから角ＡＣＢ＝角ＤＣＦとなるので，角ＥＡＣ＝52°である。

したがって，角(あ)＝(180°－52°)÷２＝**64°**

⑸　**【解き方】斜線《しゃせん》部分は３個の合同な曲線をふくんだ図形(濃《こ》い色をつけた図形)と６個の合同な二等辺三角形の面積である。この二等辺三角形は頂点から底辺に垂直二等分線を引くことで，３つの角の大きさが 30°，60°，90°の直角三角形２個に分けることができる。**

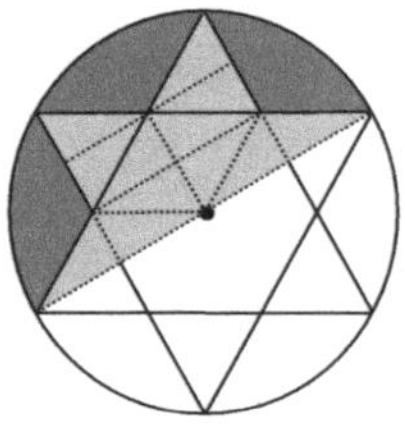

右図のように斜線部分の図形を合同な３個の濃い色をつけた図形と，６×２＝12(個)の直角三角形(うすい色をつけた図形)に分けて移動させると，斜線部分の面積は，半径６cmの半円の面積となる。したがって，求める面積は，$6\times6\times3.14\times\frac{1}{2}=$**56.52**(cm²)

⑹　**【解き方】ある整数を６と３で割ったときのそれぞれの商の範囲を具体的に求めて考える。**

６で割ったときの商は小数第１位を四捨五入すると４になるから，3.5 以上 4.5 未満の数である。

よって，ある整数は 3.5×６＝21，4.5×６＝27 より，21 以上 27 未満の数だから，21，22，23，24，25，26 が考えられる。

３で割ったときの商は小数第１位を四捨五入すると９になるから，8.5 以上 9.5 未満の数である。

よって，ある整数は 8.5×３＝25.5，9.5×３＝28.5 より，25.5 以上 28.5 未満の数だから，26，27，28 が考えられる。

したがって，２つの条件を同時に満たす整数は **26** である。

2　**【解き方】仕事量の合計を４と６と３の最小公倍数の 12 とする。**

⑴　**【解き方】ＡとＢ，ＢとＣ，ＣとＡを合わせた仕事量がわかっているので，これらの和は３人の仕事量の２倍となる。**

１時間にＡとＢが２人でする仕事量は 12÷４＝３，ＢとＣが２人でする仕事量は 12÷６＝２，ＣとＡが２人でする仕事量は12÷３＝４だから，３人の仕事量の合計は(３＋２＋４)÷２＝4.5となる。よって，３人で仕事をしたときにかかる時間は $12\div4.5=\frac{8}{3}=2\frac{2}{3}$(時間)となり，$60\times\frac{2}{3}=40$(分)より，**２時間40分**である。

(2)　Aの１時間の仕事量は３人の仕事量の合計からBとCが２人でする仕事量を引けばよいので，4.5－２＝2.5

同様にして，Bの１時間の仕事量は4.5－４＝0.5

よって，求める仕事量の比は2.5：0.5＝**５：１**

(3)　(2)より，Aの１時間の仕事量は2.5だから，Aが１人で仕事を終わらせるのにかかる時間は $12\div2.5=\frac{120}{25}=4\frac{4}{5}$(時間)となり，$60\times\frac{4}{5}=48$(分)より，**４時間48分**である。

３　(1)　**【解き方】たいやき200個の仕入れ値は60×200＝12000(円)である。この金額と売り上げ24600円との差が利益である。**

実際の利益は24600－12000＝12600(円)である。これが最初に見込んだ利益の70％となるのだから，最初に見込んだ利益の総額は，12600÷0.7＝**18000**(円)である。

(2)　**【解き方】(1)より，定価で売ったときのたいやき１個あたりの利益は18000÷200＝90(円)と求められる。よって，定価は60＋90＝150(円)である。**

90÷150＝0.6より，90円は150円の0.6倍の金額である。１－0.6＝0.4より，90円は定価の**４**割引きである。

(3)　**【解き方】すべて定価で売ったときの利益と，実際の利益の差を考える。**

(1)より200個のたいやきを定価で売ったときの利益は18000円であり，実際の利益は12600円なので，18000－12600＝5400(円)の差である。たいやき１個の値段を定価の150円から割引きした90円におきかえたとき，150－90＝60(円)安くなる。よって，90円で売ったたいやきの個数は5400÷60＝90(個)だから，定価で売ったたいやきの個数は200－90＝**110**(個)である。

４　(1)　ブロックが１段のときはそのまま移動できるので，**１**回である。

ブロックが３段のとき，小さいブロックから①，②，③とする。Cの棒にブロックを移す場合，右表のような手順で移動すればよいので，**７**回で移動できる。

このとき，７＝３＋１＋３と表すことができる。

回数	A	B	C
1回	②③		①
2回	③	②	①
3回	③	①②	
4回		①②	③
5回	①	②	③
6回	①		②③
7回			①②③

(2)　**【解き方】(1)より，３段のブロックは７回で移動できる。よって，７回で①②③をBに移動→１回で④をCに移動→７回で①②③をCに移動という手順をとればよい。**

①②③をBに移動させる手順は，

①→B，②→C，①→C，③→B，①→A，②→B，①→Bとなる。

次に④→Cの移動をし，①②③をCに移動させるので，

①→C，②→A，①→A，③→C，①→B，②→C，①→Cと移動すればよい。

よって，７＋１＋７＝**15**回で移動できる。

(3)　**【解き方】(1)，(2)の解説をふまえる。５段，６段，…，10段と順に計算していけばよい。**

(2)よりブロックが４段のときの移動回数は15回だから，５段から10段までは以下のようになる。

ブロックが５段のときの移動回数は，15＋１＋15＝31(回)

ブロックが６段のときの移動回数は，31＋１＋31＝63(回)

ブロックが７段のときの移動回数は，63＋１＋63＝127(回)

ブロックが８段のときの移動回数は，127＋１＋127＝255(回)

ブロックが９段のときの移動回数は，255＋１＋255＝511(回)

ブロックが10段のときの移動回数は，511＋１＋511＝**1023**(回)

5　⑴　アの部分の底面積は10×20＝200(㎠)であり，アの部分には1分間に100×60＝6000(㎤)の水が入る。

よって，水面の高さは6000÷200＝**30**(㎝)で，これは仕切りの高さをこえないので，適する。

⑵　**【解き方】アの部分が満水になるときのイの部分の水面の高さを求める。アの部分が満水になってから，アの部分からイの部分へ水があふれて移るので，イの部分に毎秒(100＋50)㎤の割合で水が入る。**

⑴より，アの部分が満水になるのは1分後である。このとき，イの部分には50×60＝3000(㎤)の水が入っており，水面の高さが3000÷(10×20)＝15(㎝)である。あと18－15＝3(㎝)だけ水面が上がるのにかかる時間を考えると，あと200×3＝600(㎤)の水が入るのにかかる時間，つまり600÷150＝4(秒)である。

よって，イの部分の水面の高さが18㎝になるのは，水を入れ始めてから**1分4秒後**である。

⑶　**【解き方】水がウの部分に入り始めてからは，1秒に100＋50－30＝120(㎤)の水が水そうに入ると考える。**

水を入れ始めて1分後，イの部分には50×60＝3000(㎤)の水が入っている。イの部分の容積は6000㎤だから，アの部分が満水になってからイの部分が満水になるまでに，(6000－3000)÷150＝20(秒)かかる。よって，水を入れ始めて1分20秒後以降はウの部分に水が流れるので，水そう全体には1秒間に120㎤の水が入ることになる。

水そうの容積は(10＋10＋10)×20×40＝24000(㎤)だから，水を入れ始めて1分20秒後の水が入っていない部分の容積は，24000－6000×2＝12000(㎤)である。したがって，12000÷120＝100(秒)，つまり1分40秒で水そうが満水になるので，水を入れ始めてから1分20秒＋1分40秒＝**3分00秒後**に満水になる。

2023 解答例 令和５年度　広島国際学院中学校【入試Ⅱ】

《適性１》

1　問１．ア，イ，オ　　問２．５　プログラムの例…△○○○○○△△△○○○○○
　問３．右図

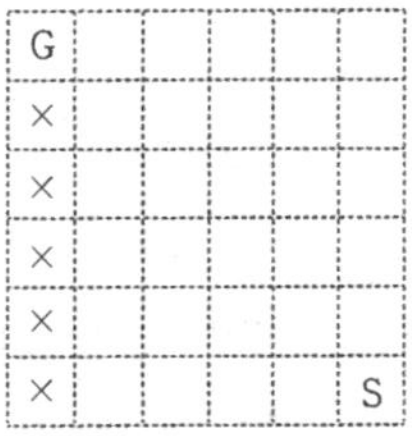

2　問１．小説…82　マンガ…70　　問２．ア．40　イ．７　ウ．７　※問３．3.1

3　※問１．52　　問２．10　　問３．45

4　問１．熱い砂浜の上に置いてあった浮き輪の中の空気は，あたためられて体積が大きくなっていたが，海に浮かせたことで，浮き輪の中の空気が冷えて体積が小さくなったから。　　問２．ウ，エ

問３．

水の体積〔mL〕	0	50	100	150	200
ミョウバンの量〔g〕	0	5.7	11.4	17.1	22.8

右グラフ

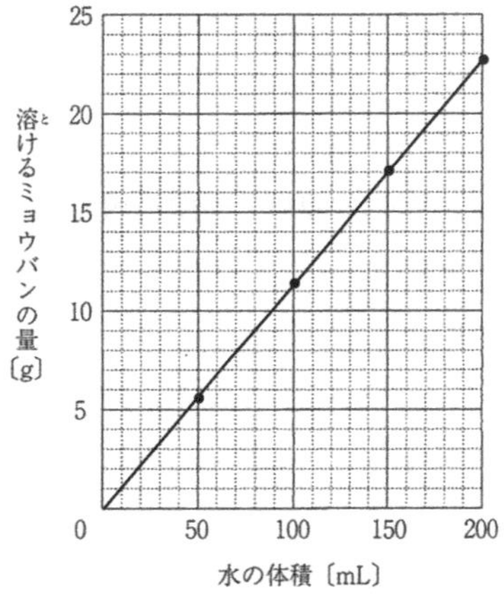

5　問１．イ　　問２．コイルの巻き数を増やす。／電池を直列に複数つなぐ。
問３．帆の角度が風の向きに対して90度のときに，風の影響が最も大きくなって車が最も前に進んだから，風の影響を受けにくくするためには，風に対して帆の角度を小さくすればよいことがわかる。よって，鳥のくちばしのように平らな形をしているのは，空気によって進行方向と反対向きにはたらく力の影響を受けにくくするためである。

※の求める過程は解説を参照してください。

《適性２》

1　(例文)乳児死亡率の高い国は，中南アフリカなどの発展途上国に集中している。直接的な問題点は，十分な栄養や清潔な水，医療体制がないことだが，総じて，これらを解決するための資金や技術がないことが問題である。

2　⑴①選挙権が与えられる年齢が，満25歳以上から満20歳以上に引き下げられたこと。／男子だけに与えられていた選挙権が，女子にも与えられたこと。　②30%　③アメリカの統治下にあった　　⑵政治に参加できるような場を増やす　　⑶大きく変化したのは一人暮らしと三世代の世帯で，家族に対する意識の変化によって，三世代世帯は大きく減少し，それにともない，晩婚化や高齢化などによって一人暮らし世帯が増えた。

3　１．A．固着　B．新たな人間関係　　２．自己肯定感

　３．〈作文のポイント〉

・最初に自分の主張、立場を明確に決め、その内容に沿って書いていく。
・わかりやすい表現を心がける。自信のない表現や漢字は使わない。

さらにくわしい作文の書き方・作文例はこちら！→

https://kyoei-syuppan.net/mobile/files/sakupo.html

2023 算数分野の解説 令和5年度 ▶ 広島国際学院中学校【入試Ⅱ】

《適性１》

1　**問１**　西を向いている状態で△を１個使うと北を向き，北を向いている状態で△を３個使うと西を向く。また，最短でＳの位置からＧの位置まで到達《とうたつ》するには，合計で西に５回，北に５回進めばよい。北に１進むことを北１のように表すと，アからカの進み方は以下のようになる。

ア．北１→西１→北１→西１→北１→西１→北１→西１→北１→西１　　よって，正しい。

イ．西４→北１→西１→北４　　よって，正しい。

ウ．西３→南３→西４　　下線部で南にマスをこえて３多く進むことになるので，正しくない。

エ．西１→北３→西１→北２→西４　　下線部でＧの位置を１つ通りすぎるため，ゴールには到達しないものとする。よって，正しくない。

オ．北３→西１→北２→西４　　よって，正しい。

カ．西２→北２→西３→北１→西１→北１　　下線部で西に合計６進むことになるので，正しくない。

問２　進行方向を２回変えてＳの位置からＧの位置まで到達するとき，一番下の６マス（Ｓの位置と同じ横列にあるマス）のうちの左端にあるマスを除く５マスの中の１マスで北に進行方向を変え，一番上のマス（Ｇの位置と同じ横列）まで進んで西に進行方向を変えることになる。左端にあるマスで進行方向を変えるとそのままＧの位置まで到達し，進行方向を変える回数が１回となってしまう。よって，進行方向を変えるマスを一番下の６マスのうちの左端にあるマスを除く５マスから１マス決めればよいので５通り。

また，Ｓの位置で進行方向を変える場合のプログラムは「△○○○○○△△△○○○○○」となる。

問３　ロボットは西を向いている状態で始まるので，進行方向を奇数回変えると必ず北向きに進む。つまり，最後に進行方向を変えるとき，Ｇの位置と同じ縦列のマスにいる必要がある。

2　**問１**　５年生のうち，１週間に読んだ小説が２冊未満の人は３＋６＝９（人）だから，小説を２冊以上読んだ人は50－９＝41（人）である。よって，求める割合は$\frac{41}{50}\times100=82$（％）である。

同様にして，マンガを２冊以上読んだ人は50－（８＋７）＝35（人）だから，その割合は$\frac{35}{50}\times100=70$（％）である。

問２　６年生全員が１週間に読んだマンガの冊数は，

（０×イ）＋（１×10）＋（２×１）＋（３×１）＋（４×１）＋（５×11）＋（６×９）＝10＋２＋３＋４＋55＋54＝128（冊）である。また，マンガの平均読書量は５年生と同じ3.2冊なので，６年生の人数は128÷3.2＝40（人）である。

よって，６年生でマンガを０冊読んだ生徒の人数は40－（10＋１＋１＋１＋11＋９）＝７（人），小説を２冊読んだ生徒の人数は40－（９＋０＋12＋０＋２＋10）＝７（人）である。

問３　５年生50人の読んだ小説の平均冊数は３冊だから，合計で３×50＝150（冊）である。アンケートに欠席していた５人の小説の平均冊数は４冊なので，合計で４×５＝20（冊）である。よって，５年生全員の読んだ小説の平均冊数は，（150＋20）÷（50＋５）＝170÷55＝3.09…より，3.1（冊）である。

3　**問１**　直方体のそれぞれの面の面積は，４×６＝24（㎠），４×８＝32（㎠），６×８＝48（㎠）であり，これらの面が２つずつある。赤の絵具《えのぐ》の量を最少にするには，面積が24㎠の面２つを赤と紫《むらさき》（またはオレンジ），32㎠の面１つをオレンジ（または紫）で塗《ぬ》ればよい。紫とオレンジは塗る面積の$\frac{1}{2}$の値《あたい》だけ赤の絵具を使えばよいので，必要な赤の絵具の量は，$24+24\times\frac{1}{2}+32\times\frac{1}{2}=24+12+16=52$（mL）である。

問２　段の数を増やしたとき，新たに増える積み木の数は，右図のように分けると，１段から２段では１＋２＝３(個)，２段から３段では１＋２＋３＝６(個)，…と増えていくことがわかる。よって，３段のときの積み木の数は１＋３＋６＝10(個)

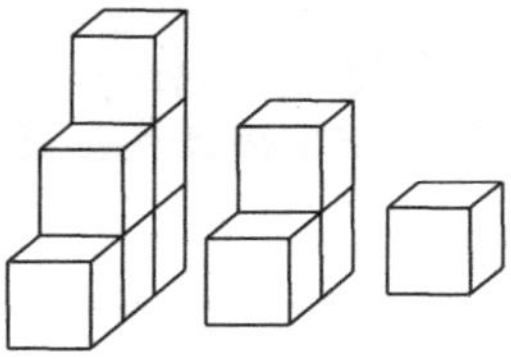

問３　見えている面に絵具を塗るとき，面の数の合計は重ねた積み木を正面，右，上から見たときの１辺１㎝の正方形の数の和に等しい。
それぞれの方向から見ると右図のようになり，どの方向から見ても正方形の個数は１＋２＋３＋４＋５＝15(個)ある。この正方形１つの面積は１×１＝１(㎠)であり，15×３＝45(個)あるので，全部で１×45＝45(㎠)の面積を塗るのに必要な絵具の量は45mLである。

正面から見た図

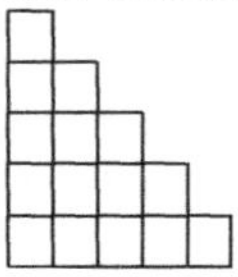

右から見た図

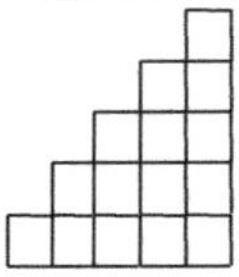

上から見た図

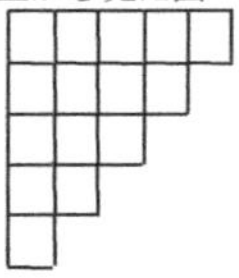

★広島国際学院中学校【入試Ⅰ】

《国　語》

一　問一．①重視　②痛感　③機関　④姿勢　　問二．Ⅰ．オ　Ⅱ．ア　　問三．人工知能は文章の意味を理解できず、記述式の問題が重視されている東京大学の入試は苦手だから。　　問四．１．イ　２．異なる

問五．１．小学校　２．エ　　問六．読解力が乏しいと、相手の言葉の意味を正確に読み取ることができず、ちょっとしたことがきっかけでトラブルに発展しやすく、また、授業内容が理解できないことでストレスが溜まり、攻撃的な気持ちになりやすい。　　問七．ウ

二　問一．①き　②そむ　③まなざ　④あいず　　問二．ⓐイ　ⓑア　　問三．Ⅰ．ウ　Ⅱ．イ　　問四．オ

問五．自分には聞こえないはずの声　　問六．最初はダンスの映像を見るのもいやだったが、初めて見るタイプの振り付けに次第に惹き込まれ、修一の自分への思いも沁みて、再び踊ってみたいという気持ちへと変化した。

問七．ⅰ．肉声　ⅱ．文字〔別解〕筆談　ⅲ．手話（ⅱとⅲは順不同）　　問八．エ

三　問一．イ，エ　　問二．タイ／タンザニア　　問三．無観客　　問四．イ　　問五．１．A新聞…お祝いムードが乏しい　Y新聞…変化した五輪への期待　２．ⅰ．表現　ⅱ．印象　ⅲ．事実　ⅳ．複数

《算　数》

1　(1)15　(2)1　(3)$20\frac{11}{50}$　(4)$1\frac{1}{10}$

2　(1)180　(2)28　(3)8　(4)2.86　(5)8　(6)113.5

(7)37　(8)301.44

3　(1)64　(2)6　(3)170

4　(1)右図　※(2)81.64　※(3)756.24

5　(1)9.3　※(2)36　※(3)112.5

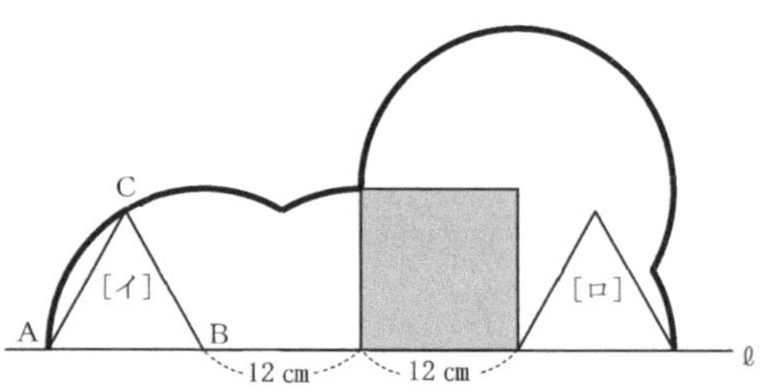

※の計算式や考え方は解説を参照してください。

《社会・理科》

1　問1．(1)自動車　(2)卑弥呼　　問2．㋬　　問3．イ　　問4．ア　　問5．ア　　問6．①静岡　②長野

問7．若い世代が壱岐市から流出する問題。　　問8．ア

2　問1．ア　　問2．満州事変　　問3．エ　　問4．２番目…ア　４番目…イ　　問5．③　　問6．武士は名字・帯刀の特権を失い，四民平等によって平民と同じ扱いとなった。　　問7．地方交付税交付金

問8．市街地の交通渋滞を解消できること。／地球温暖化の原因となる二酸化炭素の排出をおさえることができること。　　問9．④

3　問1．(1)琉球　(2)聖武天皇　(3)大仏　　問2．ユネスコ〔別解〕国連教育科学文化機関　　問3．開発が進んだことで環境の悪化が著しく，形や火山活動などにも特異性がないから。　　問4．イ　　問5．理由…鎖国政策によって，ヨーロッパの学問は，オランダを通して日本にもたらされていたから。　学問名…(南)蛮

問6．広島駅までの移動時間が大幅に短縮されたこと。／ＪＲ改札口までの歩く距離が短くなり，連結がスムーズになったこと。

4　問1．(あ)①　(い)⑦　(う)⑨　(え)⑧　(お)⑤　　問2．C．メダカ　E．ミドリムシ　H．ハエ

問3．あしが８本である　　問4．幼生はえらと皮ふで呼吸し，成体は肺と皮ふで呼吸する。　　問5．⑤

5　問1．オ　　問2．水に電気を通しやすくするため。　　問3．(ポンと)音をたてて　　問4．1188

問５．燃料　　問６．カ

6　問１．２　　問２．60　　問３．印とおもりをつるす位置の間隔は２cmずつ広くなっていく。　　問４．80
問５．ア，オ　　問６．イ

7　問１．D→C→B→A→E　　問２．⑴不整合　⑵断層　⑶示相化石　　問３．土地が地上にあらわれ，風や水のはたらきでけずられたから。　　問４．堆積岩名…石灰岩　薬品名…(うすい)塩酸　　問５．イ，オ
問６．エ→ア→ウ→イ

【算数の解説】

1　⑴　与式＝{90×10＋(１＋２＋３＋４＋５＋６＋７＋８＋９)}÷63＝(900＋45)÷63＝945÷63＝15

⑵　与式＝$2\frac{3}{8}+\frac{1}{2}-1\frac{7}{8}=2\frac{3}{8}+\frac{4}{8}-1\frac{7}{8}=1$

⑶　与式＝$\frac{9}{2}\times\frac{14}{3}-\frac{13}{50}\times(3\frac{3}{4}-\frac{3}{4})=21-\frac{13}{50}\times3=21-\frac{39}{50}=20\frac{11}{50}$

⑷　与式＝$2-\frac{3}{2}+\frac{5}{4}-\frac{7}{6}+\frac{9}{8}-\frac{9}{10}+\frac{7}{8}-\frac{5}{6}+\frac{3}{4}-\frac{1}{2}=2+\frac{5}{4}+\frac{3}{4}+\frac{9}{8}+\frac{7}{8}-\frac{7}{6}-\frac{5}{6}-\frac{3}{2}-\frac{1}{2}-\frac{9}{10}=$
$2+2+2-2-2-\frac{9}{10}=2-\frac{9}{10}=1\frac{1}{10}$

2　⑴　９でも12でもわりきれる数は，９と12の最小公倍数である36の倍数である。200÷36＝５余り20より，36の倍数で200より小さい数のうち，最大の数は36×５＝180であり，これが求める整数である。

⑵　**【解き方】２人が持っていたチョコレートの和は，24×２＝48(個)で変わらないことに注意する。**
花子さんが太郎くんからチョコレートをもらったあとの花子さんが持っているチョコレートの$1-\frac{1}{3}=\frac{2}{3}$が24個だから，太郎くんからチョコレートをもらったあと，花子さんはチョコレートを$24\div\frac{2}{3}=36$(個)持っていた。
このとき，太郎くんはチョコレートを48−36＝12(個)持っていた。太郎くんがはじめに持っていたチョコレートの$1-\frac{2}{5}=\frac{3}{5}$が12個だから，太郎くんは，はじめにチョコレートを$12\div\frac{3}{5}=20$(個)持っていた。
よって，花子さんは，はじめに48−20＝28(個)のチョコレートを持っていた。

⑶　**【解き方】全体の仕事の量を，18と10と９の最小公倍数である90として考える。**
１日あたりの仕事の量は，こっくんとさいちゃんの２人だと90÷18＝５，こっくんとショウゴくんの２人だと90÷10＝９，さいちゃんとショウゴくんの２人だと90÷９＝10となる。よって，３人の１日あたりの仕事の量の合計は，(５＋９＋10)÷２＝12となる。したがって，求める日数は，90÷12＝7.5より，８日目である。

⑷　**【解き方】円の半径をＡcmとして，Ａの値を求める。直角三角形ＡＢＣについて，円の中心をＯとして，右のように作図する。**

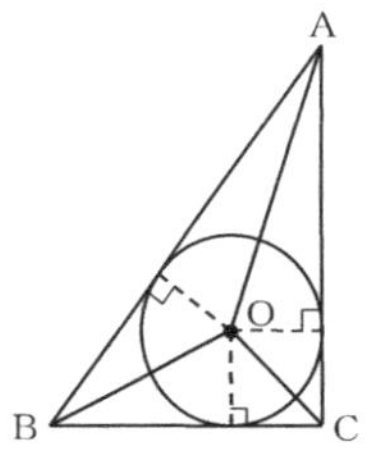

三角形ＯＡＢ，ＯＢＣ，ＯＣＡは，底辺をそれぞれＡＢ，ＢＣ，ＣＡとすると，高さがＡcmで等しくなる。この３つの三角形の面積の和は，直角三角形ＡＢＣの面積に等しく，３×４÷２＝６(cm²)である。ＡＢ＋ＢＣ＋ＣＡ＝５＋３＋４＝12(cm)だから，
Ａ＝６×２÷12＝１(cm)だとわかる。
求める面積は，直角三角形ＡＢＣの面積から，円Ｏの面積をひけばよいので，６−１×１×3.14＝2.86(cm²)

⑸　**【解き方】同じ道のりを進むのにかかる時間の比は，速さの比に等しいことを利用する。**
太郎くんとお母さんが，家からお母さんが太郎くんに追いついた位置まで進むのにかかる時間の比は，速さの比の15：25＝３：５の逆比の５：３である。よって，この比の差の５−３＝２が10分にあたるから，太郎くんが進んだ時間は$10\times\frac{5}{2}=25$(分)，お母さんが進んだ時間は25−10＝15(分)である。

太郎くんは家から学校まで進むのに 12÷15＝0.8(時間)，つまり，0.8×60＝48(分)かかるから，お母さんが太郎くんに追いついてから，あと 48－25＝23(分)進む。お母さんは，太郎くんに追いついてから，同じ道のりで家に戻るので，家に戻るまでに 15 分かかる。したがって，求める時間は，23－15＝８(分後)

(6) 一郎，二郎の身長の合計は 120×２＝240(cm)，一郎，三郎の身長の合計は 131.5×２＝263(cm)，二郎，三郎の身長の合計は 125×２＝250(cm)である。よって，３人の身長の合計の２倍は 240＋263＋250＝753(cm)だから，３人の身長の合計は，753÷２＝376.5(cm)である。したがって，二郎さんの身長は，376.5－263＝113.5(cm)

(7) **【解き方】●が１つだけの「１」「２」「４」「８」に注目すると，右のようにマスに数字を入れ，●があるところの数字を足すことで，その数字を表していることがわかる。ＡとＢの値について考える。**

B	A	8	4	2	1

右の４マス全部に●を入れると，８＋４＋２＋１＝15 を表すことができるから，Ａ＝16 とわかる。
右の５マス全部に●を入れると，16＋15＝31 を表すことができるから，Ｂ＝32 とわかる。
よって，求める数は，32＋４＋１＝37

(8) **【解き方】水を右図の太線のように２つの立体にわけて考える。**

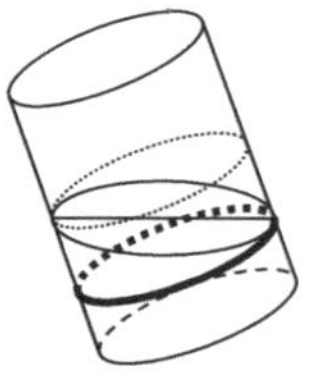

求める体積は，半径が４cm，高さが５cmの円柱の体積と，半径が４cm，高さが７－５＝２(cm)の円柱の体積の半分を合わせればよいので，
４×４×3.14×５＋４×４×3.14×２÷２＝(80＋16)×3.14＝96×3.14＝301.44(㎤)

3 (1) １辺の長さが１cmの正三角形の個数は，１番目が１個，２番目が４＝２×２(個)，３番目が９＝３×３(個)，４番目が 16＝４×４(個)，…となるので，８番目は，８×８＝64(個)

(2) **【解き方】１辺の長さが２cmの正三角形のタイル２個の並べ方が決まれば，１辺の長さが１cmの正三角形のタイル８個の並べ方は１つに定まる。よって，１辺の長さが２cmの正三角形のタイル２個の並べ方だけを考える。**

１辺の長さが２cmの正三角形のタイル２個の並べ方は，右図の６通りなので，これが求める並べ方である。

(3) **【解き方】１辺の長さが２cm以上の正三角形は，上または下の頂点に注目して数える。**

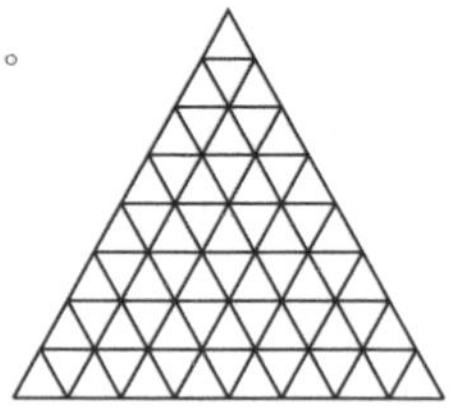

８番目の正三角形は，右図のようになる。１辺が１cmの正三角形は，(1)より 64 個ある。
１辺が２cmの正三角形は，△の向きが１＋２＋３＋４＋５＋６＋７＝28(個)，▽の向きが１＋２＋３＋４＋５＝15(個)ある。
１辺が３cmの正三角形は，△の向きが１＋２＋３＋４＋５＋６＝21(個)，▽の向きが１＋２＋３＝６(個)ある。１辺が４cmの正三角形は，△の向きが１＋２＋３＋４＋５＝15(個)，▽の向きが１個ある。１辺が５cmの正三角形は１＋２＋３＋４＝10(個)，１辺が６cmの正三角形は１＋２＋３＝６(個)，１辺が７cmの正三角形は１＋２＝３(個)，１辺が８cmの正三角形は１個ある。したがって，正三角形は全部で，64＋28＋15＋21＋６＋15＋１＋10＋６＋３＋１＝170(個)

4 (1) 正三角形ＡＢＣは，イの位置からロの位置まで，右図のように移動するので，Ａが動いたあとにできる線は，図の太線部分となる。

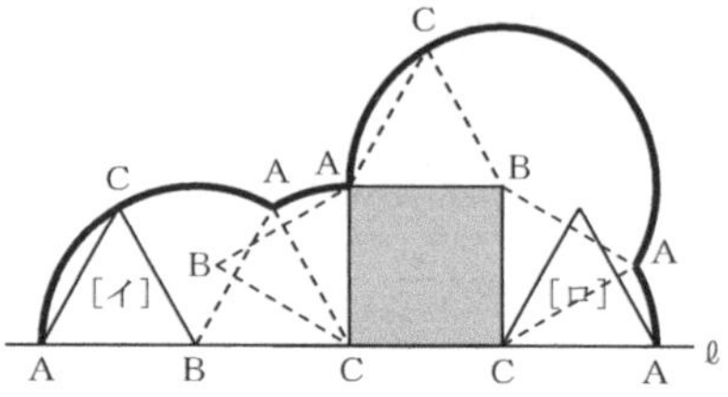

(2) 求める長さは，半径がＡＢ＝12 cm，中心角が 60°×２＝120°のおうぎ形の曲線部分の長さと，半径が 12 cm，中心角が 90°－60°＝

30° のおうぎ形の曲線部分の長さの２倍と，半径が 12 cm，中心角が

360° －90° －60° ＝210° のおうぎ形の曲線部分の長さを合わせればよいので，

$12\times2\times3.14\times\frac{120^\circ}{360^\circ}+12\times2\times3.14\times\frac{30^\circ}{360^\circ}\times2+12\times2\times3.14\times\frac{210^\circ}{360^\circ}=12\times2\times3.14\times(\frac{120}{360}+\frac{60}{360}+\frac{210}{360})=81.64$(cm)

⑶　【解き方】⑴⑵をふまえ，右図の色付きの正方形と正三角形，その他のおうぎ形でわけて面積を求める。

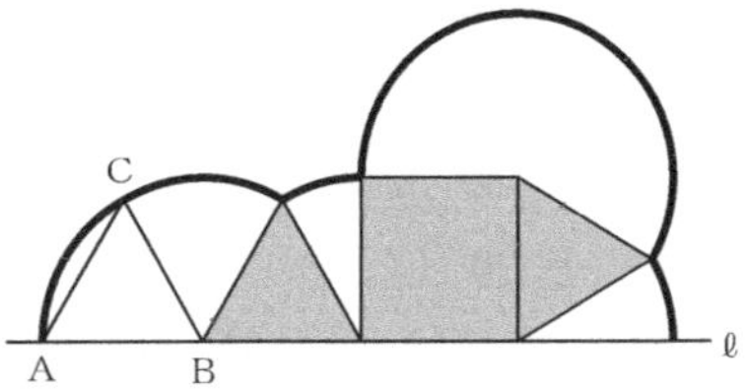

１辺が 12 cmの正方形の面積は，12×12＝144(cm²)

１辺が 12 cmの正三角形２個分の面積の和は，61.2×２＝122.4(cm²)

４つのおうぎ形面積の和は，

$12\times12\times3.14\times\frac{120^\circ}{360^\circ}+12\times12\times3.14\times\frac{30^\circ}{360^\circ}\times2+12\times12\times3.14\times\frac{210^\circ}{360^\circ}=12\times12\times3.14\times(\frac{120}{360}+\frac{60}{360}+\frac{210}{360})=489.84$(cm²)

よって，求める面積は，144＋122.4＋489.84＝756.24(cm²)

5　**⑴　【解き方】食塩水の問題は，うでの長さを濃度《のうど》，おもりを食塩水の重さとしたてんびん図で考えて，うでの長さの比とおもりの重さの比がたがいに逆比になることを利用する。**

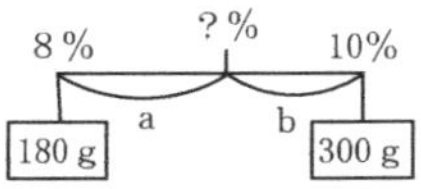

右のようなてんびん図がかける。８％と 10％の食塩水の重さの比が 180：300＝３：５だから，ａ：ｂ＝５：３である。よって，求める濃度は，$8+(10-8)\times\frac{5}{5+3}=9.25$より，9.3％である。

⑵　【解き方】含《ふく》まれる食塩の量に注目する。水を蒸発させても，含まれる食塩の量は変わらない。

⑴の食塩水は，食塩水の量が 300＋180＝480(ｇ)だから，含まれる食塩の量は，$480\times\frac{9.25}{100}=44.4$(ｇ)

これを 10％の食塩水にするには，食塩水の量を $44.4\div\frac{10}{100}=444$(ｇ)にすればよいので，蒸発させる水の量は，480－444＝36(ｇ)

⑶　【解き方】⑴より，すべてかき混ぜたときの濃度が 9.25％なので，かき混ぜたあとの２つの容器の濃度も 9.25％である。

かき混ぜたあとも，ＡとＢの食塩水の量は変わらず，300ｇと 180ｇである。かき混ぜる前のＡに含まれる食塩の量は $300\times\frac{10}{100}=30$(ｇ)，かき混ぜたあとのＡに含まれる食塩の量は $300\times\frac{9.25}{100}=27.75$(ｇ)だから，Ａから取り出した食塩水と，Ｂから取り出した食塩水に含まれる食塩の量の差は，30－27.75＝2.25(ｇ)だとわかる。

同じ量の食塩水に含まれる食塩の量の比は，濃度の比に等しく，10：８＝５：４なので，この比の差の５－４＝１が 2.25ｇにあたる。よって，Ａから取り出した食塩水に含まれる食塩の量が 2.25×５＝11.25(ｇ)なのだから，取り出した食塩水の量は，$11.25\div\frac{10}{100}=112.5$(ｇ)

★広島国際学院中学校【入試Ⅱ】

《適性１》

1　問１．⑴３　⑵クリップの数が４以上の偶数になるときに長方形になる。
問２．⑴右図　⑵エ，キ

2　問１．ア．６　イ．３　ウ．４　※問２．⑴141，156
⑵記号…㋐→㋑→㋓→㋔　到着時間…11，54

3　問１．右図　問２．８　問３．コードの例…○○○●○○○
説明…「北→北東」の順で動くのか，「南西→北」の順で動くのかが分からないから。

展開図

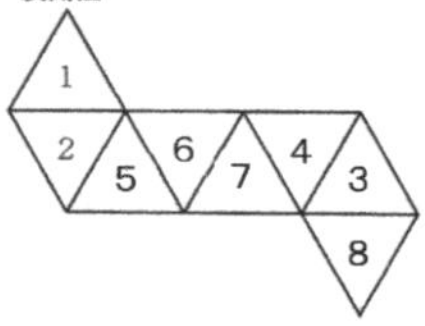

1．問２⑴の図

【図１】

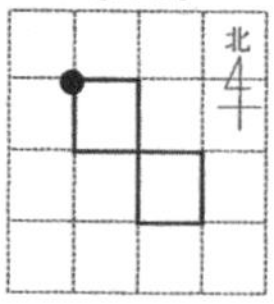

3．問１の図

4　問１．D．石灰水　G．炭酸水　変化の様子…白くにごった。
問２．①ウ　②ア　③イ　問３．右表　問４．右グラフ
問５．固体は水の温度が高くなると水 100 g にとける質量が大きくなるが，気体は水の温度が高くなると水 100 g にとける質量が小さくなる。

水の温度（℃）	0	10	20	30	40	50
水100gにとけた個体Hの質量（g）	14	22	30	46	64	85

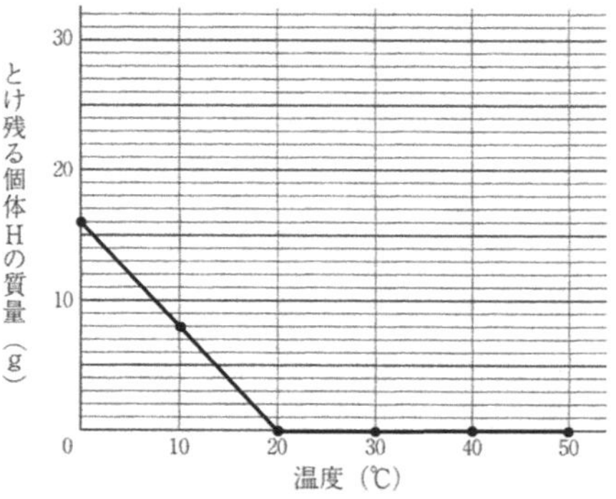

5　問１．アルミニウムは木に比べて熱伝導率が非常に大きい。木でできたスプーンを手で持っても，手の熱はスプーンに伝わりにくいが，アルミニウムでできたスプーンを手で持つと，手の熱がスプーンにすばやく伝わり，アイスをとかすことですくいやすくなるから。　問２．ア　問３．Bのビーカーでは温められた水が軽くなって上に移動し，そこに流れこんできた冷たい水が温められて上に移動するという流れが生まれるため，Bの方が早く温まる。

※の求める過程は解説を参照してください。

《適性２》

1　(例文)日本は食料自給率が低いので，輸入量が減ると穀物などの価格が高とうしやすい。そのため，出来るだけ国内で食料を作るようにして，輸入と備蓄を並行して行うべきだと思います。

2　⑴山形県　⑵税収入が減るので，公共サービスを維持できなくなる。　⑶(例文)空き家を地域交流の場として活用して，外部からの移住者を増やす。　⑷(Aの例文)地元産業と協力して雇用をつくり出す取り組み。(Bの例文)東京の大学の単位を地方でも取得できる取り組み。　(Cの例文)リモートで東京都心の仕事を地方で行える取り組み。

3　⑴A．強制　B．心からの優しさ　⑵共同生活をより豊かなものにするため
⑶<作文のポイント>
・最初に自分の主張、立場を明確に決め、その内容に沿って書いていく。
・わかりやすい表現を心がける。自信のない表現や漢字は使わない。
さらにくわしい作文の書き方・作文例はこちら！→

https://kyoei-syuppan.net/mobile/files/sakupo.html

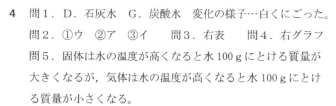

《適性１》

1　問１(1)　クリップ１つの長さを１として，周の長さが 12 となる三角形の３辺の長さの組み合わせを考えればよい。最も長い辺の長さは，残り２つの辺の長さの合計よりも短くなることに注意すると，３辺の長さの組み合わせは，（２，５，５）（３，４，５）（４，４，４）の３種類だとわかる。

(2)　長方形の向かい合う辺の長さは等しいから，長方形の上と下，左と右の辺に使うクリップの数は等しくなる。よって，クリップの数は偶数《ぐうすう》となる。

問２(1)　図５について，図ⅰのように見えない面の数を書き込み，２点Ｐ，Ｑをとる。
ＰとＱの位置に注意しながら展開図に数をかきこむと，図ⅱのようになる。

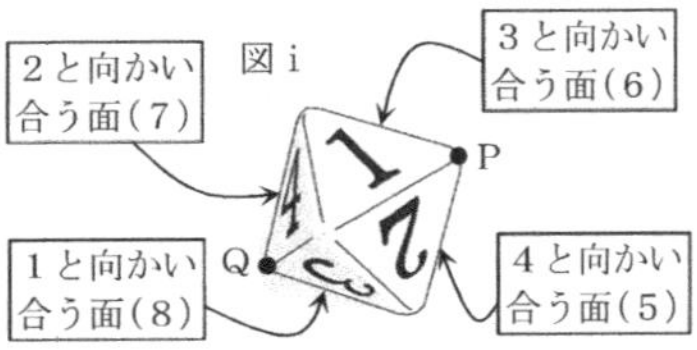

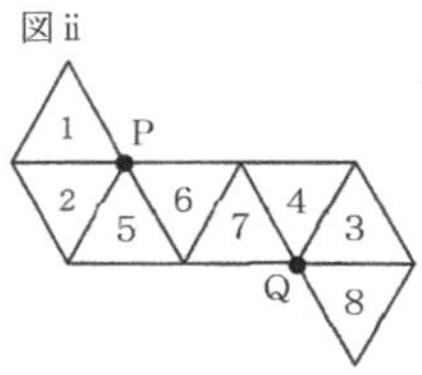

(2)　図４の立体は，１つの頂点に対して，４つの面が合わさっている。右図のエとキは，組み立てると，●の頂点に対して５つの面が合わさるので，図４の展開図として当てはまらないとわかる（エの２つの●は，組み立てると１つに重なる）。

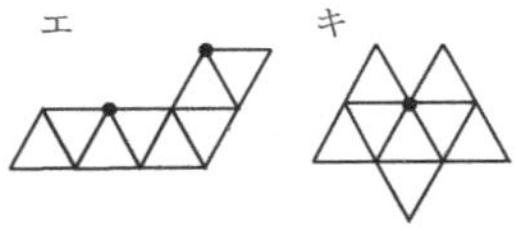

2　問１　18 と 24 の公約数は，１と２と３と６である。１つのグループの人数は５人以上 10 人以下にするので，全体をア６グループに分けることで，42÷６＝７より，１つのグループを７人にできる。
このとき，中学生の人数は 18÷６＝イ３（人），小学生の人数は 24÷６＝ウ４（人）となる。

問２(1)　全体の時間から，移動にかかる時間をひいて考える。９時に出発して，11 時 45 分から 12 時までの間に出口に着くのだから，全体の時間は，11 時 45 分－９時＝２時間 45 分＝（２×60＋45）分＝165 分以上，12 時－９時＝３時間＝180 分以下である。歩く道のりの合計は，140＋160＋170＋230＋190＋160＋150＝1200（m）で，歩く速さは１時間＝60 分に３km＝3000m進むので，分速（3000÷60）m＝分速 50mである。よって，移動にかかる時間は 1200÷50＝24（分）だから，求める時間は，165－24＝141（分）以上，180－24＝156（分）以下である。

(2)　(1)より，所要時間の合計が 141 分以上 156 分以下となるように，４つのアトラクションを選べばよい。
解答例以外でも，(あ)→(い)→(お)→(か)と乗る場合（到着時刻は 11 時 59 分）や，(い)→(う)→(え)→(お)と乗る場合（到着時刻は 11 時 59 分）も条件に合う。

3　問１　読み込ませた【コード入力表】は，図Ⅰのように移動することがわかるので，出発点を☆で表すと，図Ⅱの矢印のように動くことがわかる。よって，スタートした位置は解答例のようになる。

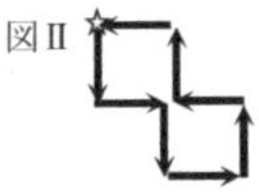

問２　合わせた３つのうち，１つあたり『○』と『●』のそれぞれ２通りあるから，コードは最大で２×２×２＝８（通り）できる。

問３　解答例のように，コードの『○』や『●』の読み取る個数の順番が，（３つ，４つ）と読む場合と（４つ，３つ）と読む場合によって，動きが変わってしまうことがある。解答例の他にも複数ある。

■ ご使用にあたってのお願い・ご注意

（1）問題文等の非掲載

著作権上の都合により，問題文や図表などの一部を掲載できない場合があります。

誠に申し訳ございませんが，ご了承くださいますようお願いいたします。

（2）過去問における時事性

過去問題集は，学習指導要領の改訂や社会状況の変化，新たな発見などにより，現在とは異なる表記や解説になっている場合があります。過去問の特性上，出題当時のままで出版していますので，あらかじめご了承ください。

（3）配点

学校等から配点が公表されている場合は，記載しています。公表されていない場合は，記載していません。

独自の予想配点は，出題者の意図と異なる場合があり，お客様が学習するうえで誤った判断をしてしまう恐れがあるため記載していません。

（4）無断複製等の禁止

購入された個人のお客様が，ご家庭でご自身またはご家族の学習のためにコピーをすることは可能ですが，それ以外の目的でコピー，スキャン，転載（ブログ，ＳＮＳなどでの公開を含みます）などをすることは法律により禁止されています。学校や学習塾などで，児童生徒のためにコピーをして使用することも法律により禁止されています。

ご不明な点や，違法な疑いのある行為を確認された場合は，弊社までご連絡ください。

（5）けがに注意

この問題集は針を外して使用します。針を外すときは，けがをしないように注意してください。また，表紙カバーや問題用紙の端で手指を傷つけないように十分注意してください。

（6）正誤

制作には万全を期しておりますが，万が一誤りなどがございましたら，弊社までご連絡ください。

なお，誤りが判明した場合は，弊社ウェブサイトの「ご購入者様のページ」に掲載しておりますので，そちらもご確認ください。

■ お問い合わせ

解答例，解説，印刷，製本など，問題集発行におけるすべての責任は弊社にあります。

ご不明な点がございましたら，弊社ウェブサイトの「お問い合わせ」フォームよりご連絡ください。迅速に対応いたしますが，営業日の都合で回答に数日を要する場合があります。

ご入力いただいたメールアドレス宛に自動返信メールをお送りしています。自動返信メールが届かない場合は，「よくある質問」の「メールの問い合わせに対し返信がありません。」の項目をご確認ください。

また弊社営業日（平日）は，午前９時から午後５時まで，電話でのお問い合わせも受け付けています。

2025春

株式会社教英出版

〒422-8054　静岡県静岡市駿河区南安倍３丁目 12-28

TEL　054-288-2131　　FAX　054-288-2133

URL　https://kyoei-syuppan.net/

MAIL siteform@kyoei-syuppan.net

教英出版の親子で取りくむシリーズ

公立中高一貫校とは？適性検査とは？
受検を考えはじめた親子のための
最初の１冊！

「概要編」では公立中高一貫校の仕組みや適性検査の特徴をわかりやすく説明し，「例題編」では実際の適性検査の中から，よく出題されるパターンの問題を厳選して紹介しています。実際の問題紙面も掲載しているので受検を身近に感じることができます。

- 公立中高一貫校を知ろう！
- 適性検査を知ろう！
- 教科的な問題〈適性検査ってこんな感じ〉
- 実技的な問題〈さらにはこんな問題も！〉
- おさえておきたいキーワード

定価：1,078円（本体980+税）

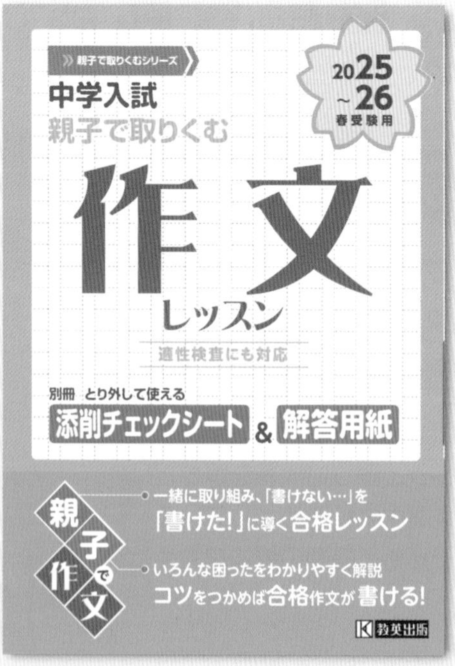

適性検査の作文問題にも対応！
「書けない」を「書けた！」に
導く合格レッスン

「実力養成レッスン」では，作文の技術や素材の見つけ方，書き方や教え方を対話形式でわかりやすく解説。実際の入試作文をもとに，とり外して使える解答用紙に書き込んでレッスンをします。赤ペンの添削例や，「添削チェックシート」を参考にすれば，お子さんが書いた作文をていねいに添削することができます。

- レッスン１ 作文の基本と，書くための準備
- レッスン２ さまざまなテーマの入試作文
- レッスン３ 長文の内容をふまえて書く入試作文
- 実力だめし！入試作文
- 別冊「添削チェックシート・解答用紙」付き

定価：1,155円（本体1,050+税）

絶賛販売中！

詳しくは教英出版で検索

教英出版 検索

URL https://kyoei-syuppan.net/

神奈川県

①[県立] 相模原中等教育学校
　　　　平塚中等教育学校
②[市立]南高等学校附属中学校
③[市立]横浜サイエンスフロンティア高等学校附属中学校
④[市立]川崎高等学校附属中学校
✿⑤聖光学院中学校
✿⑥浅野中学校
⑦洗足学園中学校
⑧法政大学第二中学校
⑨逗子開成中学校(1次)
⑩逗子開成中学校(2·3次)
⑪神奈川大学附属中学校(第1回)
⑫神奈川大学附属中学校(第2·3回)
⑬栄光学園中学校
⑭フェリス女学院中学校

新潟県

①[県立] 村上中等教育学校
　　　　柏崎翔洋中等教育学校
　　　　燕中等教育学校
　　　　津南中等教育学校
　　　　直江津中等教育学校
　　　　佐渡中等教育学校
②[市立]高志中等教育学校
③新潟第一中学校
④新潟明訓中学校

石川県

①[県立]金沢錦丘中学校
②星稜中学校

福井県

①[県立]高志中学校

山梨県

①山梨英和中学校
②山梨学院中学校
③駿台甲府中学校

長野県

①[県立] 屋代高等学校附属中学校
　　　　諏訪清陵高等学校附属中学校
②[市立]長野中学校

岐阜県

①岐阜東中学校
②鶯谷中学校
③岐阜聖徳学園大学附属中学校

静岡県

①[国立]静岡大学教育学部附属中学校
　(静岡·島田·浜松)
② [県立]清水南高等学校中等部
　 [県立]浜松西高等学校中等部
　 [市立]沼津高等学校中等部
③不二聖心女子学院中学校
④日本大学三島中学校
⑤加藤学園暁秀中学校
⑥星陵中学校
⑦東海大学付属静岡翔洋高等学校中等部
⑧静岡サレジオ中学校
⑨静岡英和女学院中学校
⑩静岡雙葉中学校
⑪静岡聖光学院中学校
⑫静岡学園中学校
⑬静岡大成中学校
⑭城南静岡中学校
⑮静岡北中学校
⑯ 常葉大学附属常葉中学校
　 常葉大学附属橘中学校
　 常葉大学附属菊川中学校
⑰藤枝明誠中学校
⑱浜松開誠館中学校
⑲静岡県西遠女子学園中学校
⑳浜松日体中学校
㉑浜松学芸中学校

愛知県

①[国立]愛知教育大学附属名古屋中学校
②愛知淑徳中学校
③ 名古屋経済大学市邨中学校
　 名古屋経済大学高蔵中学校
④金城学院中学校
⑤椙山女学園中学校
⑥東海中学校
⑦南山中学校男子部
⑧南山中学校女子部
⑨聖霊中学校
⑩滝中学校
⑪名古屋中学校
⑫大成中学校
⑬愛知中学校
⑭星城中学校
⑮名古屋葵大学中学校
　(名古屋女子大学中学校)
⑯愛知工業大学名電中学校
⑰海陽中等教育学校(特別給費生)
⑱海陽中等教育学校(Ⅰ·Ⅱ)
⑲中部大学春日丘中学校
新刊⑳名古屋国際中学校

三重県

①[国立]三重大学教育学部附属中学校
②暁中学校
③海星中学校
④四日市メリノール学院中学校
⑤高田中学校
⑥セントヨゼフ女子学園中学校
⑦三重中学校
⑧皇學館中学校
⑨鈴鹿中等教育学校
⑩津田学園中学校

滋賀県

①[国立]滋賀大学教育学部附属中学校
②[県立] 河瀬中学校
　　　　守山中学校
　　　　水口東中学校

京都府

①[国立]京都教育大学附属桃山中学校
②[府立]洛北高等学校附属中学校
③[府立]園部高等学校附属中学校
④[府立]福知山高等学校附属中学校
⑤[府立]南陽高等学校附属中学校
⑥[市立]西京高等学校附属中学校
⑦同志社中学校
⑧洛星中学校
⑨洛南高等学校附属中学校
⑩立命館中学校
⑪同志社国際中学校
⑫同志社女子中学校(前期日程)
⑬同志社女子中学校(後期日程)

大阪府

①[国立]大阪教育大学附属天王寺中学校
②[国立]大阪教育大学附属平野中学校
③[国立]大阪教育大学附属池田中学校

④[府立]富田林中学校
⑤[府立]咲くやこの花中学校
⑥[府立]水都国際中学校
⑦清風中学校
⑧高槻中学校（A日程）
⑨高槻中学校（B日程）
⑩明星中学校
⑪大阪女学院中学校
⑫大谷中学校
⑬四天王寺中学校
⑭帝塚山学院中学校
⑮大阪国際中学校
⑯大阪桐蔭中学校
⑰開明中学校
⑱関西大学第一中学校
⑲近畿大学附属中学校
⑳金蘭千里中学校
㉑金光八尾中学校
㉒清風南海中学校
㉓帝塚山学院泉ヶ丘中学校
㉔同志社香里中学校
㉕初芝立命館中学校
㉖関西大学中等部
㉗大阪星光学院中学校

兵庫県

①[国立]神戸大学附属中等教育学校
②[県立]兵庫県立大学附属中学校
③雲雀丘学園中学校
④関西学院中学部
⑤神戸女学院中学部
⑥甲陽学院中学校
⑦甲南中学校
⑧甲南女子中学校
⑨灘中学校
⑩親和中学校
⑪神戸海星女子学院中学校
⑫滝川中学校
⑬啓明学院中学校
⑭三田学園中学校
⑮淳心学院中学校
⑯仁川学院中学校
⑰六甲学院中学校
⑱須磨学園中学校（第1回入試）
⑲須磨学園中学校（第2回入試）
⑳須磨学園中学校（第3回入試）
㉑白陵中学校
㉒夙川中学校

奈良県

①[国立]奈良女子大学附属中等教育学校
②[国立]奈良教育大学附属中学校
③[県立]
国際中学校
青翔中学校
④[市立]一条高等学校附属中学校
⑤帝塚山中学校
⑥東大寺学園中学校
⑦奈良学園中学校
⑧西大和学園中学校

和歌山県

①[県立]
古佐田丘中学校
向陽中学校
桐蔭中学校
日高高等学校附属中学校
田辺中学校
②智辯学園和歌山中学校
③近畿大学附属和歌山中学校
④開智中学校

岡山県

①[県立]岡山操山中学校
②[県立]倉敷天城中学校
③[県立]岡山大安寺中等教育学校
④[県立]津山中学校
⑤岡山中学校
⑥清心中学校
⑦岡山白陵中学校
⑧金光学園中学校
⑨就実中学校
⑩岡山理科大学附属中学校
⑪山陽学園中学校

広島県

①[国立]広島大学附属中学校
②[国立]広島大学附属福山中学校
③[県立]広島中学校
④[県立]三次中学校
⑤[県立]広島叡智学園中学校
⑥[市立]広島中等教育学校
⑦[市立]福山中学校
⑧広島学院中学校
⑨広島女学院中学校
⑩修道中学校
⑪崇徳中学校
⑫比治山女子中学校
⑬福山暁の星女子中学校
⑭安田女子中学校
⑮広島なぎさ中学校
⑯広島城北中学校
⑰近畿大学附属広島中学校福山校
⑱盈進中学校
⑲如水館中学校
⑳ノートルダム清心中学校
㉑銀河学院中学校
㉒近畿大学附属広島中学校東広島校
㉓AICJ中学校
㉔広島国際学院中学校
㉕広島修道大学ひろしま協創中学校

山口県

①[県立]
下関中等教育学校
高森みどり中学校
②野田学園中学校

徳島県

①[県立]
富岡東中学校
川島中学校
城ノ内中等教育学校
②徳島文理中学校

香川県

①大手前丸亀中学校
②香川誠陵中学校

愛媛県

①[県立]
今治東中等教育学校
松山西中等教育学校
②愛光中学校
③済美平成中等教育学校
④新田青雲中等教育学校

高知県

①[県立]
安芸中学校
高知国際中学校
中村中学校

福岡県

① [国立] 福岡教育大学附属中学校（福岡・小倉・久留米）
② [県立]
- 育徳館中学校
- 門司学園中学校
- 宗像中学校
- 嘉穂高等学校附属中学校
- 輝翔館中等教育学校

③西南学院中学校
④上智福岡中学校
⑤福岡女学院中学校
⑥福岡雙葉中学校
⑦照曜館中学校
⑧筑紫女学園中学校
⑨敬愛中学校
⑩久留米大学附設中学校
⑪飯塚日新館中学校
⑫明治学園中学校
⑬小倉日新館中学校
⑭久留米信愛中学校
⑮中村学園女子中学校
⑯福岡大学附属大濠中学校
⑰筑陽学園中学校
⑱九州国際大学付属中学校
⑲博多女子中学校
⑳東福岡自彊館中学校
㉑八女学院中学校

佐賀県

① [県立]
- 香楠中学校
- 致遠館中学校
- 唐津東中学校
- 武雄青陵中学校

②弘学館中学校
③東明館中学校
④佐賀清和中学校
⑤成穎中学校
⑥早稲田佐賀中学校

長崎県

① [県立]
- 長崎東中学校
- 佐世保北中学校
- 諫早高等学校附属中学校

②青雲中学校
③長崎南山中学校
④長崎日本大学中学校
⑤海星中学校

熊本県

① [県立]
- 玉名高等学校附属中学校
- 宇土中学校
- 八代中学校

②真和中学校
③九州学院中学校
④ルーテル学院中学校
⑤熊本信愛女学院中学校
⑥熊本マリスト学園中学校
⑦熊本学園大学付属中学校

大分県

① [県立] 大分豊府中学校
②岩田中学校

宮崎県

① [県立] 五ヶ瀬中等教育学校
② [県立]
- 宮崎西高等学校附属中学校
- 都城泉ヶ丘高等学校附属中学校

③宮崎日本大学中学校
④日向学院中学校
⑤宮崎第一中学校

鹿児島県

① [県立] 楠隼中学校
② [市立] 鹿児島玉龍中学校
③鹿児島修学館中学校
④ラ・サール中学校
⑤志學館中等部

沖縄県

① [県立]
- 与勝緑が丘中学校
- 開邦中学校
- 球陽中学校
- 名護高等学校附属桜中学校

もっと過去問シリーズ

北海道

北嶺中学校
7年分（算数・理科・社会）

静岡県

静岡大学教育学部附属中学校
（静岡・島田・浜松）
10年分（算数）

愛知県

愛知淑徳中学校
7年分（算数・理科・社会）
東海中学校
7年分（算数・理科・社会）
南山中学校男子部
7年分（算数・理科・社会）
南山中学校女子部
7年分（算数・理科・社会）
滝中学校
7年分（算数・理科・社会）
名古屋中学校
7年分（算数・理科・社会）

岡山県

岡山白陵中学校
7年分（算数・理科）

広島県

広島大学附属中学校
7年分（算数・理科・社会）
広島大学附属福山中学校
7年分（算数・理科・社会）
広島学院中学校
7年分（算数・理科・社会）
広島女学院中学校
7年分（算数・理科・社会）
修道中学校
7年分（算数・理科・社会）
ノートルダム清心中学校
7年分（算数・理科・社会）

愛媛県

愛光中学校
7年分（算数・理科・社会）

福岡県

福岡教育大学附属中学校
（福岡・小倉・久留米）
7年分（算数・理科・社会）
西南学院中学校
7年分（算数・理科・社会）
久留米大学附設中学校
7年分（算数・理科・社会）
福岡大学附属大濠中学校
7年分（算数・理科・社会）

佐賀県

早稲田佐賀中学校
7年分（算数・理科・社会）

長崎県

青雲中学校
7年分（算数・理科・社会）

鹿児島県

ラ・サール中学校
7年分（算数・理科・社会）

※もっと過去問シリーズは国語の収録はありません。

教英出版
〒422-8054
静岡県静岡市駿河区南安倍3丁目12−28
TEL 054-288-2131
FAX 054-288-2133
詳しくは教英出版で検索
教英出版 検索
URL https://kyoei-syuppan.net/

令和6(2024)年度

入試Ⅰ

国　　語

1月6日(土)

(50分)

受験上の注意

・試験開始まで問題用紙にも解答用紙にも手をふれてはいけません。
・解答は解答用紙のわくの中にていねいな字で記入してください。
・本文の抜き出しや記述問題において、特に指定がなければ、かぎかっこ(「　」)や句読点(、。)なども一字に数えます。
・解答用紙・問題用紙は回収しますので持ち帰らないでください。
・質問があるときや，筆記用具などを落としたとき，印刷が悪くて字がはっきりしないところなどがあれば，手を挙げて監督《かんとく》の先生の指示にしたがってください。

広島国際学院中学校

一　次の文章を読んで、後の問いに答えなさい。(設問の都合上、本文を一部省略し、改めています。)

A　人間はどうして神さまを信じたりするのか。現在、この問いに対する有力な説明は、精神分析《ぶんせき》学(注1)が与えてくれています。この学問の創始者の一人であるフロイト(注2)は、人間の心の中にどのようにして「神さま」のような宗教的な考えが生まれてくるかをうまく説明しました。

育てている作物が干ばつで枯《か》れてしまうと、家族は餓死《がし》するかもしれません。しかしそれが地球①キボの気候変動のせいであれば、人間にできることは限られています。そうでなくても太陽はあと五十億年ほどで燃え尽《つ》きるそうです。そのとき地球は(おそらく他の惑星《わくせい》に移住しているであろう人類の末裔《まつえい》も含めて)跡形《あとかた》もなく消えてしまうでしょう。

あるいは、人間は大小の共同体を作ってその中で生きるようにできています。共同体の中で生きることにはさまざまな利点がありますが、逆にストレスの原因ともなります。不思議なことに人間には意識がありますので、いわゆる人間関係の絡《から》み合いの中で、負の感情に痛めつけられることも多くなります。しかしそれも、共同体の中でなければ生きていけない生物としての人間のあり方に基づくことであり、嘆《なげ》いてもしょうがないことです。

また、人間には寿命《じゅみょう》があります。しかし多くの人は、なぜかそれを意識せず、まるで忘れてしまったかのようにして毎日を暮らしています。しかし冷静に考えれば、毎日多くの人が生まれているのと同じように、毎日多くの人が亡くなっています。そして自分自身も例外ではない。それは何か厳粛《げんしゅく》な事実であり、それに文句を言っても仕方がありません。

このように見てくると、この世界に生まれて生きていくことは、かなりたいへんなことです。このたいへんさは、たんに世間を渡っていくのがたいへんだということに加えて、もっと根本的に、そもそも人間としてこの世にあることそれ自体に備わっているようなたいへんさです。人間の心は、それに耐《た》えられるでしょうか。

昔は今よりもたいへんだったと単純に言うことはできませんが、今ほど科学や社会のシステムが整備されていなかった②太古の時代から、私たちの祖先たちは、心が折れてしまいそうな数多くのことをくぐり抜《ぬ》けながら命をつないできたのです。

フロイトは、人類がそのようなあり方の中で、なんとか心が折れずに生き残れるように、「神さま」のような宗教的な考えが現れたのだと考えました。より正確に言うならば、人類の中で宗教的な考えをたまたま持つようになったグループの方が、そのような考えを持たなかったグループよりも進化論的に優位であったので、長い年月の生存競争の中で生き残り、逆に、宗教的な考えを持たなかったグループ(注3)は淘汰《とうた》され、滅《ほろ》んでしまったのです。

現に私たちは生き残っているわけですから、当然、宗教的な考えを受け入れやすく、それによって気を紛《まぎ》らすことができるような精神的な傾向《けいこう》を持つグループの末裔だということになりますね。そしてこれはあくまでも結果であって、私たちの祖先が、はじめからそれを意図して、宗教を作り上げたというわけではありません。

【Ⅰ】、死の恐怖《きょうふ》をごまかすために、死んでも魂《たましい》は生き残り、来世に行って祖先と出会うというお話を作り出し、無理やりそれを信じたというわけではありません。人間はそう簡単に何でも信じられるわけではありませんよね。そうではなく、死の恐怖から逃《のが》れたいという長年の欲求や願望がもとになって、自然に、魂や来世といった考えが少しずつ生まれてきたというわけです。

また、この世界でどうしても目にしてしまう多くの不公平や不平等から受ける嫌《いや》な気持ちをなくしたいという願望は、死んだ後の、神さまによる公平な③裁きと、それによる天国と地獄《じごく》への選別というストーリーを生みだし、そして神さまは、そのような裁きと公平さと、そして何よりも私たち自身の、この世で得られなかった完全な幸福を保証してくれるものとして、少しずつ強力なものに変わっていきました。

さて、「人間はどうして神さまを信じたりするのか」という疑問には、例えばこのような精神分析学の観点から答えることができます。神さまが信仰《しんこう》を与えてくれるのではなく、人間が厳しい環境《かんきょう》の中で命をつないでいくために、その弱い心をさまざまな不安やストレスから守ってくれる「心の鎧《よろい》」として、宗教の世界が人々の心の中に自然と生まれてきた、というわけです。

（中略）

それでは、B「神さま」ではなく「神」がいるとはどのようなことでしょうか。これまで使った言葉で言うと、「神さま」は人々の心の中にいたりいなかったりするのに対して、「神」はこの世界がどのような世界かという事実に関係します。

「私は神さまがいると信じているかどうか」という問いが、その人にとっての【Ⅱ】的な問題だとすると、「神が存在するかどうか」という問いは、いわば客観的な問いです。客観的なというのは、この場合、たんに人々の心の中で信じられているだけでなく、だれから見てもそうだと思われる根拠《こんきょ》に基づいて、という意味です。

（中略）

いま、人類を愛する全知全能の絶対者がいると仮定してみましょう。しかもその絶対者がこの世界を作った創造主でもあるとしてみましょう。そのような神が存在するのに、どうしてこの世界に戦争や飢餓《きが》などの悲惨《ひさん》なことが起こり続けるのでしょうか。

その神は全知ですから、この世界の悲惨を知っています。また、全能ですから、それらの悲惨を取り除くことができます。戦争が起きようとしているときにそれを起こらなくすることも、飢饉《ききん》をもたらす④イジョウ気象が起きようとしているときにそれを止めることも、簡単なことのはずです。しかし神はそれを止めようとしない。

ここからの帰結は、だれにでもわかることです。それは、神がいないか、いたとしても全知全能でないか、あるいは、それほど人類のことを愛していないかということでしょう。

Ⅲ 西洋人は、このどの帰結も受け入れることができません。西洋の多くの人は、「神」と「この世の悪」の間に、克服《こくふく》されるべき矛盾《むじゅん》を感じます。その結果、すぐこのあとで見るように、この世界に悪が存在する理由を、あの手この手で説明しようとするのです。

しかしどうでしょうか。わたしたち日本人にとって、これは取って付けたような、ややぎこちない理屈のように感じないでしょうか。この世界にたくさんの苦しみがあることには、もちろんわたしたちも同意するでしょう。しかしそのことと、神がいるかいないかという宗教の問題とは、あまり直接には関係していないように思います。

この違《ちが》いは、ほぼ、「神さま」の理解の違いに対応しています。西洋の「神さま」、いわゆる西洋的有神論(注4)で想定される「神さま」は、西洋哲学の「神」を背景としています。その「神」は、「最高完全者」や「絶対者」と呼ばれるように、非の打ち所のない完璧《かんぺき》な存在です。いわゆる全知全能で善である、(注5)唯一《ゆいいつ》絶対神ですね。このような神に基づいて「神さま」を想定するから、それがCこの世界のひどい状態と矛盾していると思えるわけです。

これに対して、日本を含めて西洋的有神論の圏外《けんがい》にある文化では、「神さま」をそこまで強いものとは考えません。言ってみれば、必ずしも完璧でないさまざまな神さまのもとで、世界の中に悪や苦しみが存在するのは、当たり前のことです。どうすればそれらの苦しみを取り除くことができるか、ということはたしかに問題ですが、D世界の中にそのような苦しみがあることそれ自体が解決すべき問題だとは、感じられないのです。

(上枝美典《うええだよしのり》『神さまと神はどう違うのか?』〈ちくまプリマー新書〉より)

《語注》

注1　精神分析学　…人間には無意識の過程が存在し、人の行動は無意識によって左右されるという仮説に基づいた学問。
注2　フロイト　…オーストリアの心理学者で精神分析学の創始者。
注3　淘汰　…不適当なものを取り除くこと。
注4　有神論　…神は存在するという主張のこと。
注5　唯一絶対神　…旧約聖書や新約聖書等における唯一神、万物の創造者。

問一　══線部①～④について、カタカナは漢字に改め、漢字は読みをひらがなで答えなさい。

問二　本文中の空欄《らん》［Ⅰ］・［Ⅲ］に入ることばとして、最も適当なものを、次の中からそれぞれ一つずつ選び、記号で答えなさい。

ア　それでは
イ　たとえば
ウ　しかし
エ　なぜなら
オ　あるいは

問三　本文中の空欄［Ⅱ］に入ることばを漢字で答えなさい。

問四　〰〰線部「帰結」とありますが、「帰結」の「帰」と同じ意味で「帰」が使われている熟語として、最も適当なものを、次の中から一つ選び、記号で答えなさい。

ア　帰路
イ　帰宅
ウ　復帰
エ　帰着
オ　帰省

問五　——線部A「人間はどうして神さまを信じたりするのか」とありますが、この問いに対する筆者の考えを、解答欄《らん》の文末に合うように、七十字以上八十字以内で説明しなさい。

問六　——線部B「『神さま』ではなく『神』がいるとはどのようなことでしょうか」とありますが、西洋人にとっての『神』とはどのような存在ですか。本文中から八字で抜き出して答えなさい。

問七　——線部C「この世界のひどい状態と矛盾している」とありますが、それはどういうことですか。四十字以上五十字以内で説明しなさい。

問八　――線部D「世界の中にそのような苦しみがあることそれ自体が解決すべき問題だとは、感じられない」とありますが、それはなぜですか。理由の説明として、最も適当なものを、次の中から一つ選び、記号で答えなさい。

ア　「神さま」がこの世界の創造主であるということは、世界にある苦しみも「神さま」が作ったということであり、人間に解決できる問題ではないから。

イ　日本人にとっては苦しみそのものを解決するよりも、世界の中の悪や苦しみを、どのようにして消滅させるかという問題の方が重要であるから。

ウ　日本人にとっての「神さま」は完全な存在ばかりではなく、「神さま」のもとで世界から苦しみがなくならないのは、もっともなことであるから。

エ　日本人が想定している「神さま」は、それほど人類のことを愛しておらず、「神さま」が人類のために苦しみを取り去るとは考えられないから。

オ　「神さま」が人々の心の中にいたりいなかったりするように、苦しみも人それぞれ違い、全人類の苦しみを完全に解決することは難しいから。

問九　本文の論理の展開として、最も適当なものを、次の中から一つ選び、記号で答えなさい。

ア　本文の前半は、人間が「神さま」を信じる理由について精神分析学を軸《じく》として説明し、後半は、西洋の「神」が抱える矛盾を日本と対比させながら論じている。

イ　本文の前半は、日本において「神さま」という概念がどのように生まれたのかを論じ、後半は、東洋の「神」の独自性を西洋と比較することで明確にしている。

ウ　本文の前半は、人々がなぜ「神さま」を信仰するようになったのかを歴史学の視点から示し、後半は、西洋人が持つ「神」に対する考え方の矛盾を指摘している。

エ　本文の前半は、「神さま」が生まれた理由についてフロイトの考えに反論する形で意見を述べ、後半は、西洋と日本の「神」に対する認識の違いをまとめている。

オ　本文の前半は、人々が「神さま」という存在を作り出した過程を推察し、後半は、西洋的有神論の視点から日本の「神」のあり方に関する意見を述べている。

二　次の文章を読んで、後の問いに答えなさい。（設問の都合上、本文を一部省略し、改めています。）

主人公の「僕」（佐田誠《さだまこと》）が学校を休んだ日に、修学旅行の班が決まっていた。班長の井上奈緒《いのうえなお》、成績優秀で特待生の蔵並研吾《くらなみけんご》、男子から人気のある小川楓《おがわかえで》、人気者だが嫌味のない大日向隼人《おおひなたはやと》、控《ひか》えめな性格の畠中結衣《はたなかゆい》、上手にしゃべることができない松帆一郎《まつほいちろう》という妙《みょう》なメンバー七人で組まれた班だった。以下は、旅行二日目にある東京での班別自由行動の計画を立てるため、七人で集まって話をしている場面である。

メモ紙が班長のもとに戻された。井上は何枚かめくったところで一枚を取り出してぴらぴら振《ふ》った。「まず、この「韓国《かんこく》コス(注1)メ」っていうのは場所じゃないし、無記名なので却下《きゃっか》しまーす」と言いながらA背後に投げ捨てる。

「ちょっと！」小川楓が席から滑《すべ》り落ちるように拾いに行く。「ひどい」と漏《も》らした声はあんまり抑揚《よくよう》がなかった。

「あと、これ」井上は何度も裏と表を確認して不機嫌《きげん》そうに言った。「白紙なんですけど、誰《だれ》ですか。ちゃんとやってもらえます？」

大日向が体を斜《なな》めにしてまっすぐ高く手を挙げた。

「なんで？」

「あんま行きたい場所とかないんだよ。母親の実家が東京だからしょっちゅう行ってるし。どうせ全員が行きたいとこなんて回れないだろ？　オレのはいいよ」

「自慢《じまん》だ、自慢」①野次を飛ばしながら席に戻った小川楓は「班長、自慢はいいんですか」と気のない訴《うった》えを②スますと足を組み、裾《すそ》から出した膝《ひざ》頭にスマートフォンを据《す》えて、何やら調べ始めた。

「自慢は可」

「自慢じゃねーし」

「あと、希望なしも可」と井上は言った。「でも、白紙で名前書かない意味はわかんない。言ってんのに。Bむかついてきたね」

「わるい、わるい」と大日向は紙を受け取った。

「えーとじゃあ、次」井上は気にもとめずに次の紙を読み上げた。「東京タワー、これは蔵並くん。タワーでいいの？　スカイツリーじゃなくて？」

「スカイツリーは行ったことある」

「あ、そう」
「オレもタワーは行ったことないな」大日向が名前を書きながら言う。「いいかも」
「静かにしてください。えーと、次、結衣ちゃん」声を弾《はず》ませて井上は言った。「いや、畠中さん。上野動物園か葛西臨海《かさいりんかい》水族館」
「奈緒ちゃん」畠中さんが遠慮《えんりょ》がちに手を上げて「園、園」と宙にその字を書いて訂正《ていせい》した。「水族園」
「あ、そうなの？」と紙を見返す。「ほんとだ、ごめん。水族のあと館じゃないことある？　野外ってこと？　野外だと園だ？」
「そこまで知らないけど、そう書いてあったよ」
「なるほどですね」急に真面目な口調で言って咳払《せきばら》いしたのに「あと水族も何？　むかついてきた」と続けるから軽い笑いが起こった。僕も笑えばよかった。なんだか今になって、(注2)忌憚《きたん》ないおしゃべりに敬意を表しておけばよかったと思うんだ。「じゃあ次、あ、待って！　誰かタブレットのマップに、今言った場所入れてくんない？　班のでログインして」
　タブレットの近くにいた蔵並が手に取った。「やるよ」
「感謝」妙な礼を言いながら蔵並にメモ紙を渡す井上の逆の手に、小川が書き直したらしい紙を突《つ》き刺《さ》すように押しつける。井上はうるさそうにそれを取って読み上げた。
「次、小川さん。はいはい、新大久保ね」
「どこ？」と大日向が訊《き》く。「聞いたことないな」
「え、知らないの、意外」と井上が言った。(注3)「コリアンタウンよ」
「だから韓国コスメか」
「わたしも詳《くわ》しい場所は知らないけど」小川楓はセーターの袖《そで》を握《にぎ》り込んだ手を上げて言った。「そんなに長居しなくてもいいから、おみやげ買いに行く感じで。ほかの観光には興味ありません」
「ちなみに」井上は前置きして、蔵並の前に紙を二枚置いた。「新大久保は私からの希望であったりなどします」
「班長もコスメ目的？」と大日向が訊く。
「いかにも」
「示し合わせてたのか」
「班長の立場として正直に申し上げると、示し合わせてはいましたが、行き先は多数決ではなく話し合いで決めるので、それで有利になるとかではありません。小川さんとは五年連続で同じクラスの腐《くさ》れ縁《えん》として示し合わせただけで、他意はなく――」

「新大久保って、ほとんど新宿だな」
そんな意図はなかっただろうけど、タブレットを操作していた蔵並が演説の腰《こし》を折って、井上は呆《あき》れた顔でそっちを指さした。
もちろん見ていない蔵並の横に小川楓が駆《か》け込《こ》んできて「新宿と東京って遠い？」と訊きながら肩越《かたご》しに覗《のぞ》き込んだ。
小川楓の長い髪《かみ》の③ヒトタバが、蔵並の左肩から背中にかけてかかっていた。そういうのってどうなんだろう？　普通、そんなことにはならないように気をつけるもんじゃないのかな？　だって、どんなに長くても髪は自分の体の一部なんだしさ。わざとやってるんだろうか？　何のために？　とにかく僕はそれを、近すぎも遠すぎもしない絶妙な、なんて言っていいかな、一番興奮する距離で目にしてたんだな。
「遠くはない」蔵並は小川楓の髪が背中にかかっているとは思ってもいない感じだった。
「誰か電車の移動、調べてよ」
畠中さんがスマホを出したのを確認すると、井上は次の紙に目を落とした。大日向はあらぬ方を見ている。つまり、小川楓の髪がどうとか気にしているのは僕だけだったんだ——みたいな④合点と安堵《あんど》をした瞬間《しゅんかん》、自分の後ろに松がいることを急に思い出した。恐《おそ》る恐る振り返ると、松はしばらくずっとそのままでいたに違《ちが》いない、だらけた座り方でそこにいた。相変わらずかさついたまぶたの下の黒目がちな瞳《ひとみ》が、僕に向けられていた。
「次、佐田くん」という班長の声で僕は前を向いた。井上はちょっとためらうように「うらわ美術館」と読み上げると、顔を上げて僕を見た。「ってどこ？」
「浦和って埼玉じゃね？」と大日向が言った。
「ダメなのかな？」と僕は井上に問いかけた。
「知らないけど」
「なんかやってるの？」小川楓はもう蔵並の後ろにまっすぐ立っていた。「見たい展示とか」
「さあ」僕はしらを切ってから「でも、変えるから」と言った。腰を上げて腕《うで》を伸ばし、井上の手から紙を取った。
「あ、でも一応、先生に訊いてみたら？」井上は、僕がふてくされたと思ったみたいだった。確かに態度は悪かった。でもそうじゃなくて、Cなんだか無性に興奮してたんだ。
「いや、変える」とくり返して、僕は横の机に向かった。
井上は紙を持っていた形のまま指を崩《くず》さず、僕を不思議そうに見下ろしている。みんなきょとんとしていたはずだ。普段《ふだん》はろくに喋《しゃべ》らない奴《やつ》が変なこと言い始めてさ。震《ふる》えそうな手に力を込めて二重線を引き、余白に新たな場所を書いた。もう後戻りはできない。みんなの視線が、僕の渡す紙を追いかけて班長の手元に集まる。
「日野」読み上げたあと、井上はおずおずこっちに視線を上げた。「ってどこ?」
「どこだろう」と僕も言って、タブレットで調べてくれないもんかと蔵並を見た。
「［Ⅰ］」と井上が言う。［Ⅰ］としたって意味なんだろう。
「知らないのに行きたいの?」小川楓も半笑いで言った。「どういうこと?」
「日野ってかなり遠いけど」蔵並はタブレットを僕に渡した。「何があるんだ」
確かに、東京と日野はかなり離れていた。いくつか立てられたピンからもだいぶ西で、電車で行くにも時間がかかりそうだ。
井上と小川楓、それに大日向が僕の後ろに回って覗き見てきた。距離があったし、背中に髪はかかっていなかっただろう。
「みんなは行かなくていい」と僕は言った。「勝手に一人で行くから」
「単独行動ってこと?　造反?」班長として黙っていられない井上が後ろから声を浴びせてきた。「でもGPSって一人ひとりに渡されるんだよ」
「これは大変だ」小川楓は笑い混じりの声だった。
「GPSだけ誰かが代わりに持ってくれればいいよ。先生にも会わないならバレないはずだ」
ちょっと呆れたような、冷めた雰囲気《ふんいき》になるのを感じた。
「目的は?」と大日向が言った。「そんなよく知らないとこにわざわざ行きたいって」
「一人になりたいとか?」小川楓が隣《となり》の井上に向かってからかうように言うと、僕の後ろから外れた。「団体行動なんてクソ食らえ、みたいな?」
「佐田くんって、そんな面倒くさい人だったっけ?」井上もふざけた感じで応じながら、席に戻った。
「用事があるんだ」
「何の?」とすぐさま蔵並が言った。ちょっといらついてる様子だった。
「それはまだ言えない。だから、とりあえず数に入れなくていい」
「思わせぶりだね」小川楓がますます楽しそうに言うんで、D僕は励《はげ》まされていた。「［Ⅱ］、気になるじゃん」
「［Ⅱ］」面白げにくり返しながら元の場所に戻った井上が「ってことは」と僕に言う。「みんなで行くとこの候補には入れなくていいの?」
「いいよ」このへん、ちょっと(注4)自嘲《じちょう》的になっていたのがよくなかったかも知れない。「みんなで行く意味なんかないから」
「自分には意味があるのか?」
蔵並の食ってかかるような低い声に、大日向が井上や小川楓と目配せし合っているのが見えた。畠中さんは心配そうに僕を見ている。
「あるよ」蔵並の目を見据えて言うと、向こうもじっと見返してきた。疑念や敵意を少しずつ流し込もうとするような視線。僕の方ではそれを拒《こば》んだ。
「じゃあ、この日野ってとこはとりあえず保留」間に入ってくれたんだろうけど、井上の声は明らかに面倒《めんどう》くさそうだった。「とりあえず、他の場所の中から決めます」

(乗代雄介《のりしろゆうすけ》『それは誠』〈文藝春秋刊〉より)

《語注》
注1　コスメ　…化粧《けしょう》品。
注2　忌憚ない　…余計な気遣《きづか》いのない。
注3　コリアンタウン　…韓国人が多く住んでいる街。
注4　自嘲　…自分で自分をつまらないものとして軽蔑《けいべつ》すること。

問一　═══線部①～④について、カタカナは漢字に改め、漢字は読みをひらがなで答えなさい。

問二　本文中の空欄［Ⅰ］・［Ⅱ］に入ることばとして、最も適当なものを、次の中から一つずつ選び、記号で答えなさい。

ア　断然《だんぜん》　　イ　俄然《がぜん》　　ウ　騒然《そうぜん》　　エ　漠然《ばくぜん》　　オ　啞然《あぜん》

問三　——線部A「背後に投げ捨てる」、——線部B「むかついてきたね」とありますが、このときの井上の説明として、最も適当なものを、次の中から一つ選び、記号で答えなさい。

ア　小川の韓国コスメという希望に本心では同意しているが、班長である自分がコスメを買いに行くことを支持するわけにいかないため、あえて冷たく突き放し、また大日向の無記入には、行き先を考えてくる決まりだったのに、大日向がその決まりを守らなかったことに失望している。

イ　小川の韓国コスメという希望を見てもどこに行きたいのか分からず、相手に伝える努力をしない小川に対して激しく怒っており、また大日向の無記入には、希望なしに関しては何とも思っていないが、白紙で出すという行為に対して班長への気配りがないことを不快に思っている。

ウ　小川の韓国コスメという希望は事前に知っていたので誰が書いたのかわかっていたが、わざと知らないふりをすることで小川を特別扱いしないことを他の人にアピールし、また大日向の無記入には、白紙で出してきたことを自分をばかにしているととらえ、不満に感じている。

エ　小川の韓国コスメを買いに行くためにコリアンタウンに行きたいという内容は理解できたが、場所や目的が書かれていないことが気に入らず、また大日向の無記入には、みんなに合わせるという意見には納得しているが、希望がないことや名前くらいは書くべきだと腹を立てている。

オ　小川の韓国コスメを買いに行きたいという意見には、修学旅行でコスメを買いに行くことは許されないと、班長として厳しく接しようと考え、また大日向の無記入には、せめて誰が書いたか分かるように名前くらいは書くのが当然だと考え、不真面目な大日向に怒っている。

問四　——線部C「なんだか無性に興奮してた」とありますが、「僕」がこのような気持ちになったのはなぜですか。五十字以上六十字以内で説明しなさい。

問五　——線部D「僕は励まされていた」とありますが、この時の「僕」の心情を、八十字以上九十字以内で説明しなさい。

問六　本文を読んだ二人の生徒Ａ・Ｂが、本文の登場人物の人物像について会話をしました。次のうち、本文の内容に合うものとして、最も適当なものを、次の中から一つ選び、記号で答えなさい。

ア　生徒Ａ　井上さんは班長として班員をうまくまとめることができていたよね。えこひいきすることなく、何を言われてもまったく動じなかったのはすごいと思ったよ。

イ　生徒Ｂ　そうかな。井上さんは都合が悪くなると急に口調が変わったり、親しい人だけ呼び方が違ったりしていて、班長の資質に欠けるところがあったと思うけど。

ウ　生徒Ａ　確かにそうだね。それにしても小川さんは天真爛漫《てんしんらんまん》で素敵な人だったよね。それでいてピンチにおちいっている佐田くんにさりげなくフォローを入れていたし。

エ　生徒Ｂ　私は蔵並くんが魅力《みりょく》的だと思ったな。井上さんと同じように、単独行動したいと言う佐田くんにだめなことははっきりだめと言える正義感の強さを感じたな。

オ　生徒Ａ　大日向くんみたいに無気力で何事にも興味を示さない人や、気弱そうな畠中さんみたいな人もいて、本当にどうして一緒の班になったのか気になるよね。

問七　本文の表現の特徴《とくちょう》と内容を説明したものとして、適当なものを、次の中から二つ選び、記号で答えなさい。

ア　動作の主体が変わるごとに改行されているため、誰のセリフ、行動なのか分かりやすくなっている。

イ　全編を通して「僕」の視点で物語が進み、「僕」と班員たちの心の距離が少しずつ縮まる様子が読み取れる。

ウ　会話を軸に物語が進むことで小気味のいいリズム感が生まれ、議論が円滑《えんかつ》に進んでいることを印象付けている。

エ　登場人物がどのようにセリフを言ったかの描写が多く、それぞれの心情を推測しやすくなっている。

オ　七人の登場人物それぞれの心情に寄り添《そ》うように物語が進み、読者が感情移入できるようになっている。

問八　次の【資料一】は、本文の班で話し合った結果作られた、自由行動の計画表である。また、【資料二】は東京付近の路線図である。本文と【資料二】を参考にし、【資料一】中の空欄［X］・［Y］・［Z］に入ることばを本文中から抜き出して答えなさい。

【資料一】

9時34分　新浦安駅発
9時50分　東京駅着・乗換《のりかえ》
10時09分　東京駅発
10時34分　浦和駅着
10時40分　うらわ美術館到着・見学
11時10分　うらわ美術館出発
11時19分　浦和駅
11時39分　池袋駅着・乗換
11時43分　池袋駅発
11時49分　［X］駅着・散策・昼食
13時19分　［X］駅発
13時23分　代々木駅着・乗換
13時32分　代々木駅発
13時43分　赤羽橋駅着
13時50分　［Y］到着・見学
14時20分　［Y］出発
14時29分　神谷町駅発
14時42分　八丁堀駅着・乗換
14時48分　八丁堀駅発
14時59分　葛西臨海公園駅着
15時05分　［Z］見学
16時30分　［Z］出発
16時39分　葛西臨海公園駅発
16時45分　新浦安駅着

【資料二】

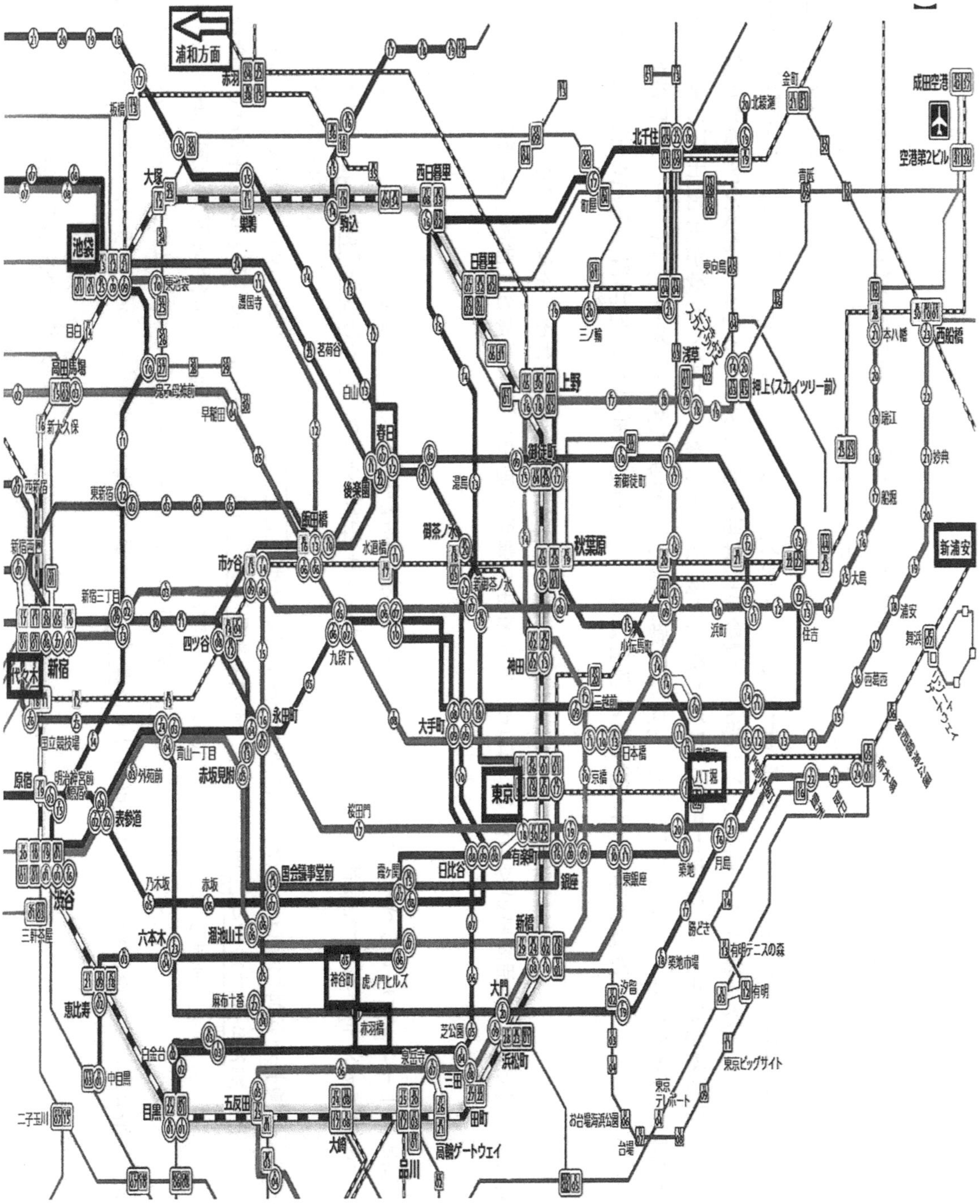

浦和方面
赤羽
板橋
大塚
池袋
巣鴨
駒込
西日暮里
日暮里
町屋
北千住
北綾瀬
金町
成田空港
空港第2ビル
青砥
東向島
三ノ輪
東池袋
護国寺
目白
高田馬場
新大久保
早稲田
茗荷谷
白山
春日
後楽園
上野
浅草
押上〈スカイツリー前〉
本八幡
西船橋
瑞江
妙典
御徒町
新御徒町
湯島
御茶ノ水
新御茶ノ水
秋葉原
飯田橋
水道橋
東新宿
西新宿
新宿三丁目
市ケ谷
九段下
四ツ谷
新宿
代々木
神田
小伝馬町
浜町
住吉
大島
船堀
新浦安
浦安
舞浜
西葛西
三越前
大手町
日本橋
八丁堀
永田町
国立競技場
青山一丁目
外苑前
明治神宮前
原宿
表参道
赤坂見附
東京
京橋
桜田門
有楽町
月島
築地
銀座
東銀座
日比谷
霞ケ関
国会議事堂前
乃木坂
赤坂
渋谷
三軒茶屋
六本木
溜池山王
神谷町
虎ノ門ヒルズ
麻布十番
赤羽橋
新橋
恵比寿
中目黒
白金台
大門
汐留
芝公園
浜松町
泉岳寺
三田
田町
目黒
五反田
大崎
品川
高輪ゲートウェイ
二子玉川
勝どき
築地市場
有明テニスの森
有明
東京ビッグサイト
東京テレポート
お台場海浜公園
台場
新木場

三　次の文章を読んで、後の問いに答えなさい。

先日行われたテストが返却されているようです。あきら君は、解答が**A**完璧だったにも関わらず、なんと名前を書き忘れて0点となってしまいました。あきら君はガックリと[1]を落として、[2]をかかえています。

隣《となり》の席のはるえさんも、同じ失敗をしたのか、同類相憐《あわ》れむといった様子であきら君をなぐさめています。

一方、百点満点をとったやすこさんは、答案用紙をかかげて[3]高々です。その様子を**B**うとましそうに見つめているのは、こうじ君です。くやしさをグッとこらえるように[4]をかんでいます。もしかしたら、こうじ君は不本意な**C**成績を取ってしまったのかもしれません。

最後に先生が、「みなさん、『**D**失敗は成功のもと』という言葉があります。次からはきちんと確認をしたり、テスト対策をしっかりしたりすればいいのです。[5]挽《ばん》回のチャンスはまだまだありますよ。気持ちを切りかえていきましょう!」とお話になりました。

問一　次の文章は、――線部**A**「完璧」の故事成語（中国の故事に由来することば）の成り立ちを説明したものです。空欄（ i ）・（ ii ）に入ることばを、それぞれ漢字一字で答えなさい。

完璧の「璧《へき》」は、平らで中央に孔《あな》のあいた宝玉のことで、古代中国で祭典用などに使われた。完璧は「傷のない（ i ）」が本来の意味である。「中国の戦国時代、趙《ちょう》の国にあった『和《か》氏《し》の璧《へき》』と呼ばれる立派な璧を、秦《しん》の国王昭王《しょうおう》が欲しくなり、『秦の十五の城と交換したい』と申し出た。藺相如《りんしょうじょ》が秦の国へ使いに行ったが、城と交換《かん》する気配がなかったため、藺相如は璧を命懸《が》けで傷一つつけずに持ち帰った。」

その故事を「完璧而帰（璧を完《まっと》うして帰る）」といい、大事なことを成しとげることや、欠点が全くないさまを「完璧」と表すようになった。

完璧の漢字を書く際、「かべ」の字を用いた「完（ ii ）」という誤《ご》字が多く見られる。かんぺきの「ぺき」が「（ i ）」の意味であったことを覚えておけば、「、」を忘れず、完璧な「完璧」の漢字が書けるはずだ。

問二　空欄［1］～［4］に入ることばを、次の中からそれぞれ一つずつ選び、記号で答えなさい。

ア　足　イ　口　ウ　頭　エ　指　オ　肩　カ　首　キ　鼻　ク　目　ケ　腰　コ　唇《くちびる》

問三　――線部B「うとましそうに」とはどんな様子ですか。ここでの意味として、最も適当なものを、次の中から一つ選び、記号で答えなさい。

ア　相手のことをきらいになりいらいらしている様子。

イ　相手のことをじゃまに思い苦手に感じている様子。

ウ　相手のことをねたみうらやましくて仕方がない様子。

エ　相手のことをなんとなくいやで遠ざけたい様子。

問四　――線部C「成績」とありますが、次の図の「成」を用いた熟語が成り立つように、空欄［Ⅰ］～［Ⅳ］に入る漢字一字を、矢印の向きに気をつけて、それぞれ答えなさい。ただし、「成績」「成功」のパターンは含みません。

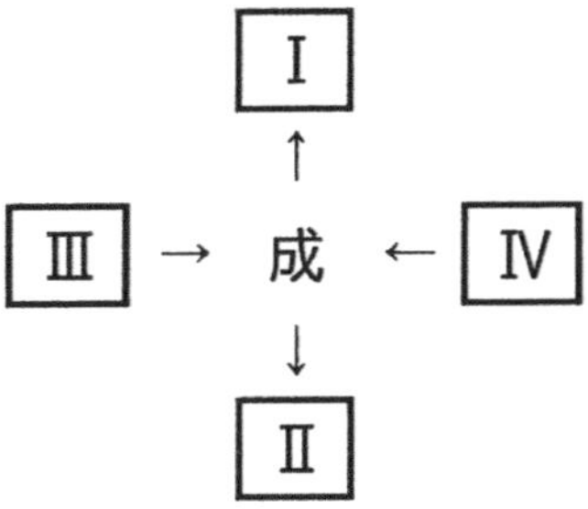

問五　――線部D「失敗は成功のもと」ということわざを四字熟語で表すとどうなりますか。次の空欄に入る漢数字を答えなさい。

□転□起

問六　空欄［5］に入ることばを答えなさい。

令和6(2024)年度

入試Ⅰ

英　語

1月6日（土）

(60分)

受験上の注意

・試験開始までこの問題冊子を開いてはいけません。
・問題は２ページから１０ページまであります。
・解答は、黒鉛筆かシャープペンシルを使用して、解答用紙に記入してください。解答用紙以外に記入した解答は、すべて無効となります。問題冊子にメモをしても構いませんが、試験終了後に書き写す時間はありません。
・リスニングテスト中は教室外に出ることはできません。
・問題用紙・解答用紙は回収しますので、持ち帰らないでください。
・問題内容に関する質問には一切お答えできません。
・印刷不良などがあれば、手を挙げて監督の先生の指示に従ってください。

≪リスニングテスト≫

※音声と放送原稿非公表

1 放送される英文に出てくる「日付」と「時刻」を、算用数字で解答用紙に記入しなさい。

※英文は２度読まれます。

No.1 （　　　）月（　　　）日　　No.2 （　　　）月（　　　）日

No.3 （　　　）時（　　　）分　　No.4 （　　　）時（　　　）分

2 英文が質問とともに放送されます。それぞれの質問に対する答えとして最も適切な絵をア～エの中から選び、解答用紙に記入しなさい。

※英文と質問は２度読まれます。

	ア	イ	ウ	エ
No.1				
No.2				
No.3				
No.4				

3 質問文を聞いてそれにふさわしい応答文をア～ウの中から１つ選び、解答用紙に記入しなさい。
※質問は２度読まれます。

No.1
ア I didn't want to call you.
イ My phone wasn't working.
ウ I wanted to go to the movies with you.

No.2
ア Yes, we do.
イ No, he doesn't.
ウ Yes, they can.

No.3
ア At 7:30.
イ By train.
ウ It's sunny.

No.4
ア You can't go with me.
イ You don't need an umbrella.
ウ You have to take a dictionary.

4 対話が放送され、その内容について１つずつ質問があります。それぞれの質問に対する適切な答えを、ア～エの中から１つ選び、解答用紙に記入しなさい。
※対話と質問は２度読まれます。

No.1
ア In Australia.
イ In a koala park.
ウ In a forest.
エ At home.

No.2
ア They are climbing the mountain.
イ They are driving in the city.
ウ They are walking in the garden.
エ They are swimming in the river.

No.3
ア A cake.
イ An egg salad.
ウ A sandwich.
エ A cake and a sandwich.

No.4
ア Her father.
イ A police officer.
ウ Her friend.
エ A doctor.

これでリスニングテストを終わります。次ページから筆記試験となります。

≪ 筆記試験 ≫

1 次の英文の（　　）に入れるのに最も適切なものを、１～４の中から一つ選び、その番号を解答用紙に記入しなさい。

(1) A: Is Ms. Suzuki your English teacher?
B: Yes, she is.　We like (　　　) very much.
1 us　　2 him　　3 her　　4 hers

(2) When Shota finished high school, he wanted to study English at a (　　　) in Australia.
1 station　　2 college　　3 hospital　　4 bridge

(3) My favorite (　　　) is winter because I love snow.
1 season　　2 hobby　　3 month　　4 year

(4) If you have any questions, please (　　　) your hand.
1 wash　　2 rise　　3 raise　　4 give

(5) A: Will it rain tomorrow?
B: I don't know.　I'm (　　　) to check on the Internet.
1 going　　2 coming　　3 will　　4 must

(6) After university, Jennifer (　　　) a doctor.　Now she works in a hospital in Africa.
1 changed　　2 stood　　3 became　　4 broke

(7) A: What do you want to do today?
B: I have a good (　　　).　Let's ride our bikes to the river.
1 paper　　2 word　　3 lesson　　4 idea

(8) Ryan broke his finger at volleyball practice, so his mother took him to the (　　　) yesterday.
1 cafeteria　　2 hospital　　3 room　　4 gym

(9) Last Friday, I (　　　) skiing with my friends.　We had fun.
1 go　　2 goes　　3 went　　4 going

(10) This morning, our English teacher, Mr. Dennett, talked about his life in America.　We enjoyed (　　　) to his speech.
1 listen　　2 listening　　3 listens　　4 listened

2 次の会話文について、【　　　】に入れるのに最も適切なものを１～４の中から一つ選び、その番号を解答用紙に記入しなさい。

（１） Man: I like this shirt. 【　　　】
Clerk: Of course. Please use the fitting room over there.
1 What size is it?
2 Do you have another one?
3 Can I try it on?
4 How much does it cost?

（２） Son: I like this spaghetti.
Mother: Good. 【　　　】
Son: No, thanks, Mom. I'm full.
1 Are you ready to go?
2 You can cook it later.
3 Do you want some more?
4 Come back again.

（３） Girl: Can you play the piano?
Boy : 【　　　】 I started a year ago.
1 Have a good time.
2 Just a little.
3 Yes, I bought it.
4 It's very long.

（４） Man: Hi, nice to meet you. I'm Chris.
Woman: Hi, Chris. I'm Mariko. Nice to meet you, too. 【　　　】
Man: C-H-R-I-S, Chris.
1 How do you spell your name?
2 Which singer do you like?
3 What's your favorite food?
4 Where do you live?

（５） Girl: 【　　　】
Boy: I hurt it yesterday when I was playing soccer at school.
Girl: That's too bad. Is it painful?
Boy: Not so much, but I can't walk very well.
1 When did you play soccer?
2 How are you today?
3 How was the game yesterday?
4 What's wrong with your leg?

3 次の日本文の意味に合うように、【　　】内の語句を並べかえたとき、４番目の(　＊　)に来るものを選び、その記号を解答用紙に記入しなさい。（文の初めにくる語句も小文字にしてある場合があります。）

（１）この教室では静かにしてください。

(　　　)(　　　)(　　　)(　＊　)(　　　) classroom.

【 ア quiet / イ please / ウ this / エ in / オ be 】

（２）父は私の誕生日に、新しい自転車をくれました。

(　　　)(　　　)(　　　)(　＊　)(　　　) my birthday.

【 ア my father / イ me / ウ a new bike / エ gave / オ for 】

（３）このあたりに自転車屋はありますか。

(　　　)(　　　)(　　　)(　＊　)(　　　)(　　　) here ?

【 ア are / イ shops / ウ bicycle / エ around / オ any / カ there 】

（４）注文したいときにはそのボタンを押してください。

Please (　　　)(　　　)(　　　)(　＊　)(　　　)(　　　).

【 ア the button / イ want to / ウ order / エ when / オ push / カ you 】

4 次のお知らせの内容に関して、（1）～（3）の質問に対する答えとして最も適切なもの、または文を完成させるために最も適切なものを1～4の中から選び、解答用紙に記入しなさい。

Christmas Party

On December 20, Our class will have a Christmas party.

Please come to the cafeteria at 4 p.m.
We can't use the classroom on that day.

Some students in the cooking club will make a traditional Christmas cake from Denmark. It is called a "gingerbread house". Everyone can eat it and other Christmas dishes. After that, we are going to watch the Christmas movie, *HOME ALONE*. At the end of the party, we will exchange Christmas presents with each other. Please bring your own cups, plates and presents.

(1) Where will the party be?
  1 In the cake shop.
  2 In the classroom.
  3 In the cafeteria.
  4 In Denmark.

(2) At the party, every student can
  1 sing Christmas songs.
  2 make Christmas cakes.
  3 get a Christmas card.
  4 have some Christmas food.

(3) What do students get at the end of the party?
  1 Gifts.
  2 Christmas dinner.
  3 A gingerbread house.
  4 Cups and plates.

5 次の英文はナツコが学校の授業について説明している文章です。英文を読み、時間割表の（1）～（4）に入る最も適切な教科を、≪選択肢≫のア～オの中から選び、解答用紙に記入しなさい。

The first class of the week is English. We talk about the weekend. I ask my partner "What did you do last weekend?"

The first class on Tuesday is my favorite class. I am in the music club and I can play the piano well. I like this class very much.

The first class on Wednesday is P.E. We play tennis in P.E. class. After that, we have Japanese. My homeroom teacher is a Japanese teacher. In the afternoon, we have English class. I feel a little sleepy, but I enjoy talking with my English teacher.

We have science class every day from Monday to Wednesday. I am happy because I like science *experiments.

(注) experiments 実験

	MONDAY	TUESDAY	WEDNESDAY
1	ENGLISH	（2）	P.E.
2	JAPANESE	SCIENCE	（3）
3	SOCIAL STUDIES	JAPANESE	MATH
LUNCH TIME			
4	MATH	SOCIAL STUDIES	（4）
5	（1）	MATH	SCIENCE
6	P.E.	ENGLISH	HOME ECONOMICS

≪選択肢≫

ア English　イ Japanese　ウ P.E.　エ science　オ music

6 次の英文の内容に関して、（1）～（5）の質問に対する答えとして最も適切なものを1～4の中から選び、解答用紙に記入しなさい。

Ben and Jenifer had a baby boy last year. After the baby was born, Jenifer had to take care of their son all day. She didn't have time for *housework. Ben wanted to help, so he said, "I'll cook dinner every night."

Ben could make curry, but he wanted to make other foods, too. He found popular recipes on the Internet. He tried to make something, but it wasn't very good.

One day, Ben went to the supermarket. He saw a poster there. It said, "The community center has free cooking classes every Saturday." He wrote down the phone number and called the center soon. He could join the next class.

The next Saturday, Ben went to his first lesson. He learned some recipes and he got a nice cookbook from the teacher. After each class, he tried cooking many dishes at home. Three months later, he could cook a wide variety of dishes. Now, every evening, Jenifer says, "Thank you for the delicious meal, Ben!"

(注) housework 家事

(1) Why did Ben begin cooking dinner every night?
1 His wife was very busy.
2 He was very good at cooking.
3 His son ate a lot.
4 His wife was sick.

(2) How did Ben get popular recipes?
1 By making a cookbook.
2 From the Internet.
3 From his wife.
4 By learning at the cooking class.

(3) What did Ben see at the supermarket?
1 The community center.
2 A free cooking class.
3 A poster.
4 The phone number.

(4) When did Ben get a cookbook from his teacher?

1 Every lesson.
2 Before the cooking class.
3 Next Saturday.
4 At the first lesson.

(5) Why does Jenifer say "Thank you" to Ben?

1 He helps her with the housework.
2 He takes cooking lesson.
3 He makes dinner for her baby.
4 He gives her a present every day.

7 対話文中の下線部（１）～（３）の日本文に合うように、下線部に指定された語数の単語を入れて文を完成させ、解答用紙に記入しなさい。

ナツコ：　ねぇクリス、週末は何をしているの。
クリス：　本を読んでいるんだ。（１）僕は読書が好きなんだ。家の中は本で一杯だよ。
ナツコ：　（２）何冊持っているの。
クリス：　１０００冊はあるかな。
ナツコ：　すごいね。　今度本を見せてもらってもいいかな。
クリス：　もちろん。きみは週末は何をするの。
ナツコ：　（３）私はピアノを弾くよ。来週コンテストがあるの。
クリス：　そうなんだ。がんばってね。

（１）＿＿＿＿＿＿（３語）＿＿＿＿＿＿ books.

（２）＿＿＿＿＿＿（３語）＿＿＿＿＿＿ do you have?

（３）＿＿＿＿＿＿（４語）＿＿＿＿＿＿.

令和6(2024)年度

入試Ⅰ

算　　数

1月6日(土)

(50分)

受験上の注意

- 試験開始まで問題用紙にも解答用紙にも手をふれてはいけません。
- 解答は解答用紙のわくの中にていねいな字で記入してください。
- 筆記用具や定規《じょうぎ》，コンパスの貸し借りをしてはいけません。
- 解答用紙・問題用紙は回収しますので持ち帰らないでください。
- 質問があるときや，筆記用具などを落としたとき，印刷が悪くて字がはっきりしないところなどがあれば，手を挙げて監督《かんとく》の先生の指示にしたがってください。
- 割り切れない数のときは，できるだけ簡単な分数で答えてください。
- 問題用紙のあいたところや，この用紙の裏を計算のために使ってもかまいません。
- 円周率は3.14とします。

広島国際学院中学校

1. 次の □ にあてはまる数を答えなさい。

(1) $2\times2\times2\times\{2\times2\times2\times2\times2\times2\times2\times2-(2\times2\times2-2)\div2\}=$ □

(2) $\dfrac{1}{2\times3}+\dfrac{1}{3\times4}+\dfrac{1}{4\times5}+\dfrac{1}{5\times6}+\dfrac{1}{6\times7}=$ □

(3) 151，335，2037のいずれを割っても，余りが13となる整数のうち，最も大きいものは □ です。

(4) Aの容器には3％の食塩水が400 g，Bの容器には8％の食塩水が600 g入っています。Aからある量の食塩水を，そしてBからはその2倍の量の食塩水をくみ出し，Aの分をBに，Bの分をAに移したところAは5％の食塩水になりました。このときのBは□％の食塩水になります。

(5) 次の図のような，1辺15 cmの正五角形の内側に，各頂点を中心として各辺を半径とする円をかいたとき，図の斜《しゃ》線部分の周の長さは□cmになります。

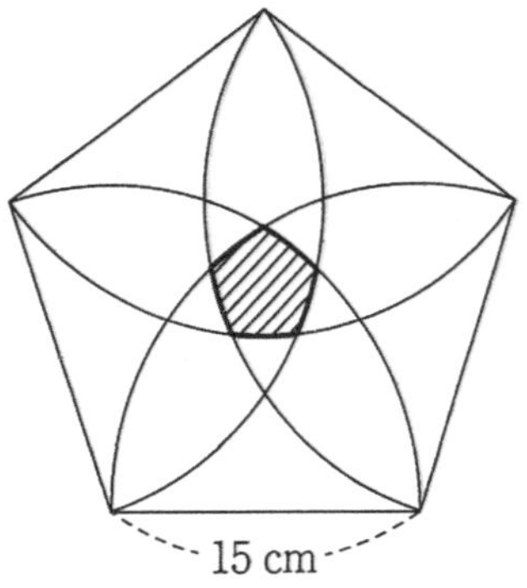

(6) 次の図は直方体の展開図です。この直方体を，●を通る平面で切ったとき，2つに分けられた立体の体積比は［(ア)］：［(イ)］です。ただし，(ア)は(イ)より小さい数とします。

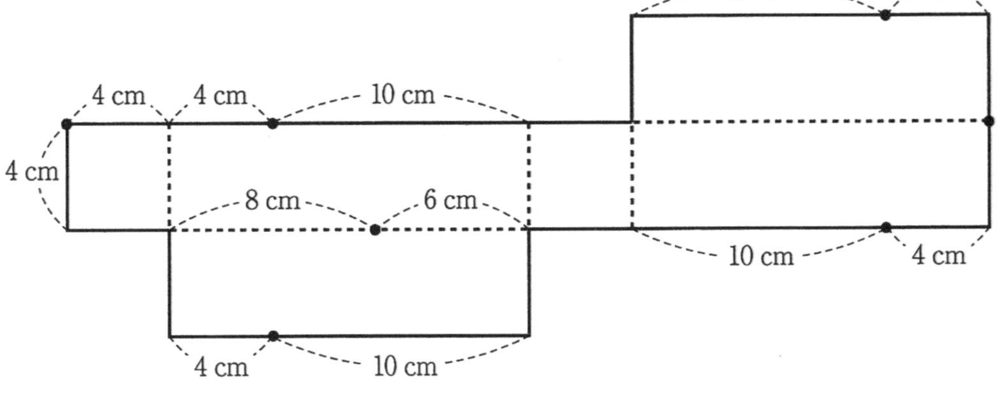

2. 2つの数○，△について，記号♯と＊を次のように定めます。

○♯△＝○÷△－○　　　○＊△＝○×△＋○

次の各問いに答えなさい。

(1) $\left(11 \sharp \frac{1}{5}\right) + (7 * 2)$ を計算しなさい。

(2) 3♯□＝12 となる□を答えなさい。

(3) $◇ \sharp \frac{1}{3} = \frac{1}{3} * ◇$ となる◇を答えなさい。ただし，◇には同じ数が入るものとする。

（下　書　き　用　紙）

算数の試験問題は次ページに続く。

3. 底辺が 8 cm，高さが 4 cm の平行四辺形 ABCD があります。次の各問いに答えなさい。

(1) 辺 AB と辺 CD の真ん中の点をそれぞれ E，F とします。図 1 の斜《しゃ》線部分の面積の和を求めなさい。

【図 1】

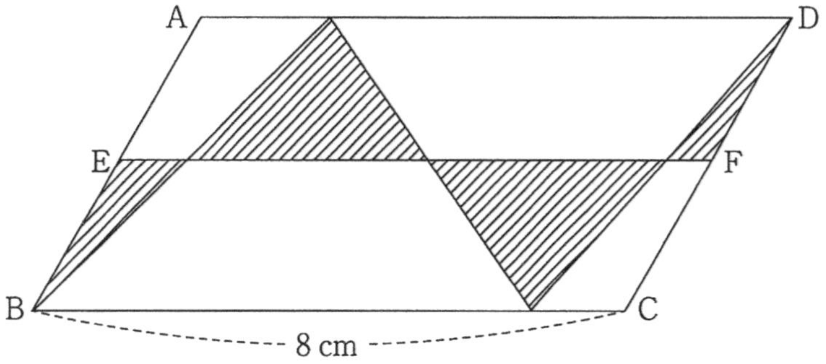

(2) 点 G を辺 AD 上に AG = 2 cm となるようにとりました。図 2 の斜《しゃ》線部分の面積を求めなさい。

【図 2】

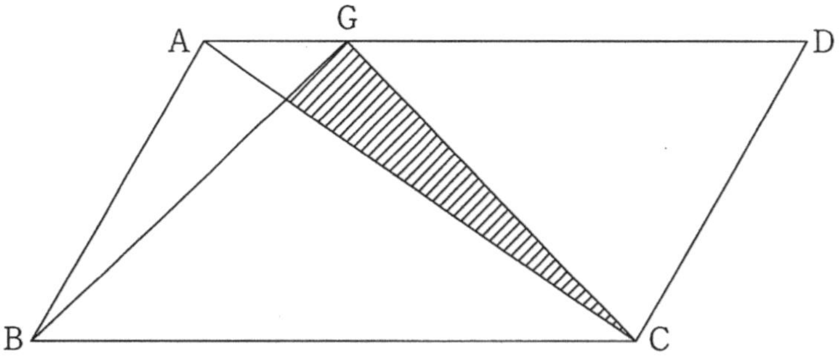

(3)　図2において，点H，Iを辺AD上にGH = HI = 2cmとなるようにとりました。
図3の斜《しゃ》線部分の面積の和を求めなさい。

【図3】

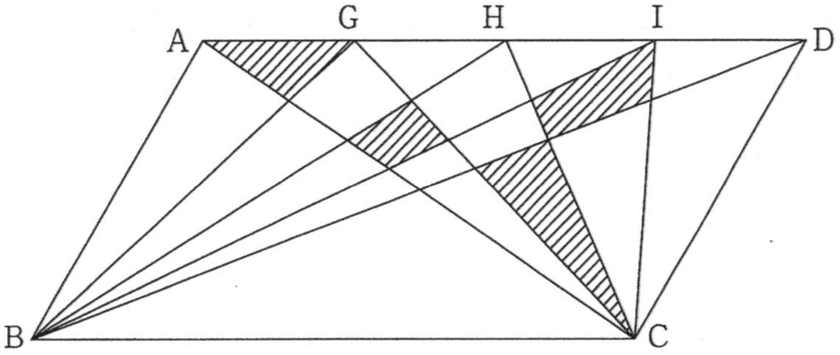

4. うさぎさんとかめさんはＰ地点からＱ地点に向かって同時に出発しました。うさぎさんの進む速さはかめさんよりも速く，毎分80ｍです。うさぎさんは途中のある地点で，20分の休けいを１回だけとりました。

下のグラフはうさぎさんとかめさんの２人がＰ地点を同時に出発してからＱ地点に着くまでの時間と２人の間のきょりの関係を表したものです。２人は一定の速さで進むものとして，次の各問いに答えなさい。

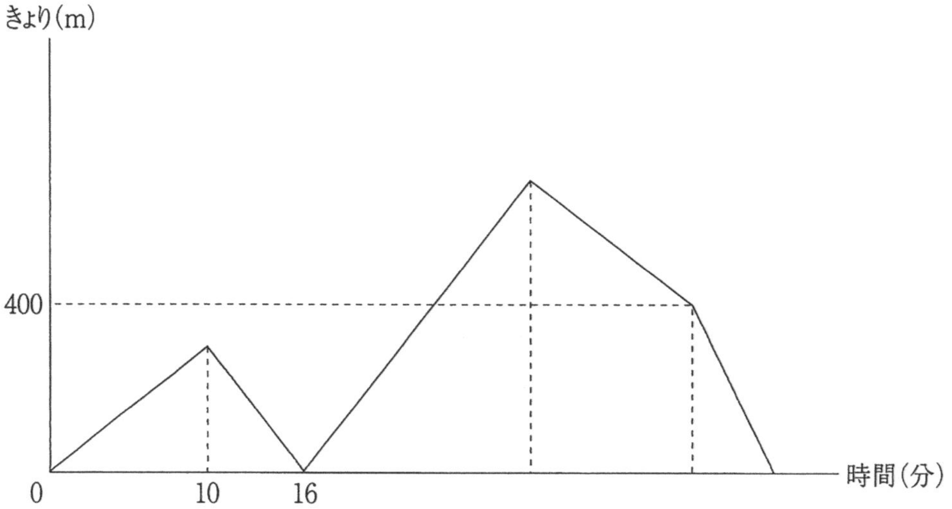

(1)　Q 地点に先に着いたのはどちらですか。次の①～③から１つ選び，記号で答えなさい。

①　うさぎさん
②　かめさん
③　どちらでもない

(2)　かめさんの進む速さは毎分何 m ですか。ただし，この問題は計算式や考え方も解答用紙に書きなさい。

(3)　P 地点から Q 地点までの道のりは何 m ですか。ただし，この問題は計算式や考え方も解答用紙に書きなさい。

5. はじめ，長男，次男，三男の所持金の比は 10：5：3 でした。長男が自分の所持金から次男と三男それぞれにいくらか渡《わた》したところ，長男，次男，三男の所持金の比は 6：13：11 になりました。このとき，次の各問いに答えなさい。

(1) 長男が次男と三男に渡《わた》した金額の比を求めなさい。ただし，この問題は計算式や考え方も解答用紙に書きなさい。

長男が次男に渡《わた》した金額が 1400 円であったとします。

(2) 三男が最初に持っていた所持金を求めなさい。ただし，この問題は計算式や考え方も解答用紙に書きなさい。

(3) 兄弟 3 人が協力してお金を出し合い，四男に 3600 円のプレゼントを買いました。このとき，長男の所持金はなくなり，次男と三男の所持金は同じ金額になりました。三男はいくら出しましたか。

（下　書　き　用　紙）

令和6（2024）年度

入試Ⅰ

社会・理科

1月6日（土）

（社会・理科合わせて60分）

受験上の注意

・試験開始まで問題用紙にも解答用紙にも手をふれてはいけません。
・問題は社会2ページから16ページまで，理科18ページから29ページまであります。解答用紙は社会が白色，理科が水色のそれぞれ1枚ずつです。
・解答は解答用紙のわくの中にていねいな字で記入してください。
・記述問題において，特に指定がなければ，かぎかっこ（「　」）や句読点（，。）なども一字に数えます。
・解答用紙・問題用紙は回収しますので持ち帰らないでください。
・質問があるときや，筆記用具などを落としたとき，印刷が悪くて字がはっきりしないところなどがあれば，手を挙げて監督《かんとく》の先生の指示にしたがってください。

広島国際学院中学校

1.　「SNSでの誹謗《ひぼう》中傷」をテーマに大泉先生と，中学生の藤村《ふじむら》さん，鈴井《すずい》さん，嬉野《うれしの》さんが会話をしています。これを読み，次の問いに答えなさい。

藤村さん：「最近，SNSでの誹謗中傷が原因で傷つく人が増えていますね。」

鈴井さん：「それがきっかけで，悲しいニュースを聞くことも多くなっている気がします。」

大泉先生：「そうですね。みんながスマホやタブレットなどを持ち，SNSにアカウントを持っている人も多くなりました。顔の見えない相手だと，普段《ふだん》は面と向かって言わないことまで気軽に言えてしまうのでしょう。」

嬉野さん：「相手がいるという意識を持って使わないといけないですね。使うときは，取り返しのつかない事態を招かないように気を付けたいです。」

大泉先生：「スマホやタブレットはマイナス面ばかり言われがちですが，うまく使えばプラスの側面もあるのです。私たちの生活を便利にしてくれるものなんですよ。」

鈴井さん：「SNS以外だと，①キャッシュレス決済が思い浮《う》かびました。」

大泉先生：「キャッシュレス決済で②お金の形は大きく変わりました。あとは，少し大人の目線ですが，インターネットを通じた③選挙活動も行われています。選挙権を得たら，④情報を集めて投票しに行ってくださいね。」

藤村さん：「ところで，誹謗中傷はSNSが普及《ふきゅう》する前はなかったのでしょうか？」

大泉先生：「SNSが普及したから誹謗中傷が目立つようになったけど，今までも違《ちが》う形で行われていたと思いますよ。今までに習った歴史の中にも，そういったものはありました。」

嬉野さん：「そうなんですか！？例えば誰《だれ》が誹謗中傷されたのですか？」

大泉先生：「では復習です。『この世をば　わが世とぞ思う　望月の　かけたることもなしと思えば』という和歌をよんだのは誰だったでしょうか？」

鈴井さん：「（　1　）です！」

大泉先生：「正解！（　1　）は日記をつけていましたが，この歌，その日記には書かれておらず，（　1　）の叔父が書いた日記『小右記』に書かれていることで今の時代に残っているのです。」

藤村さん：「え？自分の日記に書いていないということは…。（　1　）自身には，後の時代に残そうという気持ちはなかったのでしょうか？」

大泉先生：「そう考えられますね。『小右記』は，（　1　）のことを批判する内容が多く，『この世をば～』の歌を残したのもその活動の一つと言われています。これも誹謗中傷の一つと言えますね。」

嬉野さん：「他には誰かいますか？」

大泉先生：「ではこれも問題です。894年に（　2　）を廃止《はいし》した人物で，「学問の神様」と呼ばれている人物は誰でしょう？」

藤村さん：「（　3　）です！受験するときに，太宰府《だざいふ》天満宮にお参りしに行ったなぁ。」

大泉先生：「正解です！（　3　）は，権力争いの中で中傷を受けたり無実の罪を着せられたりして，大宰府に送られたのです。⑤（　3　）は太宰府天満宮をはじめ，様々なところにまつられています。」

鈴井さん：「歴史上にもそういったことがあったんですね。誹謗中傷は今の時代だけじゃなかったんだ。」

大泉先生：「どの時代にも共通するのは，中傷する人は相手の気持ちを考えていないということです。今の時代はたくさんの情報があり，誰でも気軽に情報を使えます。⑥AIも発達している世の中ですから，⑦情報やAIに使われるのではなく，自分たちが適切に利用する意識を持たなければなりません。相手の気持ちに立って，考えて行動することが大切ですね。」

問1　文章中の空欄《くうらん》（　1　）～（　3　）に当てはまる語句を答えなさい。

問2　下線部①について，キャッシュレス決済の例として**適当でないもの**を，次のア～エのうちから一つ選び，記号で答えなさい。

ア．洋服をたくさん買ったお会計を，レジにあるQRコードをスマートフォンで読み取って済ませた。

イ．夕食の食材の買い物のお会計を，クレジットカードを店員さんに渡《わた》して済ませた。

ウ．自動販売機で飲み物を買うときに，親にお金をもらって買った。

エ．電車に乗るときに，ICOCAを利用して改札を通った。

問３　下線部②について，以下の問いに答えなさい。

(1)　次のア～ウは，日本でつくられた貨幣《かへい》の写真です。ア～ウを作られた順番に並べ替えなさい。

ア．

イ．

ウ．

(2)　次のＡ～Ｃは，今まで日本で発行された紙幣《しへい》の肖像《しょうぞう》画です。また，下のア～ウの文章は，Ａ～Ｃの人物のいずれかについての説明文です。人物Ｃを説明している文章として適当なものを，ア～ウのうちから一つ選び，記号で答えなさい。

Ａ

Ｂ

Ｃ

ア．『坊《ぼっ》ちゃん』『三四郎《さんしろう》』『吾輩《わがはい》は猫《ねこ》である』など，今の時代でも読まれる文学作品を数多く著した。

イ．初代の内閣総理大臣を務めるなど，明治時代の日本の政治を担う人物だった。

ウ．著書『学問のすすめ』では，学問と自由・平等・独立の精神の大切さを説いた。

問４　下線部③について，次の表は，全人口に対する有権者の割合の移り変わりを示したものです。1928年の有権者の割合が，それまでよりも大きく増加しているのはなぜですか。**それ以前の，選挙権が与《あた》えられる条件との違いに着目しながら**，説明しなさい。

年	全人口に対する有権者の割合
1890	1.1％
1902	2.2％
1920	5.5％
1928	20.1％
1946	51.2％
2016	83.6％

問５　下線部④について，情報の集め方の一つにインターネットを利用する方法があります。インターネットの利用について正しいものを，次のア～エのうちから一つ選び，記号で答えなさい。

ア．自分や他人の個人情報を誰でも自由に利用することができる。
イ．どんなサイトにアクセスしても，信頼《しんらい》できる情報が手に入る。
ウ．家庭内でインターネットを利用しているかぎり，コンピュータウイルスに感染することはない。
エ．スマートフォンからでも見たり，調べたりすることができる。

問6　下線部⑤について，次のA～Cの写真は，（　3　）の人物がまつられている神社がある都道府県の特産品です。A～Cが特産品の都道府県名の組み合わせとして正しいものを，次のア～カのうちから一つ選び，記号で答えなさい。

A

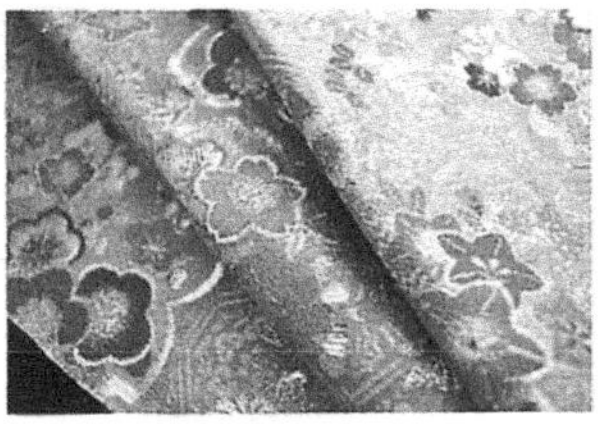

西陣織《にしじんおり》

B

紀《き》州《しゅう》南高梅《なんこうばい》

C

ふぐ

ア．A－和歌山県　B－京都府　C－山口県
イ．A－和歌山県　B－山口県　C－京都府
ウ．A－京都府　B－和歌山県　C－山口県
エ．A－京都府　B－山口県　C－和歌山県
オ．A－山口県　B－京都府　C－和歌山県
カ．A－山口県　B－和歌山県　C－京都府

問7　下線部⑥について，これを漢字4字で言い換《か》えなさい。

問8　下線部⑦について，メディアの伝える情報を正しく判断し活用する能力のことを何というか答えなさい。

2. 次の文章は，教育実習生の吉田先生と生徒たちが放課後にした会話です。これを読み，次の問いに答えなさい。

吉田先生：「さあみんな，いつものやつをやろうじゃないか！」

梶谷さん：「えーやだ。ﾒﾝﾄﾞｸｻ」

中村くん：「あれ，吉田く・・・ん？いや，気のせいか。」

吉田先生：「どうしたー？中村くん。辛いカレーパンでも食べたのか？顔色がよくないぞ。」

赤繁《あかしげ》くん：「吉田先生，いつものやつって何ですか？」

栗須《くりす》くん：「多分今年起きた出来事について語り合いたいんじゃないかな？」

吉田先生：「さすが栗須く・・・ん？クリス・・・ｱﾙ？まあいっか。そうだよ，今年の出来事で気になったことはあるかな？」

田中くん：「はーい。ここはやっぱり広島サミットについて話をしたいです。ﾜｸﾜｸ」

吉田先生：「そうだね，ではサミットとは何か知っているかい？」

金田くん：「主要国首脳会議のことだよ。ﾎﾞｿｯ ①国際的な政治や経済の課題，環境問題や安全保障などについて話し合っているんだ。ﾎﾞｿｯ」

吉田先生：「おっ！金田くん，突然後ろに立たないでね。その通りです。今年開催《かいさい》されたのはＧ７広島サミットと言われているんだ。」

井嶋《いじま》くん：「ＧはグループのＧの頭文字のＧなんだよﾌﾌﾝ」

吉田先生：「井嶋くんは英語が得意だな～。じゃあ７は何かな？」

柿田くん：「数字は僕に任せな。７か・・・ラッキーセブンかな。ｷﾘｯ」

吉田先生：「おっ！柿田くん，それはちがうよ。参加国の数だよ。」

川上さん：「あれ？私の記憶では８だったような気がしてたけど・・・・」

吉田先生：「さすが川上さん。いいところに気がついたね。参加国は，②自由・民主主義・人権などの価値観を共有している大国が参加しているんだ。国際情勢の変化などで参加国数は変化してきたんだよ。ちなみに第１回目のサミットは６カ国参加のＧ６だったんだけど，どこの国かわかるかな？」

益田くん：「③フランス，イギリス，アメリカ，(西) ドイツ，イタリア，日本だよ。ｷﾗｯ」

吉田先生：「益田・・・先生？いや，益田くんその通り。なんだか久しぶりだね。ちなみに，④1973年に起きた世界的な経済に関する出来事がきっかけでサミットは始まったんだ。」

松本さん：「さすが吉田先生！なんでも知ってますね～。ｽﾃｷ」

吉田先生：「ありがとう。（なんだろう変な汗がでてきた）で，第１回目から約50年の間に８カ国参加のＧ８とか20カ国参加のＧ20とかもあったよ。」

蘆田《あしだ》さん：「あれ？私そういえば首脳が並んだ写真を見たのだけれど，７人じゃなくて９人いたわよ。」

吉田先生：「いいところに気づくね～。サミットは主要７カ国と，国の枠を超えて⑤ヨーロッパを代表するある組織も参加しているんだ。その組織から２人来ていたから９人なんだ。他にも議長国が選んだ⑥招待国も話し合いに参加することがあるんだ。特に今年は，招待国ではないけど，ウクライナからゼレンスキー大統領が来たことでも注目をあびていたね。核兵器の脅威《きょうい》にさらされる中，ヒロシマから平和を訴《うった》える意義は大きいよね。」

高橋さん：「サミットのセッションは元宇品の広島プリンスホテルで行われたんですよね。」

吉田先生：「おおお！高橋さん・・・。そうだよ。メインの話し合いはホテルで，他にも⑦広島平和記念公園や広島平和記念資料館，宮島にも訪れていたね。」

山口さん：「広島平和記念公園や宮島に行くのはわかるけど，なんで宇品だったんだろう？」

吉田先生：「ややや山口さん！気づかないかもしれないけど，元宇品は実は宇品島という島なんだよ。島なら，人の出入りの制限と海上からの警備体制があるとテロ対策がしやすいんだよ。他にも，近くの宇品港は⑧1894年の戦争から，軍港のひとつとして終戦まで多くの日本兵が出征していった悲しい歴史があるからかな。僕たちは普段から平和について学ぶ必要がある。サミットで話し合われたことはどれも重要なことばかりだから，明日の授業はそれについてじっくりやっていこう。」

織田さん：「先生，なんかかっこいい。ｷｬｰ」

吉田先生：「おいおいよせよ～。ﾃﾞﾚｯ」

～～～～～～～～～～～～～～～～～～～ 場面転換 ～～～～～～～～～～～～～～～～～～～

藤山先生：「・・・・くん。吉田くん，大丈夫？」

吉田くん：「なんだ藤山さんまで僕のことかっこいいと思ってるの？ﾃﾍ」

藤山先生：「しっかりしなさい。部活動で顔にバスケットボールが当たって気を失っていたのよ。気絶してるのにずっとニヤニヤしてるから余計心配したでしょ。ﾌﾟﾝﾌﾟﾝ」

吉田くん：「はっ！ここは保健室だ。なんだ夢だったのか。なぜか懐かしい気分になったな。でも吉田先生って響《ひび》きがよかったな。よし！僕は勉強をがんばって広島国際学院中学の先生を目指します！！」

問１　下線部①について，今回のサミットの大きなテーマは「分断と対立ではなく（　ア　）の国際社会実現に向けたＧ７の結束の確認と強化である」と岸田首相は提言していました。以下の語群の中から漢字を２字選び，空欄アを埋める熟語を答えなさい。

語群：成　信　行　平　協　頼　未　動　感　功　理　調　力　解　結　決　然

問２　下線部②について，以下の問いに答えなさい。

⑴　現在世界をリードする超経済大国でありながら，下線部②の内容や，国民１人あたりの*GDP要件を満たしていないことで一度もサミット参加国に選ばれたことがない国の名前を答えなさい。

*GDP…国内総生産のこと，国の経済活動状況を表す指標

⑵　かつてはＧ８参加国であったが，他国への武力介入を理由に2014年から現在にまで参加資格が停止されている国の名前を答えなさい。

問３　下線部③について，Ｇ６参加国を漢字表記１字で表すと「仏・英・米・(西)独・伊・日」となるが，現在のＧ７参加国はあと１カ国どこの国か。国名を上記にならって漢字表記１字で答えなさい。

問４　下線部④について，1973年に起きた世界的な経済に関する出来事と関係の深い写真を以下から一つ選び，記号で答えなさい。

ア．

イ．

ウ．

エ．

問５　下線部⑤について，以下の問いに答えなさい。

(1)　この組織の名前を答えなさい。

(2)　この組織から2020年に離脱《りだつ》した国の名前を答えなさい。

問６　下線部⑥について，Ｇ７広島サミットの招待国はインドやブラジル，コモロ（アフリカ連合議長国）などでしたが，このような近年めざましい経済成長をとげている南半球に多い新興国・途上国の国々を通称何と呼ぶか，カタカナで答えなさい。

問7　下線部⑦について，以下の問いに答えなさい。

(1)　宮島にある厳島神社の創建は西暦593年頃と社伝にはありますが，その頃の天皇は誰か答えなさい。

(2)　平安末期に，厳島神社を現在のような形に整えた人物は誰か答えなさい。

(3)　広島平和記念公園周辺及び広島平和記念資料館は建築家の丹《たん》下《げ》健三《けんぞう》さんが中心となって設計し，1954年に完成しました。この設計に込められた工夫を以下の写真を参考にして「資料館」「慰《い》霊《れい》碑《ひ》」「原爆ドーム」の3語を使って簡潔に答えなさい。

問8　下線部⑧について，1894年の戦争時，明治維《い》新《しん》後唯一日本の首都機能が臨時的に広島へ移ったことがあります。それは広島城内に何が設置されたからか，答えなさい。

3. 次の文章をよく読んで，次の問いに答えなさい。

ごきげんよう。諸君。

私は，内閣情報調査室の室長である。コードネームは“クロサイ”だ。ぜひ本名よりもそちらの方で呼んでくれ。

このたびは私の急な呼び出しに応じてくれてありがとう。実は昨晩，わが①日本にとって大変な事件が起こったのだ。いっこくも早く解決するために，ぜひ諸君の力を借りたい。ただし，このことは，私たち以外は内閣総理大臣やそのまわりの数人しか知らない。くれぐれも，秘密にしておくようにたのむよ。

さっそく事件についてだが，昨晩われわれも全く気づかないうちに，この日本から重要なものが２つぬすまれた。それは「日本国憲法の一部」と「すべての石油・石炭・天然ガス」だ。

まず，私が犯行現場にたどりついたときに気づいたのは，強い海の香りがあたりにただよっていたことだ。そこで，私は漁業関係者のしわざなのではないかと思った。しかも，（　Ａ　）漁業をおこなっている人物なのではないかと…。そのほかの漁業と比べて，（　Ａ　）漁業を行っている人々にとって石油はとても重要。石油の値段が上がることによって，（　Ａ　）漁業がおとろえていったこともあるからね。

しかし，それでは「憲法の一部」がぬすまれたことに対して説明がつかない…。②もし犯人が（　Ａ　）漁業関係者であれば，群馬県・栃木県や奈良県などに住んでいる人物は除外できるのではないか…と私は考えていたのだが，どうも違うらしいな…。

考えがそこまでいった時，私はあらたな証拠を見つけた。現場には「時空のゆがみ」が残されていたのだ！つまり犯人は，ほぼ間違いなくタイムマシンを使って過去から現在に現れ，その２つの重要なものをぬすんでいったのだ。

問１　文章中の（　Ａ　）に当てはまる語句を答えなさい。

問２　下線部①について，日本からみて最も近くにある世界遺産として正しいものを，次のア～エのうちから一つ選び，記号で答えなさい。

ア．アンコール・ワット

イ．ピラミッド

ウ．コロッセオ

エ．タージ・マハル

問３　下線部②について，“クロサイ”はなぜこのように考えたのか。理由を説明しなさい。

さて，犯人が過去からやってきたと分かった時点で，まず私の頭に思い浮かんだのは，日本がまだまとまった「法」を持っていない時代の人物だ。彼は，今から約1300年前に天皇の命令で，刑部親王《おさかべしんのう》という人物とともに，まとまった「法」をつくることになったのだが，どんなものをつくればよいのか，それはもう悩《なや》んだに違いない！！そこで，未来の「法」を参考にしようと「日本国憲法の一部」を持ち去っていったのだ。この彼を容疑者Xとしよう。

しかし…だ。この容疑者Xは，701年に立派な「法」をまとめているし，なにより「石油・石炭・天然ガス」をぬすむ理由が見当たらない…。

ならば…，「日本国憲法の一部」と「すべての石油・石炭・天然ガス」をぬすんだ犯人は，それを使って，立派な「法」と「エネルギー源」を持っている日本は強い国である！ということを諸外国にアピールしたかったのかもしれない。そうなると，隣の中国大陸にあった国と，上下関係でなく対等な関係を結ぼうとしていたあの人物があやしいということになる。この人物は，容疑者Ｚとしよう。

いやいや，この容疑者Ｚが犯人だという説も，少し説得力にかけるな…。

まてよ。ひょっとすると犯人は，私たちが今考えているような，歴史に名を残すような人物ではなく，名もない一般人なのかもしれない。そう考えると，③あの時代が一番あやしいな。大日本帝国憲法という憲法のもとで，アメリカから日本への石油の輸出が禁止され，日本が苦しくなったあの時代！！人々は欲していたのかもしれない。新しい憲法とエネルギー源を！！！

問4　容疑者Xが701年にまとめた「法」とは何ですか。その名前を答えなさい。

問5　容疑者Ｚとして最も適切な人物を，次のア～エのうちから一つ選び，記号で答えなさい。

ア．古墳《こふん》時代の倭王《わおう》「武」　　イ．室町時代の将軍「足利義満」

ウ．飛鳥時代の摂政《せっしょう》「聖徳太子」　　エ．弥生時代の女王「卑弥呼」

問６　下線部③について，「あの時代」として最も適当なものを，以下の表のア～エのうちから一つ選び，記号で答えなさい。

ア	日清戦争	イ	日露戦争	ウ	第一次世界大戦	エ

犯人が名もなき一般人となると，特定するのは難しいな…。困ったことだ…。

経済産業大臣がこう言っていた。

「すべての石油・石炭・天然ガスがぬすまれてしまった…。④わが国はとても困ってしまうぞ…。これがフランスだったならば，そこまで困らなかったかもしれないが…。」

法務大臣も，なげいていたな…。

「ああ，⑤憲法の一部がぬすまれてしまった。このままでは，私たち日本の国民は住みたいところに住んだり，好きな宗教を信じたり，職業を選択したりできなくなってしまうかもしれないぞ！！奴隷《どれい》のようにあつかわれるかもしれない！！さらに，健康で文化的な最低限度の生活ができなくなってしまうかもしれないぞ！！これは，大変なことだ！」

ああ，どうかこの事件の犯人を見つけて，つかまえてはくれないだろうか？

優秀《ゆうしゅう》な諸君に期待する！！それでは仕事にかかってくれ！！健闘《けんとう》を祈る！！

問7　下線部④について，経済産業大臣の発言の意味を説明しなさい。

問8　下線部⑤について，法務大臣の発言から考えて，ぬすまれた「日本国憲法の一部」とは2つあると考えられます。それぞれ漢字3字で答えなさい。

令和六（二〇二四）年度

入試Ⅰ

（国語）解答用紙

一

問一 ① ② ③ ④

問二 Ⅰ Ⅲ

問三

問四

問五 70 80

から筆者は人間が神を信じるようになったと考えている。

問六

問七 40 50

問八

問九

※ ※ ※ ※ ※

受験番号
総点
※

※100点満点
（配点非公表）

（※印欄は記入しないこと）

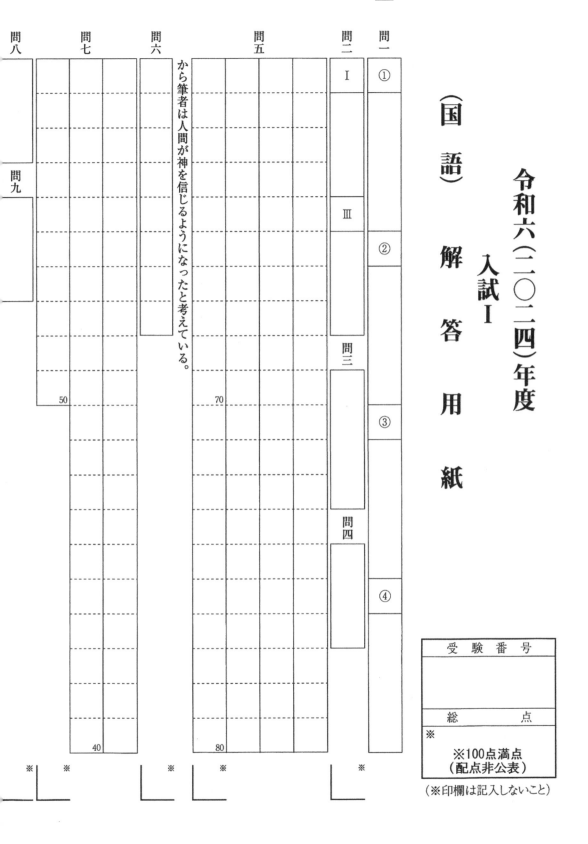

				※
	毎分 m		m	

5

(1)	【計算式や考え方】 ：	(2)	【計算式や考え方】 円	
		(3)	円	※

受験番号		総点	※ ※100点満点 （配点非公表）

（※印欄は記入しないこと）

4						
(1)		(2)		(3)		※

5								
(1)		(2)		(3)		(4)		※

6										
(1)		(2)		(3)		(4)		(5)		※

7		
(1)	【　　　　】 books.	
(2)	【　　　　】 do you have?	
(3)	【　　　　】.	※

受験番号		総点	※ ※100点満点 （配点非公表）

問8	

3

問1		問2				
問3						
問4		問5		問6		
問7						
問8	1つ目			2つ目		

※

受験番号		総点	※ ※50点満点 （配点非公表）

（※印欄は記入しないこと）

6

問1	g	問2			
問3	ア	イ	ウ		
問4		問5	cm	問6	

※

7

問1				
問2		問3	①	
問3	②			
問4	① 度	② 8月 日		
問5				

※

受験番号		総点	※ ※50点満点 （配点非公表）

（※印欄は記入しないこと）

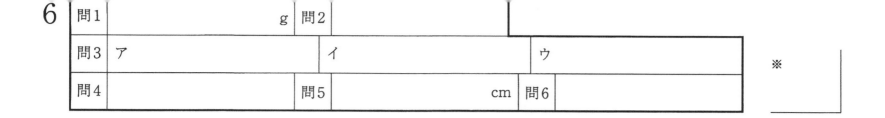

令和６（２０２４）年度
入試Ⅰ
(理　科)　　解　　答　　用　　紙

4

問1							
問2	ア			イ		ウ	
	エ			オ			
問3	誤り					正しいことば	
問4						問5	
問6	異なる結果		実験の手順				
	実験方法						

※

5

問1		問2		問3	
問4		問5			
問6					

※

【解答

令和６（２０２４）年度
入試Ⅰ
（社　会）　解　答　用　紙

1

問1	(1)		(2)		(3)					
問2		問3	(1)	→ →	(2)					
問4										
問5		問6		問7					問8	

※

2

問1			問2	(1)		(2)
問3		問4				
問5	(1)		(2)		問6	
問7	(1)		(2)			

【解答

令和６（２０２４）年度　入試Ⅰ

（英　語）　解　答　用　紙

≪リスニングテスト≫

1	No.1	(　　)月(　　)日	No.2	(　　)月(　　)日	No.3	(　　)時(　　)分	No.4	(　　)時(　　)分
2	No.1		No.2		No.3		No.4	
3	No.1		No.2		No.3		No.4	
4	No.1		No.2		No.3		No.4	

※

≪筆記試験≫

1

(1)		(2)		(3)		(4)		(5)	
(6)		(7)		(8)		(9)		(10)	

※

2

(1)		(2)		(3)		(4)		(5)	

※

【解答

令和６（２０２４）年度
入試Ⅰ
（算　数）　　解　　答　　用　　紙

1

(1)		(2)		(3)	
(4)		(5)		(6)	(ア)　　　　：(イ)

※

2

(1)		(2)		(3)	

※

3

(1)	cm^2	(2)	cm^2	(3)	cm^2

※

4

(1)		(3)	【計算式や考え方】
(2)	【計算式や考え方】		

【解答

問三

問四

50
60

問五

90
80

問六

問七

問八
X
Y
Z

三

問一
i
ii

問二
1
2
3
4

問三

問四
Ⅰ
Ⅱ
Ⅲ
Ⅳ

問五
転
起

問六

問題は次のページに続きます。

4. かおりさんは，理科室にある人体模型を見てヒトの体のつくりについて調べ，レポートを作成しました。このレポートを読んで以下の問いに答えなさい。

ヒトの体のつくり

【 心臓 】
全身に血液を送り出すポンプの役割をする。
全身に血液を送り出す（ ① ），全身からの血液がもどってくる（ ② ），肺へ血液を送り出す（ ③ ），肺からの血液がもどってくる（ ④ ）の４つの部分から構成されている。

【 肺 】
心臓の両側に一つずつあり，細胞《さいぼう》の呼吸によって生じた二酸化炭素を排出《はいしゅつ》し，酸素を吸収する。
気管の末端《まったん》には小さなふくろ状の（ ア ）があり，そのまわりを毛細血管があみの目のようにとりまいている。ここで酸素と二酸化炭素のガス交換《かん》が行われる。

【 イ 】
血液中の不要物をこしとって（ ウ ）へ送り，にょうとして体外に排出する。
にぎりこぶしくらいの大きさでソラマメ状の形をしており，左右に一つずつある。

【 肝《かん》臓 】
さまざまなはたらきがある。体内で発生した毒性の強い（ エ ）を，毒性の弱いにょう素に変えたり，小腸で吸収されたブドウ糖をグリコーゲンとしてたくわえたりする。
ヒトの体の中で最も大きい器官。

【 小腸 】
だ液などによってデンプンが分解されてできたブドウ糖や，胃液などによって炭水化物が分解されてできたアミノ酸などを吸収する。
全長６～７ｍもある。小腸の内側のかべには（ オ ）があり，効率よく吸収できる構造になっている。

問１　心臓を構成する①～④のうち，右心室にあたる部分を記号で答えなさい。

問２　文章中のア～オにあてはまることばを答えなさい。

問３　下線部の内容には誤っている部分があります。誤っている部分を５文字以内でぬき出し，正しいことばを答えなさい。

問４　レポートにまとめられているものの他に大腸という器官があります。大腸のおもなはたらきを簡単に説明しなさい。

問５　だ液や胃液のような消化液には消化にたずさわる物質がふくまれています。これを何というか答えなさい。

問６　問５のはたらきを調べるためにかおりさんは次の実験を行いました。

【実験】(1)　２本の試験管(試験管Ａ・Ｂ)を用意し，両方にデンプンのりを加えた。
(2)　試験管Ａにはだ液を加え，試験管Ｂには水を加えた。
(3)　２本の試験管を10分間冷蔵庫(３℃)へ入れた。
(4)　試験管を取り出し，両方にヨウ素液(黄色)を加え反応を観察した。

この実験を行うと試験管Ａは黄色，試験管Ｂは青紫色になるとかおりさんは予想しました。しかし，実際はどちらも同じ反応を示す結果となりました。かおりさんの予想とは異なる結果となった試験管はＡとＢどちらか答えなさい。また，かおりさんが予想した結果になるようにするためには，実験の手順(1)～(4)のどの手順をどのようにすればよいですか。誤った手順を(1)～(4)から１つ選び，記号で答えなさい。また，適する実験方法を簡単に説明しなさい。

5. 理科室にある透《とう》明な液体について調べています。次の文章を読んで以下の問いに答えなさい。

理科室の机の上に異なる７種類の液体(ア)～(キ)があります。液体はそれぞれ純水，うすい塩酸，さとう水，食塩水，炭酸水，アンモニア水，石灰《かい》水のいずれかである。学校の授業でこれらの液体の性質と反応を習った陽助さんが，液体を区別する実験を考え，それぞれをグループ分けしました。

【実験１】
ガラス棒を用いて，(ア)～(キ)の液体を青色のリトマス紙につけ，リトマス紙の変化を観察したところ，(イ)と(エ)の液体のみ青色から赤色に変化した。

【実験２】
図１のように(ア)～(キ)の液体に電流を流すと，(ア)と(オ)以外の液体は豆電球が光った。

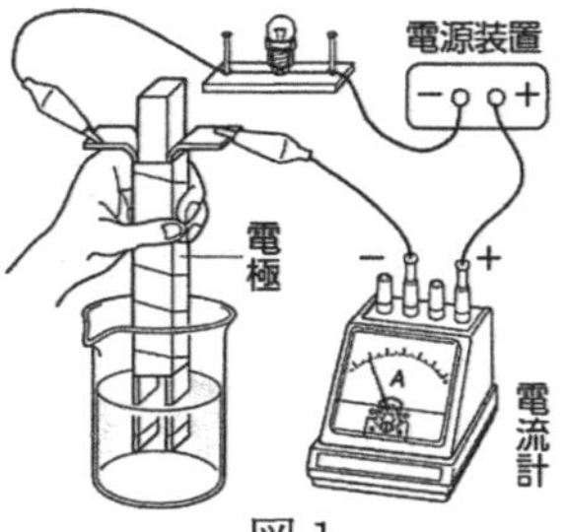

図１

【実験３】
(ア)～(キ)の液体の一部をそれぞれ蒸発皿に移し，水分がなくなるまで加熱しました。その結果，(オ)と(カ)と(キ)の液体では溶《と》けていたものが白い固体として残りました。

陽助さんは【実験１】～【実験３】が示す性質の有無によって３つのグループに分類しました。性質を示す液体は円の内側に入ります。【実験１】で示す性質(青色のリトマス紙を青から赤に変化)がある場合Ａ，Ｂ，Ｃ，Ｄのどれかに入ります。【実験２】で示す性質(豆電球が光る)がある場合Ｂ，Ｃ，Ｅ，Ｆのどれかに入ります。【実験３】で示す性質(白い固体が残る)がある場合Ｃ，Ｄ，Ｆ，Ｇのどれかに入ります。

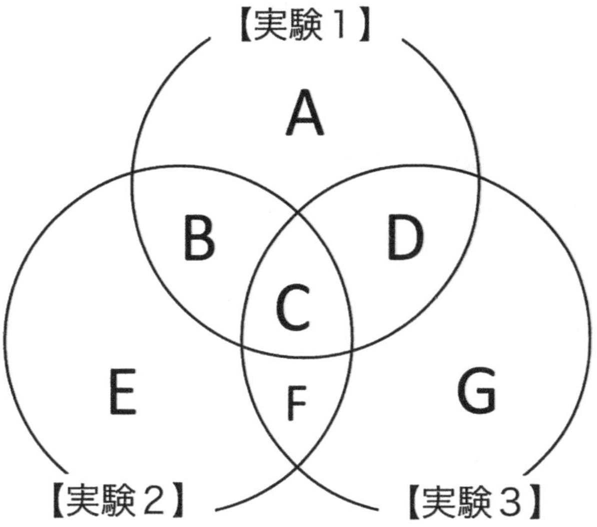

図 2

陽助さんは【実験１】～【実験３】の結果では(ア)～(キ)の液体が区別できなかったため，【実験４】を行いました。

【実験４】
(ア)～(キ)の液体の一部に緑色のBTB溶《よう》液に入れると，(ウ)と(カ)の液体のみ青色に変化した。

問１　(イ)の液体の性質として当てはまらないものを次の①～④から１つ選び，記号で答えなさい。

①　BTB溶液を黄色く変化させる。

②　フェノールフタレイン溶液を加えても色は変化しない。

③　ムラサキキャベツの液を加えるとこい赤色に変化する。

④　す(さく酸水溶液)を加えると中和して新しい物質と水ができる。

問２　図２のＡ～Ｇのどこにも入らない液体は何ですか。(ア)～(キ)からすべて選び，記号で答えなさい。

問３　図２のＡ～Ｇについて説明した文章のうち，正しいものを次の①～⑤からすべて選び，記号で答えなさい。

①　Ａには液体が１つだけ入る。

②　Ｂには液体が２つ入る。

③　Ｆには液体が１つだけ入る。

④　Ｇに入る液体は存在しない。

⑤　３つ液体が入る場所は存在しない。

問４　(キ)の液体は何ですか。液体名を答えなさい。

問５　【実験１】～【実験４】までの結果では区別できない液体がありました。区別することができなかった液体は何ですか。液体名ですべて答えなさい。

問6　問5の液体を区別するためには，どのような操作をすればよいですか。次の①～⑤から最も適切なものを1つ選び，記号で答えなさい。

① 区別できていない液体にそれぞれ(ウ)の液体とフェノールフタレイン溶液を入れて色の変化を見る。

② 区別できていない液体にそれぞれ銅片を入れ変化を見る。

③ 区別できていない液体にそれぞれ(ア)を入れて温度を測る。

④ 区別できていない液体にそれぞれ(カ)を入れて色の変化を見る。

⑤ 区別できていない液体をそれぞれ加熱して色の変化を見る。

6. 次の［1］と［2］について答えなさい。

［1］力に関する以下の問いに答えなさい。

物体を液体の中に入れたとき，物体には，液体が物体をうき上がらせようとする力がはたらき，その力を浮《ふ》力とよびます。浮力の大きさは，物体がおしのけた液体の重さと等しいです。例えば，水1 cm^3の重さは1gであるため，10 cm^3の物体を水に完全にしずめると物体が受ける浮力の大きさは，10gの水の重さと等しいといえます。

問1　図1のように，1辺が8cmの立方体の物体を水にうかべたところ，物体の上面が水面から2cm出た状態で止まりました。この物体の重さは何gか答えなさい。ただし，水1 cm^3の重さは1gとします。

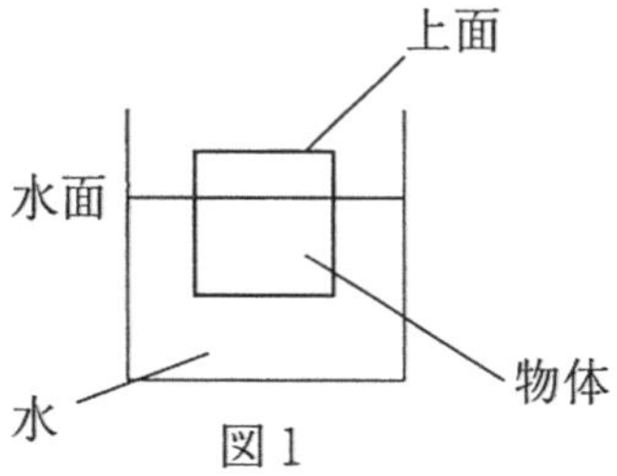

図1

問2　この水に少しずつ食塩を溶《と》かしていったとき，この物体の様子はどのようになりますか。最も適するものを次のア～オから1つ選び，記号で答えなさい。

ア　食塩を溶かしていくと，浮力の大きさが大きくなり，物体の上面が水面から2cmよりも長く出た状態になる。

イ　食塩を溶かしていくと，浮力の大きさが大きくなり，物体の上面が水面から2cmよりも短く出た状態になる。

ウ　食塩を溶かしていくと，浮力の大きさが小さくなり，物体の上面が水面から2cmよりも長く出た状態になる。

エ　食塩を溶かしていくと，浮力の大きさが小さくなり，物体の上面が水面から2cmよりも短く出た状態になる。

オ　食塩を溶かしていくと，浮力の大きさは変わらないので，物体の上面が水面から2cm出た状態から変わらない。

問3　重さが無視できる長さ40cmのばねをつるし，おもりを取り付け，図2のようにおもりの重さとばねののびとの関係を調べる実験を行いました。表1はその結果を表しています。図1の物体をこのばねに取り付け，図3のようにゆっくりと水の中にしずめていき，物体をしずめた深さとそのときのばねの長さを調べました。表2はその結果を表しています。表2中の空欄（ア），（イ），（ウ）に適する数値をそれぞれ答えなさい。ただし，水1 cm^3の重さは1gとします。また，答えに小数が出るときは，小数第2位を四捨五入して小数第1位まで答えなさい。

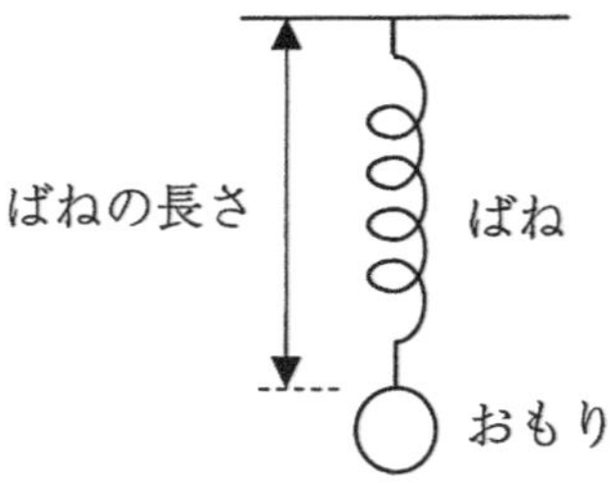

図2

表 1

おもりの重さ[g]	0	50	100	150
ばねの長さ[cm]	40	45	50	55

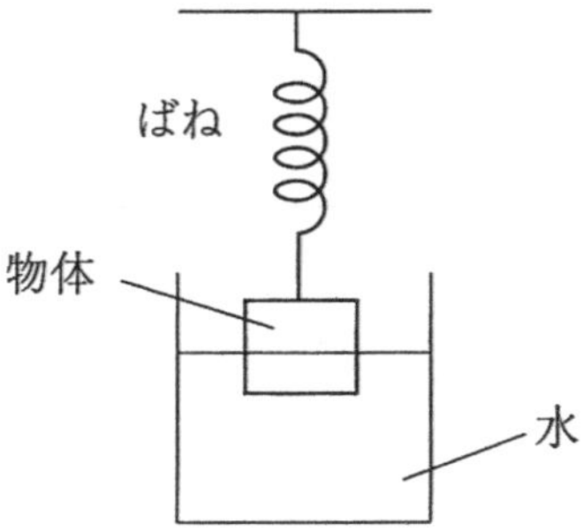

図3

表 2

しずめた深さ[cm]	0	2	4	6
ばねの長さ[cm]	（ア）	（イ）	（ウ）	40

［２］音に関する以下の問いに答えなさい。

図４のようなモノコードを使って，げんの長さ，げんの太さ，おもりの重さをいろいろ変えて，音の高さを調べました。表３の条件①～④のように，げんをはじいたところ，全て同じ高さの音が出ました。なお，ことじを左右にずらすことで，げんの長さを変えることができます。例えば，図４の状態でことじを右にずらすと，げんの長さが長くなります。

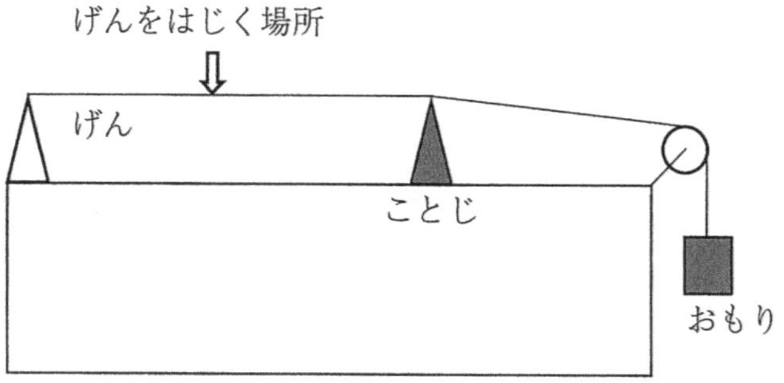

図４

表３

条件	げんの長さ［cm］	げんの太さ［直径mm］	おもりの重さ［g］
①	20	0.3	20
②	40	0.3	80
③	10	0.6	20
④	20	0.6	80

問４　げんをはる強さを変えると音の高さは変わります。げんをはる強さを変えるために行った操作とその結果として最も適するものを次のア～カから１つ選び，記号で答えなさい。

ア　げんの長さを長くすることで，音の高さが高くなった。

イ　げんの長さを短くすることで，音の高さが高くなった。

ウ　げんの太さを太くすることで，音の高さが高くなった。

エ　げんの太さを細くすることで，音の高さが高くなった。

オ　おもりの重さを重くすることで，音の高さが高くなった。

カ　おもりの重さを軽くすることで，音の高さが高くなった。

問５　げんの太さを0.15mm，おもりの重さを320gにするとき，げんの長さを何cmにすれば同じ高さの音が出るか答えなさい。

問６　強い音を出すために必要な操作を次のア～エからすべて選び，記号で答えなさい。

ア　げんの長さを長くする。

イ　げんの太さを太くする。

ウ　おもりの重さを軽くする。

エ　げんの長さ，太さ，おもりの重さを変えることは関係ない。

7. 次の文章は，まなみさんが夏休みに書いた日記の一部です。まなみさんの日記を読んで以下の問いに答えなさい。

8月2日　午後10時

今日は天気が良かったので母といっしょに星を見に行きました。1年前にとてもきれいな星空を見て，もう一度見たいと思っていたので，とても楽しみでした。しかし，いざ空を見ると，雲はほとんどないのに星があまり見えませんでした。なぜ星が見えないのかと母に聞いてみると，今夜はア月が明るいからそのせいで星が見えにくいのだと教えてくれました。そう言われて月を見てみると，とても大きくて明るい満月が出ていました。その月にはイウサギのような模様がしっかりと見えました。星をたくさん見ることはできなかったけれど，きれいな月を見ることができたのでよかったです。ウ夏休み中にもう一度夜空の観察をして，空いっぱいの星が見たいです。そのときには，エ夏の大三角も見つけられるといいなと思いました。

問1　下線部アについて，月は自ら光を発していないが光っています。月がどのようにして光っているかを，15字以内で説明しなさい。ただし，句点(。)は書かなくてよいこととします。

問2　月は地球の周りを回っています。月のように惑《わく》星の周りを公転している天体を何といいますか。漢字で答えなさい。

問3　下線部イについて，次の問いに答えなさい。

①　月の表面にはいくつものくぼみがあり，模様のように見えています。月の表面のくぼみのことを何といいますか。

②　別の日に月を見ても同じ模様が見えました。このように，地球から月を見ると，いつも月の同じ面しか見ることができません。この理由を簡単に説明しなさい。

問４　下線部ウについて，まなみさんはこの日と同じ午後10時に月が出ない日がいつになるかを計算で求めることにしました。次の問いに答えなさい。

①　同じ時刻に見える月の位置は少しずつ東にずれていきます。月は約30日で地球の周りを公転するとした場合，同じ時刻に見える月の位置は１日で約何度東にずれるかを答えなさい。

②　８月２日にまなみさんが空を見た時，ちょうど南東の方角に月がありました。①で求めた角度をもとに計算すると，次に午後10時の空に月が出ていない日は８月何日になりますか。８月２日から最短の日付を答えなさい。

問５　下線部エについて，夏の大三角を構成する星の名前をすべて答えなさい。

令和6(2024)年度

入試Ⅱ(適性検査型)

適　性　2

1月9日(火)

(45分)

受験上の注意

・試験開始まで問題用紙にも解答用紙にも手をふれてはいけません。
・用紙の決められた欄《らん》に，受験番号を書いてください。
・解答は解答用紙のわくの中にていねいな字で記入してください。
・筆記用具の貸し借りはいけません。
・解答用紙・問題用紙は回収しますので持ち帰らないでください。
・質問があるときや，筆記用具などを落としたとき，印刷が悪くて字がはっきりしないところなどがあれば，手を挙げて監督《かんとく》の先生の指示にしたがってください。
・記述問題において，特に指定がなければ，かぎかっこ(「　」)や句読点(、。)なども1字に数えます。

広島国際学院中学校

1. りょうさんは，社会科の調べ学習で2023年７月に秋田県秋田市（以下，「秋田市」）で発生した水害について発表する予定です。資料１は昔と現在の秋田駅周辺の地図，資料２は「外水《がいすい》はんらん」と「内水《ないすい》はんらん」について説明しているものです。資料を見て，2023年７月14日に秋田市で豪雨が発生したときに四角で囲まれた地域で水害が起きた理由として考えられることを，昔と現在の土地利用の様子を比べたうえで，80字～100字でまとめなさい。

資料１　昔と現在の秋田駅周辺の地図

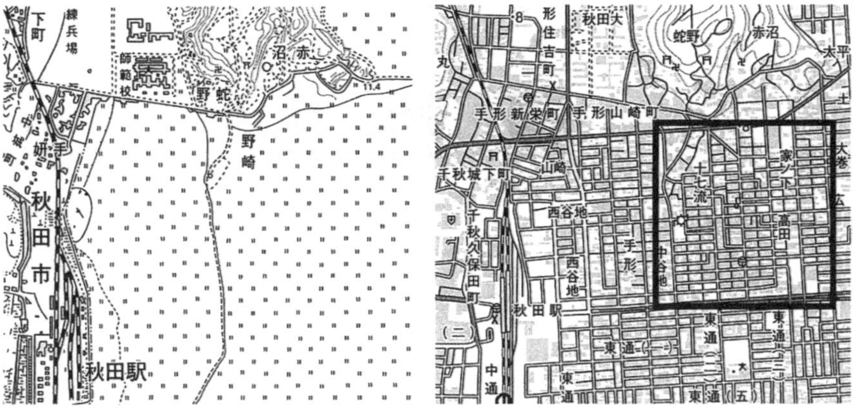

（1912年）　　　　（現在）

資料２　「外水はんらん」と「内水はんらん」

はんらんには，「外水はんらん」と「内水はんらん」の２種類があります。

外水はんらんは，河川の水が堤防《ていぼう》などをこえて流れ出す災害です。外水はんらんが起こる原因のほとんどは大雨です。長い時間をかけて雨が降り，山から流れ出た土砂などがたい積する被害《ひがい》も，河川の近くで起こりやすくなります。大雨の予想は天気予報でも数日前から確認ができるので，河川の近くに住む人は，早めに準備をしておくと良いでしょう。

一方，内水はんらんは，下水道や水路の排水《はいすい》能力をこえる雨が降ったときに，行き場を失った雨水が市街地にあふれ出る災害です。ニュースでマンホールから水がふき出ている映像を見たことがあるかと思いますが，これが内水はんらんの一例です。このはんらんは，おもに都市部で，雨が短時間に降ったときに起こりやすくなります。また，水があふれ出てしまうまでの時間が，降り始めから短いということも特ちょうです。都市部では宅地を作ったり道路などを舗装《ほそう》したりしたことで，雨水が地面にしみ込まなくなり，水の行き場が少なくなっています。この都市型の災害は，今後の大きな課題となるでしょう。

2. 麻衣さん，友也さん，先生は，広島サミットについて次のような会話をしています。会話文や表，資料を読んで，あとの問いに答えなさい。

先　生：2023年５月19日から21日まで広島市で世界首脳《しゅのう》会議であるＧ７サミットが行われたことを知っていますか。

友　也：はい。５月18日から休校になったり，交通規制《きせい》があったりしたので，とても大切な会議が行われていると思いました。

麻　衣：Ｇ７サミットは，どのようなことをする会議ですか。

先　生：主に，その年の世界の課題を話し合う会議です。

友　也：では，Ｇ７サミットはいつから始まったのですか。

先　生：1970年代から始まりました。その当時，アメリカではベトナム戦争の資金を優先《ゆうせん》したため経済が悪化していました。

麻　衣：1960年代の日本は，世界有数の工業国になり，家庭にもテレビや洗濯《せんたく》機などが普及《ふきゅう》するなど，（　　Ａ　　）と言われる時期でしたね。

先　生：そうです。しかし，1970年代になると，中東戦争などにより，石油などの値段が上がったことで，日本だけでなく世界的に経済が悪化しました。そのため，1975年に先進国の間で協力する目的で会議を行ったのがきっかけで，それ以降，サミットは，世界で起こっている問題について首脳レベルで議論する場になりました。

麻　衣：どのような国々が参加しているのですか。

先　生：今回のサミットの参加国は，日本，アメリカ，イギリス，フランス，ドイツ，イタリア，カナダの７か国です。1998年からはロシアも加えた８か国で議論がされましたが，2014年からはロシアとウクライナの領土《りょうど》問題により，ロシアが参加停止となり，それ以降Ｇ７サミットとなりました。

友　也：日本とロシアの間でも，（　　Ｂ　　）に関する問題が解決されていませんよね。こうした領土問題は，世界的な問題として解決していかないといけないですね。

(1)　会話文中の（　　Ａ　　）と（　　Ｂ　　）に適切な語句を入れなさい。

友　也：サミットには現代の国際情勢《じょうせい》を考えるうえで，とても大切な役割があるのですね。

麻　衣：とくに今はガソリンもふくめて価格が上がっているからエネルギー資源を考えることが必要ですね。

先　生：では，続いて資源について考えてみましょう。表を見てください。これは，G７サミット参加国の2020年の発電量を表しています。ここから読み取れることを考えてみましょう。

表　G７サミット参加国の発電量（単位：億kwh）

2020年	合　計	火　力	水　力	原子力	再生可能エネルギー
日本	10,178	7,377	875	388	1,538
アメリカ	42,600	25,733	3,082	8,231	5,554
イギリス	3,113	1,191	82	503	1,337
フランス	5,318	459	665	3,538	655
ドイツ	5,727	2,434	249	644	2,400
イタリア	2,805	1,588	495	…	723
カナダ	6,519	1,161	3,866	982	510

注：「再生可能エネルギー」は，風力，地熱，太陽光，バイオ燃料を示す。

『データブック　オブ・ザ・ワード2023』より作成

麻　衣：日本はアメリカに次いで発電量が多いですね。私は，日本・アメリカ・イタリアの３か国は，他の国に比べると発電量の面で同じような特ちょうがあるのではないかと思います。

友　也：それはどのようなことですか。

麻　衣：日本・アメリカ・イタリアの３か国は，（　　C　　）ということです。

先　生：その通りですね。

麻　衣：発電源のメインを再生可能エネルギーにしようという政策《せいさく》を進めている国があると聞いたことがあります。

友　也：再生可能エネルギーとはどのようなエネルギーですか。

先　生：太陽光や風など，自然界に存在するエネルギーのことです。

麻　衣：表をもとに計算すると，イギリスやドイツは再生可能エネルギーの割合が高いですね。

先　生：そうです。イギリスやドイツは，2035年には，全てのエネルギーを再生可能エネルギーに変えることを発表しています。

麻　衣：ドイツでは１年中吹く偏西風を利用した風力発電に力を入れていると聞いたことがありますが，イギリスはどの再生可能エネルギーに力を入れているのですか。

先　生：イギリスも風力発電に力を入れています。イギリスもドイツも陸上に多くの風車を設置していますが，イギリスは他の国と比べて群を抜いている風力発電方法があります。

友　也：それはどのような方法ですか。

先　生：資料１と資料２を見ると，イギリスの風力発電の特ちょうと，イギリスが有利な地形的な特ちょうがわかりそうですね。

資料１　イギリスが力を入れている風力発電

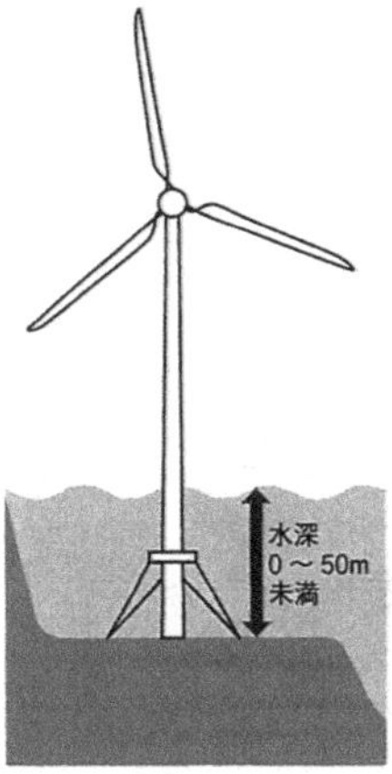

資料２　イギリスと周辺の地図

⑵　会話文中の（　　Ｃ　　）にあてはまる内容を書きなさい。ただし，必ず，数値をふくむ割合を用いて書きなさい。

⑶　会話文中の下線部について，イギリスの風力発電が他国に比べて有利な理由を，資料１，２からわかることにふれて書きなさい。

麻　衣：他にも最近，注目されている課題などはありますか。

先　生：はい。たくさんあります。近年はサミットに参加した国の他にも新興国《しんこうこく》と呼ばれる国も出てきています。とくに「グローバルサウス」と呼ばれる国々が最近は注目されています。

麻　衣：グローバルサウスとはどのような国々のことですか。

先　生：グローバルサウスは，インドや南アフリカといったアジアやアフリカなどの新興国・発展途上《とじょう》国のことを言い，多くが南半球に位置していることからこう呼ばれています。

友　也：最近，インドは世界一の人口になったり，経済発展をしたりと注目されている国ですよね。

先　生：よく知っていますね。インターネット利用者が急速に増加したインドでは，情報や通信に関係する産業（ＩＴ産業）がすごい勢いで広がっています。特に，アメリカのＩＴ企業《きぎょう》の成長に，インドが大きく関わっていると言われています。次の資料３～資料５をもとに考えてみましょう。

資料３　イギリスが支配していた地域

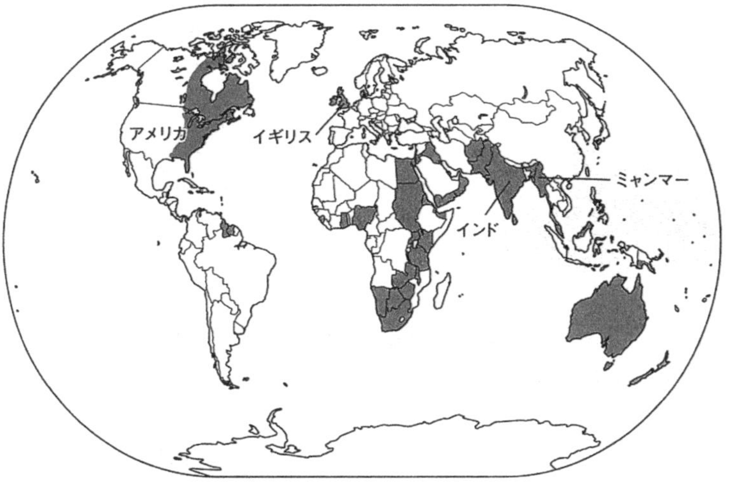

資料４　ミャンマーに暮らす人の話

> かつて，ミャンマーはイギリスが支配していたため，英語が公用語として使われてきました。今の公用語はミャンマー語ですが，昔の名残《なごり》もあり，英語教育がさかんに行われています。また，幼稚園《ようちえん》から英語教育が行われていて，幼い時期から英語にふれる機会があり，多くの大学では，授業が英語で行われています。
>
> ふだんの生活の中では，英語を勉強しても話をする機会があまりなく，日本と同じような状況ですが，大学を卒業して大企業や外国の会社で働く人は，職場内でもなめらかな英語を使って仕事をしています。これは，イギリスに支配されていた他の国でも，同じようなことが言えます。

3

問1	
問2	西暦　年
	理由
問3	
問4	間違えて加えた数
	理由

※

受験番号		総点	※ **※100点満点** **（配点非公表）**

（※印欄は記入しないこと）

令和6(2024)年度　入試Ⅱ（適性検査型）
（適性１）　解　答　用　紙　②

4

問1	
問2	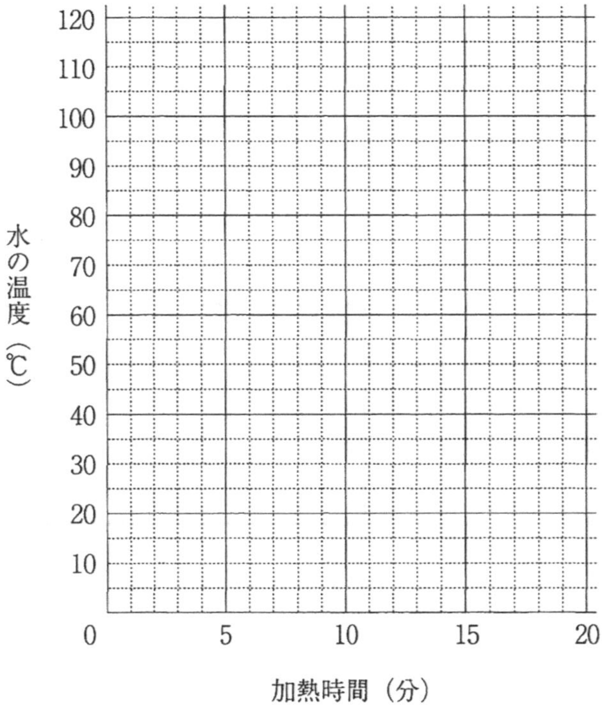
問3	

※

(2)	C		
(3)			
(4)	D		
	E	時間	
	F		

※

受験番号		総点	※ ※100点満点 （配点非公表）

（※印欄は記入しないこと）

(3)

250

300

※

令和六（二〇二四）年度
入試Ⅱ（適性検査型）
（適性2） 解答用紙 ②

受験番号
総　　点
※

（※印欄は記入しないこと）

※すべてたてがきで答えなさい。

3

(1)

A	B

(2)

※

※

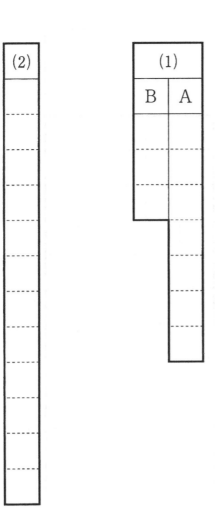

令和６（２０２４）年度
入試Ⅱ（適性検査型）
（適性２）　解　答　用　紙　①

1

80

100

※

【解答】

2

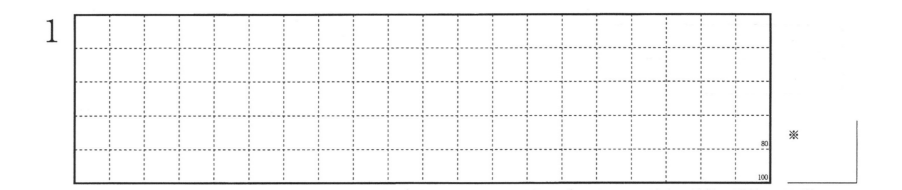

5

問1		
問2		
問3		
問4	(a)	
	(b)	

※

受験番号		総点	※

(※印欄は記入しないこと)

令和6(2024)年度　入試Ⅱ（適性検査型）
（適性１）　解　答　用　紙　①

1

問1		問2	cm^2
		問3	個
			個

※

2

問1	
問2	秒
	求める過程
問3	

※

資料５　世界の時間の計算方法

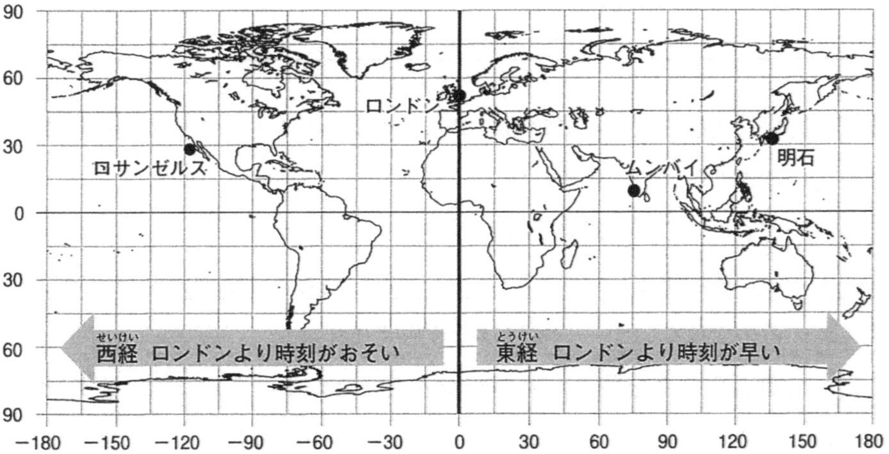

世界の時刻は，イギリスのロンドンが基準になっています。ロンドンを経度０度とし，それより東側の経度を東経，西側を西経といい，南北に経線が通っています。この経線を使って，世界の都市間で，時刻がおよそ何時間違うのか計算することができます。計算するときには，経度が15度かわると１時間の差が出ることを利用します。ロンドンを基準に，東経は時刻が早く，西経は時刻がおそいです。例えば明石市は，東経135度なので，135÷15＝９で，ロンドンより９時間早まっているということです。この時刻のちがいを時差《じさ》と言います。

(4)　友也さんと麻衣さんは，なぜアメリカのＩＴ企業の成長に，インドが関係しているのか，先生との会話と先生が用意した資料をもとにまとめました。まとめの（　Ｄ　）～（　Ｆ　）に適切な内容を，書きなさい。

まとめ

インドは，近年，インターネットの利用が大幅に広がっており，それとともにアメリカのＩＴ企業の成長に大きく関わっています。その理由として，資料３と資料４から，インドのＩＴ企業で働く人たちは，（　Ｄ　）ということが考えられます。そのため，アメリカの企業とのやりとりも，難なくこなすことができます。

また，資料５を見ると，アメリカのロサンゼルスと，インドのムンバイの時差は，単純に計算すると（　Ｅ　）時間あると考えられます。アメリカの企業とインドの企業が協力することで，アメリカでは会社が終わっている時間でも，（　Ｆ　）ため，アメリカの企業は，ほぼ１日中会社を動かすことができると考えられます。

これらのことが，アメリカのＩＴ企業の成長にインドが関係している要因の一つだと考えられます。

3. 次の文章を読んで，あとの問いに答えなさい。

少子化時代、競争が激化しているのでしょうか、おもちゃの質や精度はますます高まっているような気がします。

では、子どもたちの「遊ぶ力」はどうか。

①おもちゃが高性能化している一方で、子どもたちの「遊ぶ力」は、昔に比べると衰えているのではないか――私にはそう思えます。

ひとつには、カラダを使った遊びが減ったことが挙げられます。屋外で、走り回ったり、生き物と触れ合って遊んだりすることが激減しました。五感を鋭敏《えいびん》にし、身体感覚を磨くには、自然の中に入って遊ぶのがいちばんいいのです。

空き地で草野球や三角ベース、ボール蹴《け》りをやることも少なくなりました。いまは、ボールゲームをやりたければ、「スポーツ」としてやることになります。少年野球やサッカーの教室に通う、あるいは地元のチームに入って、練習し、選手になり、大会出場を目指すという世界です。まったく遊びとはいえなくなっています。

カラダということでいえば、他の子とカラダを触れ合わせる遊びもほとんどなくなっています。相撲《すもう》は何百年にわたり、日本の子どもたちの遊びの王道でしたが、いま、相撲をとって遊ぶ子どもはほぼ見られなくなってしまいました。押しくらまんじゅうも、馬跳《うまと》びも、ほとんどやりません。友だちとカラダを接触させて遊ぶ経験が少ないのです。

もうひとつ、子どもたちの遊びが受動的になったということがあります。自分たちで遊びを工夫しなくなっているのです。

昔のおもちゃはわりと単純でした。それだけに、どのように遊ぶかを自分で考える余地がありました。たとえば、昔の「怪獣《かいじゅう》モノ」なんかは設定がラフで、子どもながらもいろんな突っ込みどころが満載《まんさい》でした。だからこそ、子どもたちはそれぞれ自由に想像をふくらませ、自分のイメージを広げる余地があったともいえます。

それに比べて、たとえばいまのファンタジーの世界は、物語の世界観が※精緻《せいち》に作り込まれています。あたかもそういう世界がどこかに本当に存在するかのように設定されている。作った人たちの※イマジネーションには本当に感服しますが、あまりに完成度が高いため、子どもたちが想像を加えにくいという側面もあります。

ロールプレイングゲームにしても、キャラクターを動かしているのは一見、ゲームをやっている子どもたちのように見えますが、実は、どこの場面で何をし、キャラクターがどんなセリフを言うかまで、すべて作られている。戦闘《せんとう》場面のような刺《し》激《げき》的な仕《し》掛《か》けが盛りだくさんで、興奮はするかもしれませんが、想像力をはたらかせる機会はあまりないのです。

極端《きょくたん》な言い方をするならば、パッケージ化された商品を買って、その②遊び方どおりに遊んでいるだけ、その商品を消費しているだけになりがちです。

遊びには、能動性があることが大切です。おもちゃに〝遊ばされて〟しまってはいけません。ゲームでももちろん頭を使って工夫する機会はありますが、「高刺激」なために、ハマりこみやすく、ゲームがないとイライラしてしまうといったことが起こりがちです。

受動的に、ただアニメを見たりゲームをやるだけだと、カラダを使わずエネルギーも発散できませんし、考えたり、人と会話することも少なく、脳の※前頭前野などを使いません。強い刺激が入ってきて興奮状態にはありますが、脳がいい意味で活発に働いているわけではない。遊んでいるカラダにも、遊んでいる脳にもなっていないのです。

与えられた遊びを※享受《きょうじゅ》するだけというのは、想像力も創造力も養うことができません。「低刺激」なもので、もっと自由に、自分たちで考えながら遊ぶほうが、子どもの能力は活性化されるのです。

おもちゃ、※玩具《がんぐ》とは、一般に子どもの遊び道具を指す言葉ですが、作られたものでなくても、子どもがおもしろがれば、それがおもちゃになります。

たとえば、河原の石を拾って川に投げる。

私は子どものころ、近くに※安倍川という一級河川があったので、よく河原に行って水切りをして遊びました。うまく跳《は》ねさせるにはどんな石がいいか、どんな角度でどう投げればいいか、いろいろ考え、工夫します。うまくなると、水の上を石がトントントンと跳ね飛ぶようになります。友だちと何回石をジャンプさせられるかを競ったりもしました。なんの変哲《へんてつ》もない石ころがおもちゃになりました。女の子たちも石蹴りなんかをやっていました。

おもちゃがなくても、③自分たちで即興《そっきょう》的に遊び道具にしてしまう力が、昔の子どもたちにはけっこうあったのです。

（齋藤《さいとう》 孝《たかし》「遊ぶ力は生きる力」光文社新書より　問題用に改題）

語注

※精緻…細かいところまで注意や意識をはらっていること。

※イマジネーション…想像力のこと。

※前頭前野…思考や判断などの人間の精神活動に関わる働きを行う脳の一部分。

※享受…受け取って楽しむこと。

※玩具…おもちゃのこと。

※安倍川…静岡県にある河川。

(1)　下線部①「おもちゃが高性能化している一方で、子どもたちの「遊ぶ力」は、昔に比べると衰えているのではないか」とありますが，筆者がそう考える理由を説明した次の文の[A]・[B]に当てはまる言葉を，[A]は７字，[B]は３字で本文中から抜き出しなさい。

[A]遊びが減り，[B]な遊びになったから。

(2)　下線部②「遊び方どおりに遊んでいる」とありますが，これと対照的なことが書かれてある部分を，本文中から12字で抜き出しなさい。

(3)　下線部③「自分たちで即興的に遊び道具にしてしまう力が、昔の子どもたちにはけっこうあった」と筆者は述べていますが，筆者が言う「遊ぶ力」とはどのようなものですか。また，自分の中に「遊ぶ力」がつくことで，あなたの生活においてどのような良いことがあると思いますか。次の条件に従ってあなたの考えを書きなさい。

〔条件〕

1　２段落で，250字以上300字以内で書くこと。

2　第１段落では，筆者が考える「遊ぶ力」とはどのような力のことか，本文から読み取れる内容をまとめて書くこと。

3　第２段落では，第１段落で書いたことをふまえて，自分の中に「遊ぶ力」を身につけることで，どのように人生を豊かにしていきたいと考えるか。具体例を挙げて，あなたの考えを書くこと。

令和6(2024)年度

入試Ⅱ(適性検査型)

適　性　1

1月9日(火)

(50分)

受験上の注意

- 試験開始まで問題用紙にも解答用紙にも手をふれてはいけません。
- 用紙の決められた欄《らん》に，受験番号を書いてください。
- 解答は解答用紙のわくの中にていねいな字で記入してください。
- 筆記用具や定規《じょうぎ》，コンパスの貸し借りはいけません。
- 解答用紙･問題用紙は回収しますので持ち帰らないでください。
- 質問があるときや，筆記用具などを落としたとき，印刷が悪くて字がはっきりしないところなどがあれば，手を挙げて監督《かんとく》の先生の指示にしたがってください。
- 答えを求める筆算は，問題用紙の空いている部分を使ってください。
- 問題に出ていない数字を使うときは，その数字の意味が分かるように式を立てたり，説明を書いたりして答えを求めなさい。

広島国際学院中学校

1. 図1のようなタイルA，タイルB，タイルCがあります。タイルAは2つの辺の長さが0.5cm，1cmの長方形で，1cmの辺の中央に●印がつけてあります。タイルBは1辺の長さが0.5cmの正方形で，1つの角に●印がつけてあります。タイルCは1辺の長さが1cmの正方形で，中央に○印がつけてあります。

図1

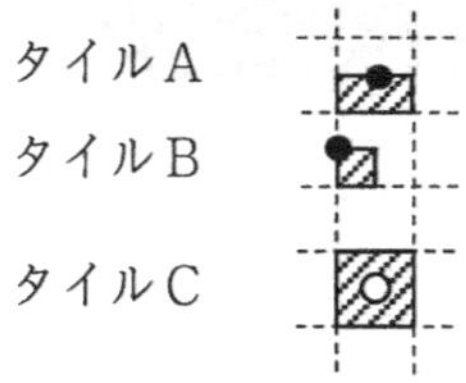

図2

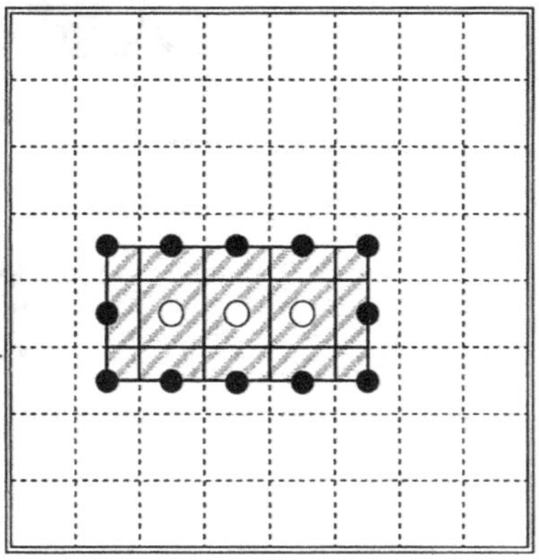

タイルCをすき間なくしきつめたあと，その外側にタイルAとタイルBをすき間なくしきつめて，長方形をつくります。このとき，タイルAとタイルBを回転させて，となりあうタイルAとタイルBの●印を線でつないで長方形になるようにします。

たとえば，タイルA8個，タイルB4個，タイルC3個をすべて使って並べると図2のようになります。ただし，タイルをしきつめてできる長方形の辺の上に●印があるようにします。

いま，タイルA10個，タイルB4個，タイルC6個をすべて使って長方形を作ります。このとき，あとの各問いに答えなさい。

問１　作った長方形をかきなさい。

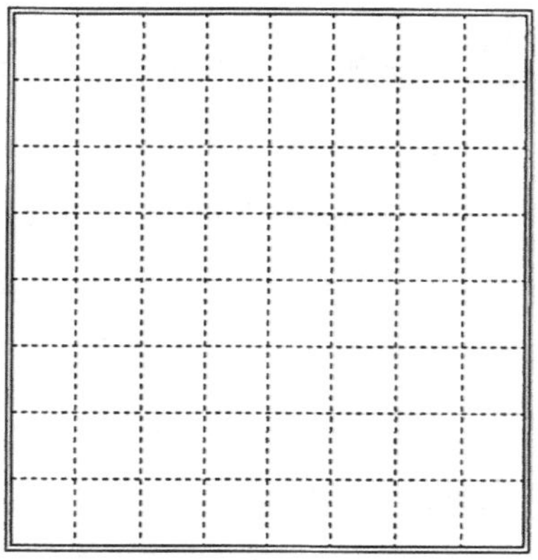

問２　作った長方形の面積を求めなさい。

次に，タイルＢは４個のまま，タイルＣを３個ふやしました。

問３　タイルＡを何個ふやせば長方形をつくることができますか。２つ答えなさい。ただし，正方形も長方形に含めます。

2. 太郎さんと花子さんは，立方体を36個使ってある立体を作りました。２人はプログラムによって動くカブトムシロボットを操作し，立体の表面を移動させます。また，スタートからゴールまで移動するときの最短の道のりの中で，最もプログラムの回数が少ないもの（この問題では『最短の経路』と表記する）で到達させたいと考えています。次の会話文を読んで，あとの各問いに答えなさい。

太郎さん：「はじめに，図１の直方体を使ってプログラムを考えてみよう。」

花子さん：「カブトムシロボットを動かす命令はどのようなものがあるのかな。」

太郎さん：「資料にあるように，全部で４つの命令があるよ。」

図１

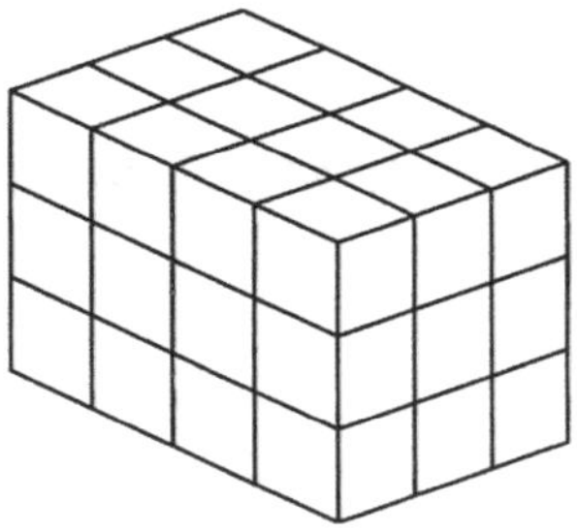

資料

命令番号	命令内容	移動のイメージ
①	同じ面で，前に１マス進む （面を変えながら前に１マス進むことはできない）	
②	そのマスで，右に90度回転する	
③	そのマスで，左に90度回転する	
④	同じ立方体で，面を変えながら前に１マス進む （同じ立方体でない場合は面を変えながら進むことはできない）	

花子さん：「スタートとゴールはどこにするの。」

太郎さん：「スタートとゴールは図２の位置にしよう。それと，カブトムシロボットの向きにも注意して動かすことが必要なんだ。スタートの向きは図３で，ゴールの向きは図４のようにするんだ。そして，色がついている面が１つあって，そこを必ず通らなければならないんだよ。」

図２

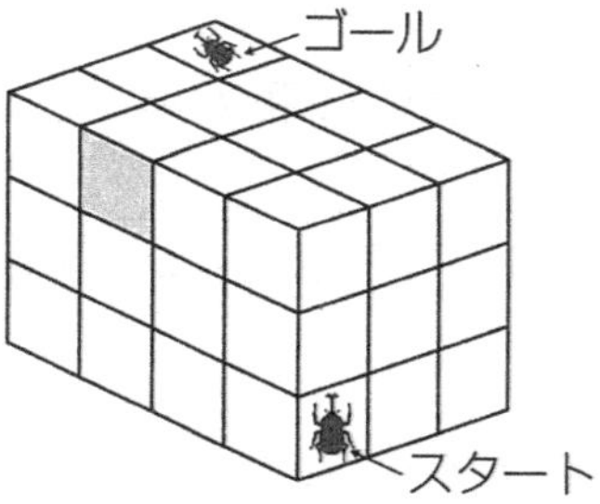

図３

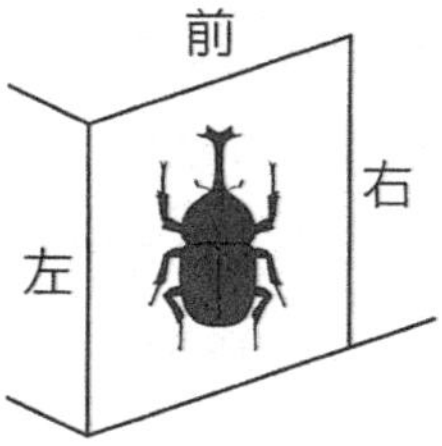

図４

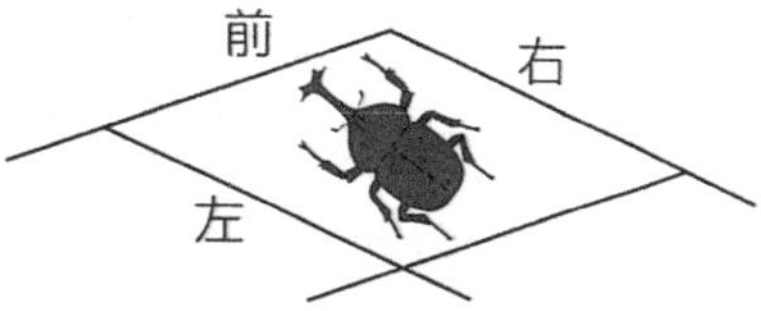

花子さん：「(1)そのことをふまえて，スタートからゴールまでの『最短の経路』はどのようなプログラムになるのかな。」

問１　会話文中の下線部(1)について，『最短の経路』を表すプログラムとして正しいものを１つ選び，記号で答えなさい。

ア．①①③④①①①④①①②④

イ．①①③①①①②①①①③①

ウ．①①③④①①②④①①③①

エ．①①③④①①①②④①①

オ．③④②①①③①①④①③①

太郎さん：「次は，図２と同じスタートとゴールの位置とカブトムシロボットの向きで，色がついたところを通る条件は考えずに，『最短の経路』を考えてみよう。そこで，スタートからゴールまでにどれくらいかかるか計算してみよう。」

花子さん：「１つの命令にかかる時間はどれくらいなの。」

太郎さん：「立体の側面を上下に移動するときに１マス動く時間は３秒，立体の側面を横に移動するときに１マス動く時間は２秒，立体の上面を移動するときに１マス動く時間は1.5秒，向きを変えるときにかかる時間も1.5秒だよ。」

花子さん：「面を変えながら移動する場合は何秒かかるの。」

太郎さん：「立体の側面から上面，または上面から側面に移動するときは2.5秒で，立体の側面から側面に移動するときは3.5秒だよ。」

花子さん：「ということは，『最短の経路』に必要なプログラムの命令回数は10回だね。」

太郎さん：「そうだよ。(2)そのうち，最も速く移動したときにかかる時間は何秒かな。」

問２　会話文中の下線部(2)について，このときにかかる時間は何秒か答えなさい。また，その求める過程を，言葉と数式を用いて説明しなさい。

太郎さん：「今度は，図５の立体で考えてみよう。」

花子さん：「図１の状態から，２つの立方体を別の場所に移したのね。」

太郎さん：「そうだよ。資料の命令を使って，さらに色がついている面を必ず通るようにしたとき，(3)『最短の経路』で行くにはどのようなプログラムになるか考えてみてよ。」

花子さん：「カブトムシロボットのスタートとゴールの向きは，それぞれ，図３と図４の状態で考えればいいのね。」

太郎さん：「そうだね。」

図５

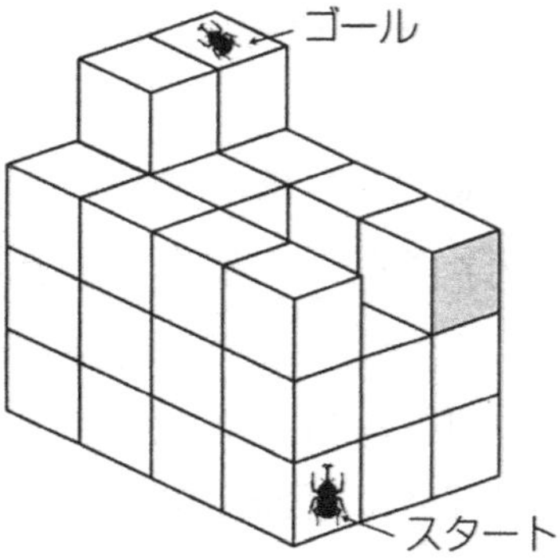

問３　会話文中の下線部(3)について，このときのプログラムを１つ答えなさい。ただし，解答用紙には命令番号（①②③④）のみをプログラムの命令順に書きなさい。

3. 太郎さんと花子さんは，誕生日について話をしています。次の会話文を読んで，あとの各問いに答えなさい。

太郎さん：「ぼくの誕生日は１月23日で，2024年は火曜日だよ。来年は何曜日かな。」

花子さん：「１週間は７日あるから，これを１つの周期として考えると簡単に求めることができるよ。」

太郎さん：「どのように計算するの。」

花子さん：「2024年はうるう年だから，１年は366日あるね。それを１つの周期である７で割ったときに出るあまりが何かを考えればいいのよ。」

太郎さん：「なるほど。つまり，366÷7＝52…２だから，この２を使うと，2025年の１月23日は［ア］曜日ということだね。」

花子さん：「そうだよ。では，同じように考えると，(1)次に火曜日になるのは西暦何年か考えてみてよ。」

問１　会話文中の［ア］に当てはまる曜日を漢字１字で答えなさい。

問２　会話文中の下線部(1)について，2024年の次に１月23日が火曜日になるのは西暦何年か答えなさい。また，そのときの考え方を説明しなさい。図や表を使ってもかまいません。

次に，太郎さんと花子さんは，先生から教えてもらった誕生日あてゲームについて話をしています。

太郎さん：「昨日，先生から誕生日あてゲームを教えてもらったんだ。」
花子さん：「それは，どのようなゲームなの。」
太郎さん：「ある計算を進めていくと，誕生日がわかるんだよ。次の資料がその途中までのルールなんだ。」

資料

① 誕生日の月を４倍する
② ①の答えに９を加える
③ ②の答えを25倍する
④ ③の答えに誕生日の日にちを加える

花子さん：「このルールにしたがって計算してみるから，私の誕生日をあててみて。」
太郎さん：「わかったよ。」
花子さん：「計算した結果が，939だったよ。これで本当に誕生日がわかるの。」
太郎さん：「誕生日は，７月14日だね。」
花子さん：「正解よ。どうしてわかったの。」
太郎さん：「計算した結果から，［イ］を引くんだ。そうすると，この答えの千の位と百の位が誕生日の月に，十の位と一の位が誕生日の日にちになるんだ。今度は，ぼくの誕生日をあててみてよ。資料の計算をすると，1500になったんだ。」
花子さん：「あれ，おかしいな。この数だと，太郎さんの誕生日が変な日にちになってしまうよ。どこかで計算を間違えたんじゃないの。」
太郎さん：「よくわかったね。ぼくの誕生日は，10月25日なんだ。(2)②の加える数をわざと間違えたんだけど，どのような計算をしたのかわかるかな。」

問３　会話文中の［イ］に当てはまる数字を答えなさい。

問４　会話文中の下線部(2)について，太郎さんが②で間違えて加えた数を答えなさい。また，そのときの考え方を説明しなさい。図や表を使ってもかまいません。

4. 太郎《たろう》さんは，広島国際学院中学校のサマーキャンプに参加しています。サマーキャンプでは，スウェーデントーチを作り，調理や明かり，風呂《ふろ》をわかす火として利用します。次の会話文を読んで，あとの問いに答えなさい。

〔太郎さんと先生の会話文〕

先　　生：「今からスウェーデントーチに火をつけてもらいます。スウェーデントーチとは，丸太に何か所か切れ込《こ》みを入れたものです（図１）。まず，この丸太の中心の切れ目に，木くずをつめます。その木くずに点火して下さい。しばらくすると，木くずから丸太に火が移り，丸太本体が燃えるようになります（図２）。」

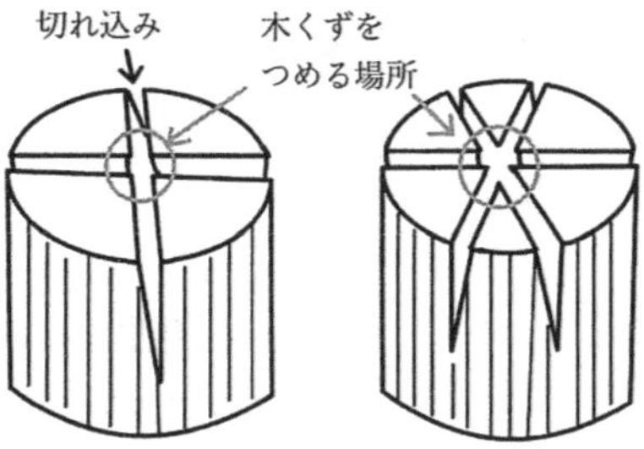

図１　スウェーデントーチ

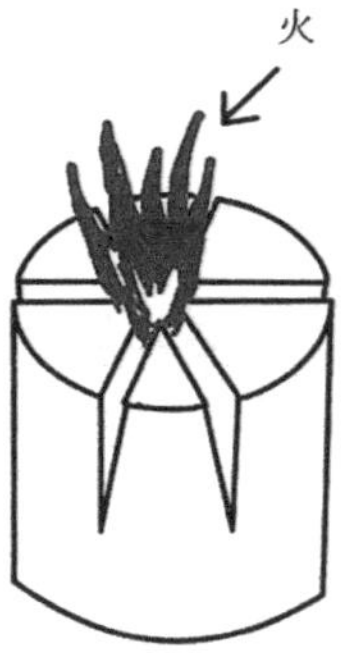

図２

太郎さん：「切れ込みが丸太の中心から４本のものと，６本のものがありますが，どちらを使ったほうがいいでしょうか。」

先　　生：「切れ込みの数が多いほうが，強い火になりやすいので，燃えつきるのも早くなります。水をわかすなど，強い火が必要ならば６本がいいですが，調理には４本のほうがいいと思います。スウェーデントーチはたくさんありますから，燃えつきそうになったら，また取りに来てください。」

〔太郎さんと花子さんの会話文〕

太郎さん：「丸太の切れ込みの中心の部分に木くずを入れて，その木くずに点火するんだって。中心からの切れ込みが４本のものと，６本のものを持ってきたよ。」

花子さん：「切れ込みの数がちがうと，何がちがうのかな。」

太郎さん：「切れ込みの数が多いほうが，火が強くなるみたい。調理用には４本のほうを使うといいって言われたよ。６本のほうは，火が強くなるようだから，ドラム缶《かん》風呂《ぶろ》に使おうと思うんだ。」

花子さん：「おもしろそうだね。火をつけてみようか。」

＜点火＞

花子さん：「２つのスウェーデントーチに火をつけてみたけれど，燃え方がずいぶんちがうね。どちらもよく燃えているけれど，ａ切れ込みが多いほうが，火が大きいね。」

問１　下線部ａのようになるのはなぜですか。理由を書きなさい。

問２　火がついた調理用のスウェーデントーチの上に台となべを置き，なべで湯をわかしました。太郎さんは，温度計を使って１分おきに温度の変化を調べ，このときの温度の変化をグラフにまとめることにしました。表は，このときの温度の変化を記録したものの一部です。この記録をもとにすると，加熱を始めてから15分後までの水の温度変化はどうなりますか。水が１分ごとに上昇《しょう》する温度は，加熱時間が５分となる前と後で同じものとして，そのグラフを完成させなさい。ただし，加熱開始後15分以内で，水は沸騰《ふっとう》によりなくなっていないものとします。また，グラフは15分後までの温度変化を書きなさい。

表　　　　　　　　　　水の温度の変化

加熱時間（分）	1	2	3	4	5	
水の温度（℃）	22	28	34	40	46	

〔次の日の太郎さんと花子さんの会話文〕

太郎さん：「昨日，なべに湯をわかしたときの記録を参考にしながら，今日はドラム缶とスウェーデントーチを使って，ドラム缶風呂（図３）にお湯をわかしたんだ。今も加熱しているけれど，39℃くらいになっているからちょうどいい温度だよ。みんな，順に入ってみて。」

図３　ドラム缶風呂

花子さん：「下からスウェーデントーチで加熱しているんでしょう？熱くないかな。」

太郎さん：「加熱している部分は熱いので，足は置くことができないよ。だから中に木製のすのこが入っているから，その上に乗っていればだいじょうぶだよ。」

花子さん：「でも，ドラム缶の中に入るときに，ドラム缶のふちをさわるでしょう？下からスウェーデントーチで加熱しているからドラム缶のふちも熱いんじゃないかな。」

太郎さん：「そういうことか。沸騰している湯が入っているドラム缶なら，ふちも熱いと思うけれど，ドラム缶の中の湯の温度は39℃だからね。ｂだいじょうぶ。やけどはしないよ。」

問３　太郎さんが下線部ｂのように言ったのはなぜですか。「ドラム缶のふち」という言葉を使って説明しなさい。

5. 次の文章は，中学生で学習する原子と原子記号について書かれている内容です（資料1）。この文章を読んで，あとの問いに答えなさい。

資料 1

どんな物質も，どんどん小さくしていくと，それ以上分けられない最後の1つのつぶになります。この最後の1つのつぶを原子といいます。原子は，特別なけんび鏡を使わないと見ることができないほど小さいものです。では，原子は，何からできているのでしょうか。

図1は，ヘリウム原子のようすです。原子の中心には原子核《かく》という部分があり，ここには「陽子」と呼ばれる＋《プラス》の電気を帯びた小さなもの（図1の⊕）が集まっています。地球上にある原子の種類は，この⊕の数で決まります。例えば，⊕を1つしかもっていない原子を水素原子といいます。⊕を2個持っている原子がヘリウム原子です。炭素原子は6個，酸素原子は8個，鉄原子は26個あります。

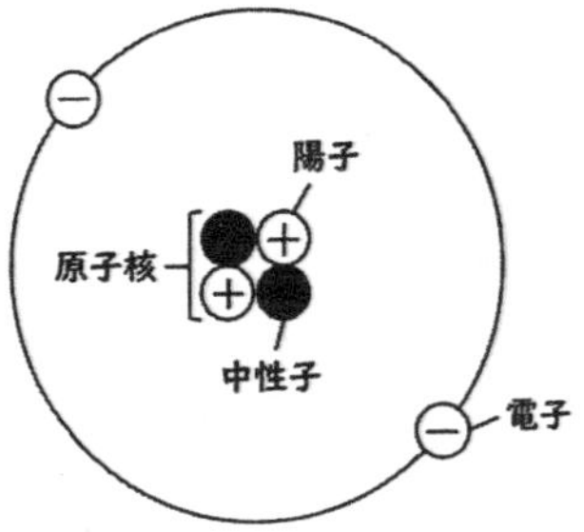

図1　ヘリウム原子

原子核には，⊕だけでなく，「中性子」と呼ばれる電気を帯びていない小さなもの（図1の●）もふくまれています。この●の数は，ほとんどの原子では⊕の数と同じ数ですが，異なるものも存在します。

原子核のまわりには,「電子」と呼ばれる−《マイナス》の電気を帯びた極めて小さいもの（図1の⊖）が，⊕と同じ数だけ飛び回っています。

原子には重さがあります。⊖（電子）は非常に小さいので無視《むし》できるものとされていて，⊕（陽子）と●（中性子）を合わせた原子核の重さが原子の重さだと考えられています。

地球上のいろいろな種類の原子を，原子番号の順に並べると，似たような性質の原子が規則的に現れます。そのため，原子番号順に横に並べながら，似たような性質の原子をたてにならべてつくった表が図2で，これを原子の周期表といいます。図3は，読み方の説明です。わくの中の数字は原子番号，その下に原子の記号と原子の種類の名前が書かれています。
（表1は原子番号と原子の記号，原子名の一覧表です。図2で名前が読めない場合使ってください）

水素や酸素など，自然界に存在している原子だけでなく，自然界に存在していない原子も図２の周期表にはのっています。原子番号93番以降は，人間によってつくられた原子です。例えば，ダームスタチウムは，なまりとニッケルをかけあわせてつくられたもので，原子番号は110番です。2016年に日本人科学チームが発見した原子番号113番のニホニウムも自然界にない原子で，ビスマスと［あ］をかけあわせたため，この原子番号になっています。

	1	2	3	4	5	6	7	8	9	10	11	12	13	14	15	16	17	18
1	1 H 水素																	2 He ヘリウム
2	3 Li リチウム	4 Be ベリリウム											5 B ホウ素	6 C 炭素	7 N ちっ素	8 O 酸素	9 F フッ素	10 Ne ネオン
3	11 Na ナトリウム	12 Mg マグネシウム											13 Al アルミニウム	14 Si ケイ素	15 P リン	16 S いおう	17 Cl 塩素	18 Ar アルゴン
4	19 K カリウム	20 Ca カルシウム	21 Sc スカンジウム	22 Ti チタン	23 V バナジウム	24 Cr クロム	25 Mn マンガン	26 Fe 鉄	27 Co コバルト	28 Ni ニッケル	29 Cu 銅	30 Zn あえん	31 Ga ガリウム	32 Ge ゲルマニウム	33 As ヒ素	34 Se セレン	35 Br しゅう素	36 Kr クリプトン
5	37 Rb ルビジウム	38 Sr ストロンチウム	39 Y イットリウム	40 Zr ジルコニウム	41 Nb ニオブ	42 Mo モリブデン	43 Tc テクネチウム	44 Ru ルテニウム	45 Rh ロジウム	46 Pd パラジウム	47 Ag 銀	48 Cd カドミウム	49 In インジウム	50 Sn スズ	51 Sb アンチモン	52 Te テルル	53 I ヨウ素	54 Xe キセノン
6	55 Cs セシウム	56 Ba バリウム	57～71	72 Hf ハフニウム	73 Ta タンタル	74 W タングステン	75 Re レニウム	76 Os オスミウム	77 Ir イリジウム	78 Pt 白金	79 Au 金	80 Hg 水銀	81 Tl タリウム	82 Pb なまり	83 Bi ビスマス	84 Po ポロニウム	85 At アスタチン	86 Rn ラドン
7	87 Fr フランシウム	88 Ra ラジウム	89～103	104 Rf ラザホージウム	105 Db ドブニウム	106 Sg シーボーギウム	107 Bh ボーリウム	108 Hs ハッシウム	109 Mt マイトネリウム	110 Ds ダームスタチウム	111 Rg レントゲニウム	112 Cn コペルニシウム	113 Nh ニホニウム	114 Fl フレロビウム	115 Mc モスコビウム	116 Lv リバモリウム	117 Ts テネシン	118 Og オガネソン

57 La ランタン	58 Ce セリウム	59 Pr プラセオジム	60 Nd ネオジム	61 Pm プロメチウム	62 Sm サマリウム	63 Eu ユウロピウム	64 Gd ガドリニウム	65 Tb テルビウム	66 Dy ジスプロシウム	67 Ho ホルミウム	68 Er エルビウム	69 Tm ツリウム	70 Yb イッテルビウム	71 Lu ルテチウム
89 Ac アクチニウム	90 Th トリウム	91 Pa プロトアクチニウム	92 U ウラン	93 Np ネプツニウム	94 Pu プルトニウム	95 Am アメリシウム	96 Cm キュリウム	97 Bk バークリウム	98 Cf カリホルニウム	99 Es アインスタイニウム	100 Fm フェルミウム	101 Md メンデレビウム	102 No ノーベリウム	103 Lr ローレンシウム

図２　周期表

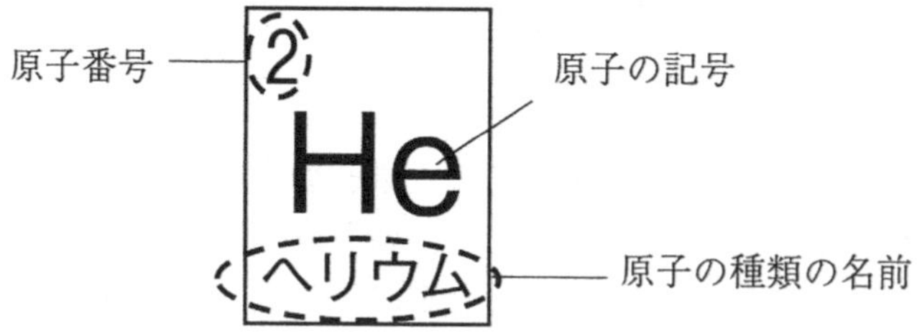

図３

表1　原子番号と原子の記号，原子名の一覧表

番号	記号	原子名	番号	記号	原子名	番号	記号	原子名
1	H	水素	41	Nb	ニオブ	81	Tl	タリウム
2	He	ヘリウム	42	Mo	モリブデン	82	Pb	なまり
3	Li	リチウム	43	Tc	テクネチウム	83	Bi	ビスマス
4	Be	ベリリウム	44	Ru	ルテニウム	84	Po	ポロニウム
5	B	ホウ素	45	Rh	ロジウム	85	At	アスタチン
6	C	炭素	46	Pd	パラジウム	86	Rn	ラドン
7	N	ちっ素	47	Ag	銀	87	Fr	フランシウム
8	O	酸素	48	Cd	カドミウム	88	Ra	ラジウム
9	F	フッ素	49	In	インジウム	89	Ac	アクチニウム
10	Ne	ネオン	50	Sn	スズ	90	Th	トリウム
11	Na	ナトリウム	51	Sb	アンチモン	91	Pa	プロトアクチニウム
12	Mg	マグネシウム	52	Te	テルル	92	U	ウラン
13	Al	アルミニウム	53	I	ヨウ素	93	Np	ネプツニウム
14	Si	ケイ素	54	Xe	キセノン	94	Pu	プルトニウム
15	P	リン	55	Cs	セシウム	95	Am	アメリシウム
16	S	いおう	56	Ba	バリウム	96	Cm	キュリウム
17	Cl	塩素	57	La	ランタン	97	Bk	バークリウム
18	Ar	アルゴン	58	Ce	セリウム	98	Cf	カリホルニウム
19	K	カリウム	59	Pr	プラセオジム	99	Es	アインスタイニウム
20	Ca	カルシウム	60	Nd	ネオジム	100	Fm	フェルミウム
21	Sc	スカンジウム	61	Pm	プロメチウム	101	Md	メンデレビウム
22	Ti	チタン	62	Sm	サマリウム	102	No	ノーベリウム
23	V	バナジウム	63	Eu	ユウロピウム	103	Lr	ローレンシウム
24	Cr	クロム	64	Gd	ガドリニウム	104	Rf	ラザホージウム
25	Mn	マンガン	65	Tb	テルビウム	105	Db	ドブニウム
26	Fe	鉄	66	Dy	ジスプロシウム	106	Sg	シーボーギウム
27	Co	コバルト	67	Ho	ホルミウム	107	Bh	ボーリウム
28	Ni	ニッケル	68	Er	エルビウム	108	Hs	ハッシウム
29	Cu	銅	69	Tm	ツリウム	109	Mt	マイトネリウム
30	Zn	あえん	70	Yb	イッテルビウム	110	Ds	ダームスタチウム
31	Ga	ガリウム	71	Lu	ルテチウム	111	Rg	レントゲニウム
32	Ge	ゲルマニウム	72	Hf	ハフニウム	112	Cn	コペルニシウム
33	As	ヒ素	73	Ta	タンタル	113	Nh	ニホニウム
34	Se	セレン	74	W	タングステン	114	Fl	フレロビウム
35	Br	しゅう素	75	Re	レニウム	115	Mc	モスコビウム
36	Kr	クリプトン	76	Os	オスミウム	116	Lv	リバモリウム
37	Rb	ルビジウム	77	Ir	イリジウム	117	Ts	テネシン
38	Sr	ストロンチウム	78	Pt	白金	118	Og	オガネソン
39	Y	イットリウム	79	Au	金			
40	Zr	ジルコニウム	80	Hg	水銀			

問１　図２の周期表にある原子番号は，どのようなことからこの番号になっていると考えられますか。

問２　[あ]にあてはまる原子の名前を，図２の周期表の中から１つ選び，答えなさい。

問３　フッ素と性質の似ている原子を次のア～オから１つ選び，記号で答えなさい。

ア．酸素
イ．ネオン
ウ．ヨウ素
エ．マグネシウム
オ．水素

問４　空気中のヘリウムと酸素の重さを比べることにします。資料１と資料２をもとに，酸素の重さはヘリウムの何倍になるかを考えます。【求め方】にある（　a　）は，「酸素原子１個の原子核の重さ」という言葉を必ず使い，求め方もふくめて説明し，（　b　）は数を答えなさい。

資料２　空気中のヘリウムと酸素

	ヘリウム	酸素
⊕と●の個数の比率	１：１	１：１
空気中に存在するときのようす （これらが空気中に無数に存在している）	ヘリウム原子１個で存在  	酸素原子２個で存在 

※⊕１つと●１つの重さは同じ重さとする
※ヘリウム原子と酸素原子の⊕１つと●１つの重さは変わらないものとする

【求め方】

⊕１つと●１つの重さを，それぞれ１とすると，空気中にあるヘリウム原子の原子核の重さは４と表せます。同じように考えると，空気中にある酸素は，酸素原子２個が結びついたもので，その重さは（　　　　a　　　　）と表せます。だから，空気中の酸素の重さは，空気中のヘリウムの重さの（　　b　　）倍になります。

令和5(2023)年度

入試Ⅱ(適性検査型)

適　性　1

1月10日(火)

(50分)

受験上の注意

・試験開始まで問題用紙にも解答用紙にも手をふれてはいけません。
・用紙の決められた欄《らん》に，受験番号を書いてください。
・解答は解答用紙のわくの中にていねいな字で記入してください。
・筆記用具や定規《じょうぎ》，コンパスの貸し借りはいけません。
・解答用紙・問題用紙は回収しますので持ち帰らないでください。
・質問があるときや，筆記用具などを落としたとき，印刷が悪くて字がはっきりしないところなどがあれば，手を挙げて監督《かんとく》の先生の指示にしたがってください。
・答えを求める筆算は，問題用紙の空いている部分を使ってください。
・問題に出ていない数字を使うときは，その数字の意味が分かるように式を立てたり，説明を書いたりして答えを求めなさい。

広島国際学院中学校

1. 太郎《たろう》さんと花子さんは，プログラムによって動くロボットを操作し，図１のスタート（Ｓの位置）からゴール（Ｇの位置）まで到達させたいと考えています。次の会話文を読んで，あとの各問いに答えなさい。

図１

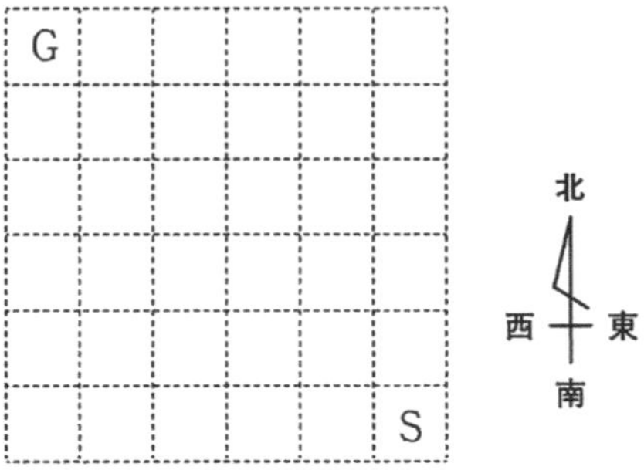

太郎さん：「図１のＳの位置にいるロボットはプログラムによって動くんだけど，命令の種類は以下の２つだよ。」

○：進行方向に対して，前に１マス進む。
△：進行方向に対して，時計回りに90度回転する。

花子さん：「最初は，ロボットが西の方向を向いている状態から始まるのね。どんな進み方をすればゴールまで行けるのか，興味があるわ。」

太郎さん：「いろんな進み方でゴール地点まで行けると思うけど，⑴最小のマスの移動でゴールまで行く進み方は何通りあるのかな。」

花子さん：「△の記号を何度も使っていいなら，たくさんありそうだね。でも，ロボットが北を向いているときに，進行方向を西に向けることはできるのかな。」

太郎さん：「△を３回使えば，できるんじゃないかな。」

花子さん：「そうすると，⑵△の記号を何度か使えば，進行方向を東西南北に変えられるのね。」

太郎さん：「そうだね。仮に，次のプログラムのときには，ロボットは図２のようにマスを移動して，進行方向を３回変えたことになるね。」

図２

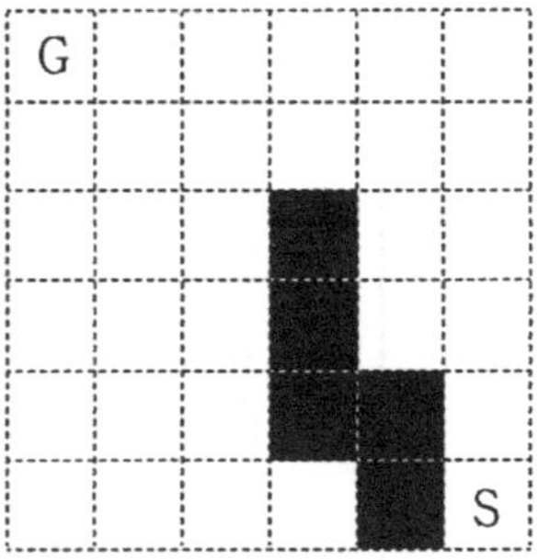

プログラム：○△○△△△○△○○

問１　会話文中の下線部(1)について，Ｓの位置からＧの位置まで最小のマスの移動で到《とう》達《たつ》するプログラムとして正しいものをすべて選び，記号で答えなさい。

ア．△○△△△○△○△△△○△○△△△○△○△△△○△○△△△○

イ．○○○○△○△△△○△○○○○

ウ．○○○△△△○○○△○○○○

エ．○△○○○△△△○△○○△△△○○○○

オ．△○○○△△△○△○○△△△○○○○

カ．○○△○○△△△○○○△○△△△○△○

問２　会話文中の下線部(2)について，進行方向を２回変えて，Ｓの位置からＧの位置まで最小のマスの移動で到達する方法は何通りありますか。また，そのときのプログラムを１つ答えなさい。

問３　進行方向を奇《き》数《すう》回《かい》変えて，Sの位置からGの位置まで最小のマスの移動で到達するとき，最後に進行方向を変える可能性があるマスすべてに×印を書き入れなさい。

2. 太郎《たろう》さんと花子さんは，自分たちの学校の小学５年生と６年生の読書の傾向《けいこう》を調査することにしました。次の会話文を読んで，あとの各問いに答えなさい。

太郎さん：「小学生がどのくらい読書をするのか調べるために，５年生と６年生にアンケート調査を実施《じっし》したよ。」

花子さん：「どんなアンケートをしたの。」

太郎さん：「まずは，本の種類を小説とマンガに分けて，それぞれについて，１週間に何冊読んだのかを聞いたよ。今，その結果を表１にまとめている途中《とちゅう》なんだ。」

花子さん：「５年生と６年生の人数は違うけど，どちらの学年にも本を７冊以上読んだ人はいなかったんだね。」

太郎さん：「うん。面白いことに，小説の平均読書量とマンガの平均読書量は，それぞれ５年生と６年生でまったく同じ値になったんだ。」

表１

１週間あたりの読書量（冊）	人数			
	５年生		６年生	
	小説	マンガ	小説	マンガ
0	3	8	9	（　イ　）
1	6	7	0	10
2	10	7	（　ウ　）	1
3	12	3	12	1
4	9	7	0	1
5	8	6	2	11
6	2	12	10	9
計	50	50	（　ア　）	（　ア　）
平均読書量	3	3.2		

問１　表１の５年生について，１週間に小説を２冊以上読んだ人の割合と，１週間にマンガを２冊以上読んだ人の割合は，それぞれ全体の何％か求めなさい。

問２　表中の（　ア　）～（　ウ　）に当てはまる数字を答えなさい。

花子さん：「そういえば，表1のアンケートをとったときに，欠席をしていた生徒がいたね。」

太郎さん：「後日，その生徒にもアンケートをとったよ。そのときに欠席をしていた生徒は5人で，全員5年生の生徒だったよ。」

花子さん：「アンケートの結果はどうだったの。」

太郎さん：「詳《くわ》しくは覚えていないけど，欠席をしていた5人の，1週間あたりの小説の読書量の平均は4冊だったよ。」

問3　欠席者を含《ふく》めたときの，5年生の小説の平均読書量を答えなさい。ただし，答えは小数第2位を四捨五入した数字で答え，その求める過程を，言葉と数式を用いて説明しなさい。

3. 太郎《たろう》さんと花子さんは，いろいろな立体に絵具《えのぐ》を塗《ぬ》ることについて話をしています。次の会話文を読んで，あとの各問いに答えなさい。

太郎さん：「まずは，図１の直方体の積み木に色を塗ろう。１cm^2の面を塗るのに，１mLの絵具が必要みたいだよ。」

花子さん：「直方体は全部で６つの面があるよね。全部の面を違《ちが》う色にしたいなあ。」

太郎さん：「絵具は赤・青・黄の３色しかないから，絵具を混ぜて別の色を作ろうか。」

花子さん：「赤の絵具１mLと青の絵具１mLを混ぜると，紫《むらさき》の絵具が２mLできるよ。」

太郎さん：「同じ手順で，赤１mLと黄１mLでオレンジが２mLできるし，青１mLと黄１mLで緑が２mLできるね。」

花子さん：「これで赤・青・黄・紫・オレンジ・緑の６色が用意できたね。」

図１

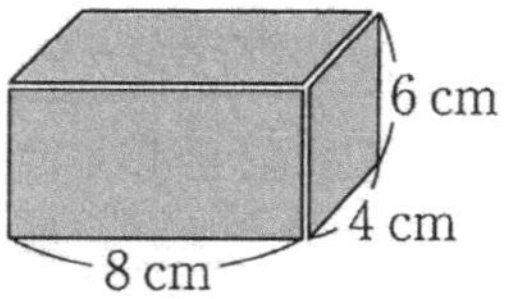

問１　図１の直方体の６面を，用意した６色の絵具を使って，すべて違う色で塗ります。赤の絵具の量が最も少なくなるようにするとき，赤の絵具が何mL必要になるか答えなさい。また，その求める過程を，言葉と数式を用いて説明しなさい。

令和5(2023)年度

入試Ⅱ(適性検査型)

適　性　2

1月10日(火)

(45分)

受験上の注意

・試験開始まで問題用紙にも解答用紙にも手をふれてはいけません。
・用紙の決められた欄《らん》に，受験番号を書いてください。
・解答は解答用紙のわくの中にていねいな字で記入してください。
・筆記用具の貸し借りはいけません。
・解答用紙・問題用紙は回収しますので持ち帰らないでください。
・質問があるときや，筆記用具などを落としたとき，印刷が悪くて字がはっきりしないところなどがあれば，手を挙げて監督《かんとく》の先生の指示にしたがってください。
・記述問題において，特に指定がなければ，かぎかっこ(「　」)や句読点(、。)なども１字に数えます。

広島国際学院中学校

1. 太郎《たろう》くんは，学校でSDGsのターゲット３「すべての人に健康と福祉《ふくし》を」について調べることになりました。そこで太郎くんは，次の資料１・資料２を取り上げて，この目標を考えることにしました。資料１・資料２は，世界の子どもの死亡率の現状に関するものです。これらの資料を見て，どのような問題点があるか，資料１からは地域的な特徴《とくちょう》，資料２からは考えられる問題点と解決策を参考にして，あなたの考えを80字以上，100字以内でまとめなさい。

資料１　世界の乳児死亡率

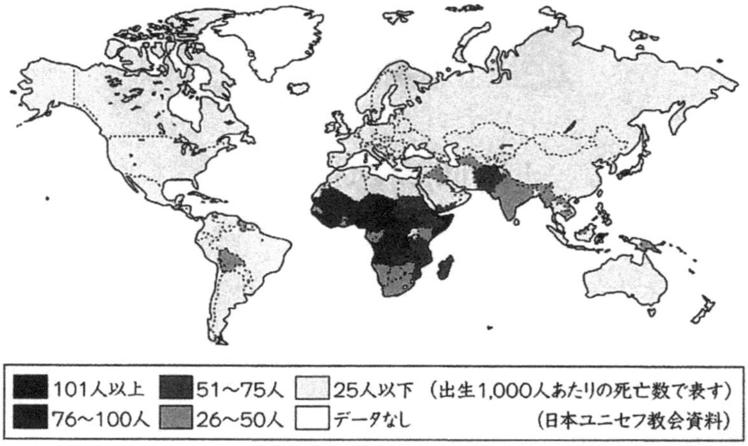

資料２　「世界の子どもの現状《げんじょう》」

2018年に亡くなった15歳《さい》未満の子どもは620万人にのぼります。そのうち530万人は５歳未満で亡くなっており，さらにその約半数が生後１カ月以内に亡くなっています。また，2017年に妊娠《にんしん》中あるいは出産時に※合併症《がっぺいしょう》により亡くなった女性は29万人以上にのぼりました。

女性や新生児にとって最も命のリスクが高いのは，出産中あるいはその直後です。最新の推定によれば，毎年280万人の妊婦と※新生児が，ほとんどの場合，予防可能な要因で亡くなっています。言い換《か》えれば，11秒に１人が命を落としているのです。子どもたちは，早産あるいは未熟児であったり，出産中の合併症や先天的欠陥《けっかん》があったり，感染症にかかったりした場合は特に，生後１カ月以内で亡くなるリスクが最も高くなります。

「世界のどこでも，出産は喜びを分かち合う機会です。しかし11秒に１回の割合で，出産が家族の悲劇となっているのです」と，ユニセフ事務局長のヘンリエッタ・フォアは語っています。「出産時に母親と新生児をサポートする専門技能を有する保健・医療《りょう》従事者の立会いや，清潔な水，十分な栄養，基礎《きそ》的《てき》な医薬品やワクチンがあるかどうかが，生死の結果を逆転させるのです。尊《とうと》い命を救うため，※国民皆保険《かいほけん》制度への投資《とうし》に必要なすべてのことに取り組まなければなりません」。

日本ユニセフ協会ニュースホームページより引用

※合併症：ある疾患（病気）にともなって起こった他の疾患
※新生児：生後4週間以内の子ども
※国民皆保険：すべての国民を公的医療保険（医療費の一部を公的な機関が負担する制度）の対象にする考え方

2. 花子さんと太郎《たろう》くん，先生は，次のような会話をしています。〔会話文〕を読み，あとの問いに答えなさい。

〔会話文〕

先生　　：2022年４月から成人年齢《ねんれい》が引き下げられたことを知っていますか？

太郎くん：はい。ニュースで報道されているのを見ました。実際はどのように変わるのですか？

花子さん：私，少し知っています。私には18歳《さい》になった高校３年生の兄がいますが，昨年行われた，参議院議員の選挙に行っていました。このように18歳でも投票ができるようになったようです。

先生　　：そうです。18歳以上に選挙権が与《あた》えられました。これをうけて高等学校などでは数年前から，主権者《しゅけんしゃ》教育と言って，社会科の授業とは別に選挙に関する授業が行われるようになりました。

太郎くん：なんだか難しそうですね。

先生　　：これはとても大切なことなのです。最近では，選挙の投票率が大きな課題になっています。

花子さん：この投票率の問題は，兄が投票に行ったときにニュースで報道されていました。確か，投票率が低かったと報道されていました。

先生　　：そうですね。現在は選挙権が拡大されていますが，昔はそうではなかったのです。二人はいつから選挙権が与えられたか知っていますか？

太郎くん：はい。1889年に日本で初めての憲法である大日本帝国《ていこく》憲法が制定されたときですよね。

先生　　：そうです。その当時は，有権者は，税金を15円以上納めている25歳以上の男子のみでした。そのあとはどのように変化したか知っていますか？

花子さん：納税額が15円以上から10円以上へ，10円以上から３円以上へと，少なくなっていきました。

先生　　：正解です。そして1925年には納税額による制限がなくなり，25歳以上の男子全員に選挙権が与えられ，以後20年間この状態が続きました。

太郎くん：そうだったのですね。とても勉強になりました。では，その後はどのように変わっていったのですか？

先生　　：とても良い質問ですね。図1を見てください。これは第二次世界大戦直後までの有権者数を示しています。これを見ると，1945年には有権者数が大きく伸《の》びていることがわかります。

花子さん：1925年から2倍以上に伸びている…どうしてでしょう？

太郎くん：何か理由はありますか？

先生　　：はい。とくに第二次世界大戦後には新しく憲法が制定されて参政権の内容も新しくなりました。

太郎くん：日本国憲法ですよね。国民主権・基本的人権の尊重・平和主義が基本原理になっていますよね。これで国民中心の政治が重視されるようになったのですよね。

先生　　：太郎くん，よく知っていますね。その中で，参政権は年齢制限が引き下げられたことや他にも改正点があり，有権者数が大幅《おおはば》に拡大したのです。

花子さん：なるほど…それで今では，投票率の低下もあって，70数年ぶりの公職選挙法の改正で選挙権年齢が満18歳以上に引き下げられたのですね。

先生　　：それから，表1は1946年に戦後初めての衆議院議員選挙が行われたときの投票結果です。

花子さん：今とずいぶん政党の名前が違《ちが》うのですね。

先生　　：そうです。今と昔では政党の名前も特徴も違っています。そして衆議院議員の議席数も468議席で，現在の数値と違っています。しかし，実際の議席数は466議席でした。

太郎くん：どうして実際の議席数と違うのですか。

先生　　：表1を見ると，欠員がありますよね。これは，議員の辞職や死亡などにより，議席に欠員が出たためです。この時に，沖縄県には欠員が2議席ありました。その理由は，当時沖縄県は，［　　A　　］から，選挙が行われなかったのです。そのため，議員が少なかったのです。

太郎くん：そういえば今年で沖縄が，日本に返還《へんかん》されて50周年を迎えましたね。太平洋戦争が終わってから1972年に日本に返還されるまでの間，沖縄県に行くためにはパスポートが必要だったと聞きました。

花子さん：あと，今でも沖縄県では，当時の影響からその国の基地があって，これも課題の一つになっていると聞いたことがあります。沖縄県に関することもこれからの日本を考える重要な視点ですね。

図１　全人口にしめる有権者数（万人）

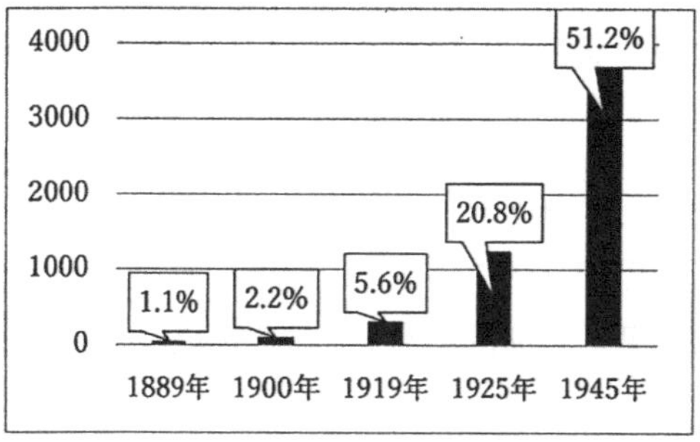

『人口統計資料（2004）』より作成

表１　1946年衆議院議員選挙の議席数

日本自由党	
日本進歩党	94
日本社会党	93
日本協同党	14
日本共産党	5
諸　派	38
無　所　属	81
欠　員	2

衆議院ホームページより作成

(1)　①　1945年の有権者数は，1925年に比べて有権者の割合が著しく増加しています。この期間の主な改正点を，改正前との違いを明確にして具体的に２つ書きなさい。

②　日本自由党の議席数が議席数全体に占める割合を計算しなさい。その場合，小数点以下は四捨五入をして整数で答えなさい。なお単位は％とします。

③　会話文中［　A　］に当てはまる内容を答えなさい。

〔会話文〕

太郎くん：ところで，投票率が下がるとどのような影響がありますか？

先生　　：政治への無関心が示されたり，民意が政治に反映されなかったりします。これはつまり，国民の意思が政治に反映されずに「民主主義の基本」が成り立たなくなることです。

花子さん：民主主義が成り立たなくなると大変ですよね…。

先生　　：そうです。実は今も民意の反映程度が心配されています。毎年，内閣府が出している「社会意識に関する世論調査」をみるとその結果がわかります。

太郎くん：毎年，きちんと調査されているのですね。

先生　　：もちろんです。例えば，令和３年度の「国の政策への民意の反映程度」を示した図２を見てください。

図２　国の政策への民意の反映程度

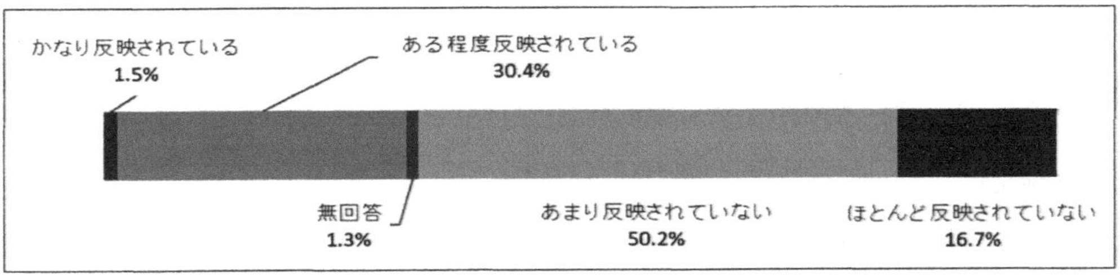

（内閣府『世論調査』より作成）

先生　　：これをみると，「反映されていると思う」が31.9％で，「反映されていないと思う」が66.9％になっています。現在の政策に民意が反映されていないと感じている人が多いようですね。

花子さん：民意の反映について心配になってきます。選挙の投票率が下がってしまうことにもつながってしまうかもしれませんね。

先生　　：その通りです。ではどのようにしたら投票率が伸びると思いますか。

太郎くん：せっかく選挙権年齢が満18歳以上にまで引き下げられたのだから，若い人たちの選挙への関心を高めることが必要ですね。

先生　　：そうです。将来，有権者となる人たちに関心を持ってもらう必要がありますね。国民の意思を反映させるにはどのようにしたらよいか，図３を見ながら考えてみましょう。

図３　国の政策に民意を反映させるための考え

どのようにすれば民意が国の政策に反映されるだろうか？

≪アイディア≫

・政府が世論の結果を政治にいかす。
・政治家が国民の意見をよく聞く。
・政治家が公約をわかりやすく国民に示す。
・国民が国の政策にもっと関心をもつ。
・国民が実際に［　　B　　］。
・国民が政治家および政治団体に意見や提案を出す。
・国民が政治に関するテレビ番組をみる。
・国民が候補者に政治に関する質問をする。
・インターネットや本から政治に関する知識を学ぶ。

(2) 民意を国政に反映させるにはどのような方法がありますか。以上の会話文からわかることを用いて，［　　B　　］に当てはまる内容を考えて書きなさい。

〔会話文〕

花子さん：実際に，選挙権年齢が満18歳以上に引き下げられても，若い世代に政治に関心をもってもらうのは難しいし，意見が違う政党がある中で国の政策を民意に反映させることも難しいですね。

先生　　：その通りです。だからこれからの社会は，あなたたちのような政治に関心のある人たちを増やすことが大きなポイントになるのです。

太郎くん：それでは，僕《ぼく》もがんばって勉強します。それから，今の日本は高齢社会や人口減少社会とも呼ばれているので，若い世代の人口が少なくなっていることも心配ですね。

先生　　：太郎くんが言う通りですね。

花子さん：若い世代の人が少なくなったら大変ですね。何かいい方法を考えなければなりませんね。

先生　　：もしかすると，近年の政治では若い世代に有利な政策を主張することも必要になってくるかもしれませんね。

花子さん：そうだと思います。

先生　　：さっき太郎くんが心配したように高齢社会について考えてみたいと思います。表2を見てください。表2は，65歳以上の家族類型別世帯数の割合を示したものです。

太郎くん：1980年って，およそ40年前ですよね。この40年間で大きく変わったことが一目でわかりますね。

花子さん：私も気がつきましたよ。それにしても家族のあり方も高齢社会と大きく関係があるのですね。

先生　　：二人ともいいところに目がいきましたね。きっとこれからの日本社会では，このように家族のあり方を考えることが必要になってきますね。高齢社会の進行に伴《ともな》って，少子化も進んでいますからね。

2

問1	小説 %	マンガ %	
問2	ア	イ	ウ
問3	冊		
	求める過程		

※

3

問1	mL		
	求める過程		
問2	個	問3	mL

※

受験番号		総点	※ ※100点満点 （配点非公表）

（※印欄は記入しないこと）

令和5(2023)年度　入試Ⅱ（適性検査型）
（適性１）　解　答　用　紙　②

4

問1

問2

問3

水の体積〔mL〕	0	50	100	150	200
ミョウバンの量〔g〕	0				

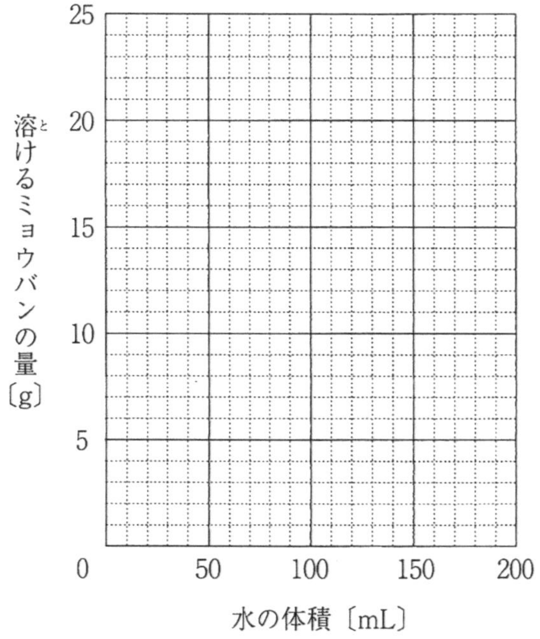

※

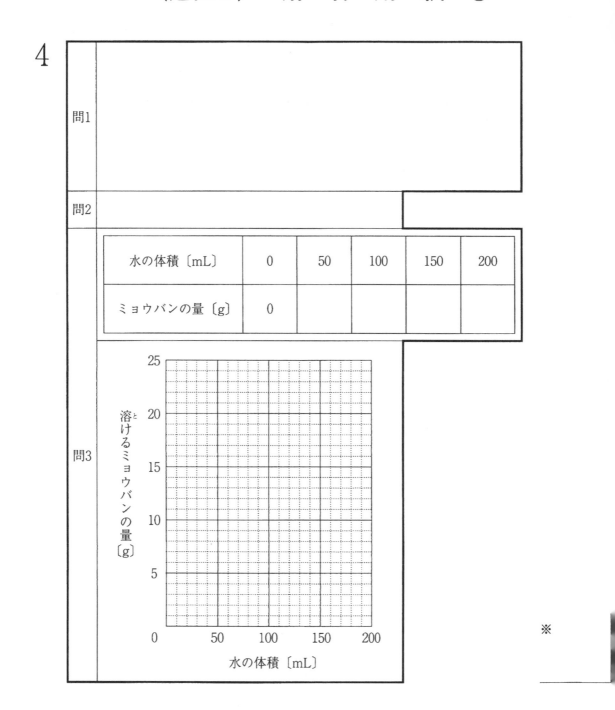

(1)	①	
	②	
	③	
(2)		
(3)		

※

受験番号		総点	※ ※100点満点 （配点非公表）

（※印欄は記入しないこと）

3

※

令和五（二〇二三）年度
入試Ⅱ（適性検査型）
（適性２）解答用紙 ②

受験番号
総　　　点
※

（※印欄は記入しないこと）

※すべてたてがきで答えなさい。

3

1

A

B

2

※

※

令和５（２０２３）年度
入試Ⅱ（適性検査型）
（適性２）　解　答　用　紙　①

1

80

100

※

【解答

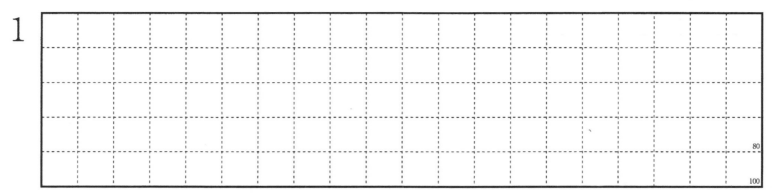

5

問1	
問2	
問3	

※

受験番号		総点	※

（※印欄は記入しないこと）

令和5(2023)年度　入試Ⅱ（適性検査型）
（適性１）　解　答　用　紙　①

1

問1	
問2	通り
	プログラムの例
問3	（下の方眼）

G					
					S

※

表2　65歳以上の家族類型別世帯数の割合（単位：%）

調査年	家族類型				
	一人暮らし	夫婦のみ	夫婦と未婚の子	※三世代	その他
1980年	10.7	16.2	10.5	50.1	12.5
1990年	14.9	21.4	11.8	39.5	12.4
2000年	19.7	27.1	14.5	26.5	12.3
2010年	24.2	29.9	18.5	15.4	11.2
2019年	28.8	32.3	20.0	9.4	9.5

（令和4年版『高齢社会白書』より作成）

※三世代：三つ以上の世代（祖父母，父母，子）が同居している世帯

花子さん：これからの日本はどうなるのだろう…。私たちがもっと真剣《しんけん》に考えないといけないですね。

先生　　：そうです。せっかく18歳にまで成人年齢が引き下げられたので君たちがもっと責任をもって生活していかないといけませんね。

(3)　1980年から2019年にかけて，特に大きく変化した家族類型を2つ取り上げ，それがどのように変化したか具体的に書きなさい。

3. 次の文章を読んで，後の問いに答えなさい。

①友だち関係というのは、とても流動的です。

環境《かんきょう》や状況《じょうきょう》が変われば、友だちとの関係も変わります。

「ずっと友だちでいよう」

と言っていても、クラス替《が》えで別々《べつべつ》のクラスになったら、いままでと同じようには一緒《いっしょ》にいられません。

進学した学校が別々だったら、会う機会も少なくなります。

それぞれの置かれた環境《かんきょう》のなかで、新しい友だちができるのが自然なこと。

そのときどきで、友だちは変わっていっていいのです。

ぼく自身振《ふ》り返ってみると、中学時代はそれほど親しくなかったけれど、大人になってからウマが合い、よく会うようになった友人もいます。

大人になると、どういう仕事をしているか、独身《どくしん》なのか結婚《けっこん》して家族がいるのかといったことも、友だちになりやすさに影響《えいきょう》してきます。

中高生の時期は、いまの自分にとってどうなのかということに意識《いしき》が集中しがちですが、友だち関係というものは、いまがすべてではありません。

ですから、いま、友だちとうまくいかなくてつらい思いをかかえている人も、友だちがなかなかできないと悩《なや》んでいる人も、この状態《じょうたい》が永遠《えいえん》につづくわけではない、ということを心にとめておいてください。

たとえば、狭《せま》い人間関係のなかで意地悪《いじわる》をしたり、仲間はずれにしたりするというケースは中学生がもっとも多く、高校生になるとグッと減《へ》ります。

大学生になると、受講《じゅこう》科目もそれぞれバラバラですから、つねに同じメンバーで行動するという固着《こちゃく》した友だち関係もなくなっていき、いろいろな人に囲まれるようになります。

環境《かんきょう》が変わるときは、新たな人間関係を築《きず》くチャンスです。

ただ、友だち関係で傷《きず》ついた経験《けいけん》をもつ人は、「人づきあいがうまくできない」「また、イヤな思いをすることになるのではないか」という不安が強く、対人関係に自信をもてなくなってしまうことがあります。

その自信のなさが、②ネガティブなものを引き寄《よ》せて、また同じようなことがくり返されてしまいやすくなります。

だから、人づきあいを自分の弱点にしておかないほうがいいのです。
自分に自信をもてるようにするにはどうしたらいいのか。
ぼくが勧《すす》めたいのは、「好きなものにハマる」ことです。
「好きなものにハマる」ことが、どうして自信になり、人づきあいの役に立つのか。
好きなことに熱中しているときは、ひとりでいてもさびしいと感じないものです。
友だちづきあいがうまくいかないことに悩《なや》んでいる人でも、夢中《むちゅう》になって打ち込《こ》めるものがあると、その時間は充実《じゅうじつ》していて楽しいから、不安やさびしさをあまり感じずにいられます。
「友だちいないと不安だ症候群《しょうこうぐん》」になりやすいのは、夢中《むちゅう》になれることをもっていない人、まだ見つけられずにいる人が多いのです。
いまの自分自身の課題は、不安にならない方法を探《さが》すことだと考えて、何かハマれるものを見つけてみる。
たとえば、いいなと思うマンガ。
「この作品、好きかも」と思ったら、その作者の描《か》いたほかのマンガを片《かた》っ端《ぱし》から読んでみるといいですよ。
ある曲を好きになったら、そのミュージシャンの曲をいろいろ聴《き》くようになるでしょう。
それと同じように、自分の「いいな」「好きかも」という感性《かんせい》にひっかかってきたものを深掘《ふかぼ》りしていくんです。
すると、
「このミュージシャンがコラボしている人の曲も聴《き》いて、好きになった」
「別の作家のだけど、こういうのも読んでみたくなった」
などと、どんどん世界が広がっていきます。
何かにハマると、それについてもっと見たい、聴《き》きたい、知りたい……と興味《きょうみ》がわいてきて、時間が足りないくらいになります。
ひとりでいてもさびしくないな、全然平気だな、と思えるようになる。
これ、自分というものを確立《かくりつ》していくための大事な一歩なんです。
ひとりの時間を楽しむ力、ひとりでいても平気な力がつく
→自己肯定感《じここうていかん》がわいてくる
→自分に自信ができる

最初から「好き」というものでなくてもいいんですよ。

前からやってみたいと思っていたことに挑戦《ちょうせん》してみる。

いっそ勉強に集中してみるのもいいかもしれません。勉強することで成績《せいせき》が上がり、自分を肯定《こうてい》することにつながったという人も、けっこういます。

自分のエネルギーと時間を、友だち以外の何かに投入する。

エネルギーを、自分を深める方向に向ける。

そういう時間をもつことで、自分のなかに自立心や自信の芽ができてきます。

好きなものを通じて、③自分のなかに何かしら「核《かく》」のようなものができると、友だち関係に頼《たよ》りきってしまうことがなくなります。

これが、友だちづきあい、人づきあいといった他者との関係において、バランスを保《たも》つ働きになるんです。

（齋藤孝「友だちってなんだろう？」より）

1．下線部①「友だち関係というのは、とても流動的です」とありますが，この部分で筆者が伝えたかったことをまとめた以下の文について，［A］・［B］に当てはまる言葉を，［A］は2字，［B］は7字で本文中からぬき出しなさい。

いままでの友だち関係に［A］するのではなく，［B］を作り上げていってかまわないということ。

2．下線部②「ネガティブなもの」とありますが，これと対照的な言葉を，本文中から5字でぬき出しなさい。

3．下線部③「自分のなかに何かしら『核』のようなものができると、友だち関係に頼りきってしまうことがなくなります」と筆者は述べていますが，自分の中に「核」ができると友だち関係に頼りきらなくなるのはなぜですか。また，自分の中に「核」ができることにより，友だちとともに中学校生活を送っていく中であなたにとってどのような良いことがあると思いますか。次の条件に従ってあなたの考えを書きなさい。

〔条件〕

(1)　2段落で，250字以上300字以内で書くこと。

(2)　第1段落では，「核」ができると友だち関係に頼りきらなくなるのはなぜか，本文から読み取れる理由を書くこと。

(3)　第2段落では，第1段落で書いたことをふまえて，自分の中に「核」ができることにより，友だちとともに中学校生活を送っていく中であなたにとってどのような良いことがあると思うか，「友だち関係に頼り切らなくなる」以外の他の良いことを挙げて，あなたの考えを書くこと。そのとき，あなたがそう考える具体的な根拠についても述べること。

令和5(2023)年度

入試Ⅰ(4教科型)

算　　数

1月7日(土)

(50分)

受験上の注意

・試験開始まで問題用紙にも解答用紙にも手をふれてはいけません。
・解答は解答用紙のわくの中にていねいな字で記入してください。
・筆記用具や定規《じょうぎ》，コンパスの貸し借りはいけません。
・解答用紙･問題用紙は回収しますので持ち帰らないでください。
・質問があるときや，筆記用具などを落としたとき，印刷が悪くて字がはっきりしないところなどがあれば，手を挙げて監督《かんとく》の先生の指示にしたがってください。
・割り切れない数のときは，できるだけ簡単な分数で答えてください。
・問題用紙のあいたところや，この用紙の裏を計算のために使ってもかまいません。
・円周率は3.14とします。

広島国際学院中学校

1. 次の□にあてはまる数を答えなさい。

(1) $2023 \div \frac{17}{2} \times \left(\frac{1}{7} \div 0.25 + \frac{4}{17}\right) = \square$

(2) 分速 250 m で 42 km 走ると□時間□分かかりました。

(3) ある中学校の入学試験で受験者の 5 分の 3 が合格しました。合格者の平均点は□点で受験者全体の平均点よりも 4 点高く，不合格者の平均点は 40 点でした。

(4) 右の図のように長方形状のテープを折り目 AB に沿って折り返しました。このとき，角(あ)の大きさは □ 度です。

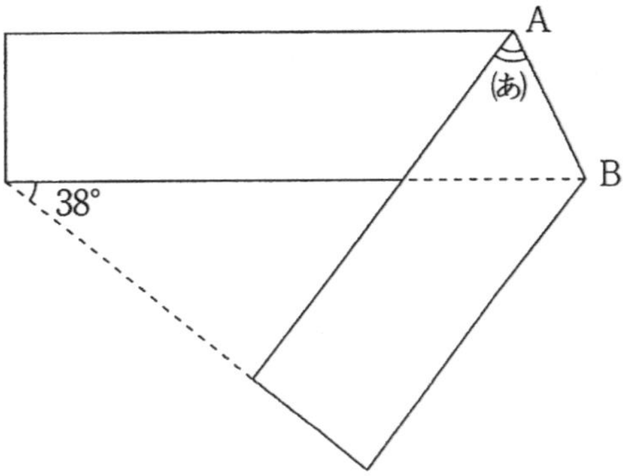

(5) 右の図は半径 6 cm の円で，A ～ F は円周を 6 等分する点です。
図の斜《しゃ》線部分の面積の和は □ cm^2 です。

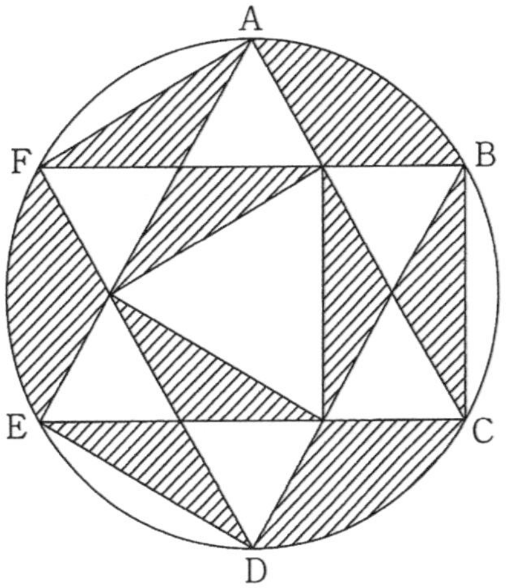

(6) ある整数を 6 で割ったときの商の小数第 1 位を四捨五入すると 4 になり，同じ数を 3 で割ったときの商の小数第 1 位を四捨五入すると 9 になります。このような整数は □ です。

2. ある仕事をするのにＡとＢの２人では４時間，ＢとＣの２人では６時間，ＣとＡの２人では３時間かかります。次の各問いに答えなさい。

(1) この仕事をＡ，Ｂ，Ｃの３人ですると，何時間何分かかりますか。

(2) １時間でするＡの仕事量とＢの仕事量の比を最も簡単な整数の比で求めよ。

(3) この仕事をＡが１人ですると，何時間何分かかりますか。

3. 文化祭で太郎さんのクラスはたい焼きを売ることにしました。仕入れ値が1個60円のたい焼きを200個仕入れ，1個あたりいくらかの利益を見こんで定価をつけて売りました。しかし，昼過ぎになっても売れ残りがあったため，売れ残ったたい焼きを1個90円に値下げして全部売りました。このとき，たい焼きを200個売ったことによる売上げの総額は24600円で，実際の利益は最初に見こんだ利益の70％でした。消費税などは考えないものとして，次の各問いに答えなさい。

(1) 最初に見こんだ利益の総額は何円ですか。

(2) 値下げした90円のたい焼きは，定価の何割引きの値段ですか。

(3) 定価で売った商品は何個ですか。

4. 太郎さんと花子さんがあるゲームについて話をしています。会話文を読んで，次の各問いに答えなさい。

太郎：花子さん，ゲームって好き？

花子：いろんなパズルをやってきたよ。特に好きなゲームはオセロかな。

太郎：そうなんだ。じゃあ，「ハノイの塔（とう）」って知ってる？

花子：やったことはないけれど，知ってるよ。3本の棒があって，1本の棒にささっているブロックをほかの棒へ移動させるときの回数を考えるパズルだよね。

太郎：そうそう。ブロックの段数を増やすとどうなっていくかを考えようよ。

（問）Aの棒にささったブロック全てを他の棒へ移動させるときの最小の移動回数は？ただし，ブロックの移動は以下のルールにしたがう。

ルール1：1回で1つのブロックしか動かせない。

ルール2：小さいブロックの上に大きいブロックを置くことはできない。

ルール3：移動するブロックは必ずいずれかの棒に差し込む。

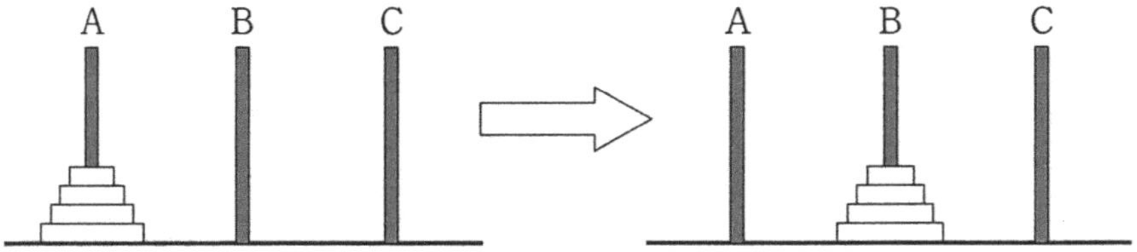

太郎：うん。ブロックが1段の時は［(ア)］回で移動できるね。これは楽勝だね。

花子：そうよね。ブロックが2段の時は3回で移動できるよ。

太郎：すごい！でも段数が多くなってくると実際に移動回数を数えるのは難しいから法則を考えてみよう。ブロック3段の時は［(イ)］回で移動できるね。

花子：3段の時の［(イ)］回って，［(イ)］＝3＋［(ウ)］＋3という関係式になっていないかな？

太郎：本当だね！4段の時もそうかな。確かに法則が当てはまるね。大発見だね。法則を上手く使えばブロックを15段，20段積む事になっても計算できそうだ。

花子：そうだね！算数って面白いね。もっともっと楽しんで勉強しようね。

(1) 会話文の (ア) ～ (ウ) に正しい数を入れなさい。

(2) Ａの棒にさしているブロックを上から（小さいブロックから）順に①，②，③，④，…と番号を付ける。また，Ｂの棒に①を移す事を①→Ｂと表記する。例えばブロックが２段のときは①→Ｃ，②→Ｂ，①→Ｂという３回の移動で２段のブロックをＢの棒に移動する事ができる。ブロックが４段のとき，何回でＣの棒に移すことができるか答えなさい。ただし，この問題は①→Ｂのような記号を使って考え方も解答用紙に書きなさい。

(3) 下線部の関係式を利用してブロックが10段のとき最小の移動回数を答えなさい。ただし，この問題は計算式や考え方も解答用紙に書きなさい。

5. 図のような直方体の水そうに，Aの管とBの管より水を入れます。また，水そうは底面に垂直な高さ30 cmの厚みのないしきり2枚で3つの部分に分けられています。水そうのアの部分に管Aから毎秒100 cm^3の割合で，イの部分に管Bから毎秒50 cm^3の割合で同時に水を入れ始めます。なお，水そうのウの部分には穴があいており，水が入ると穴から毎秒30 cm^3の割合でもれていきます。次の各問いに答えなさい。

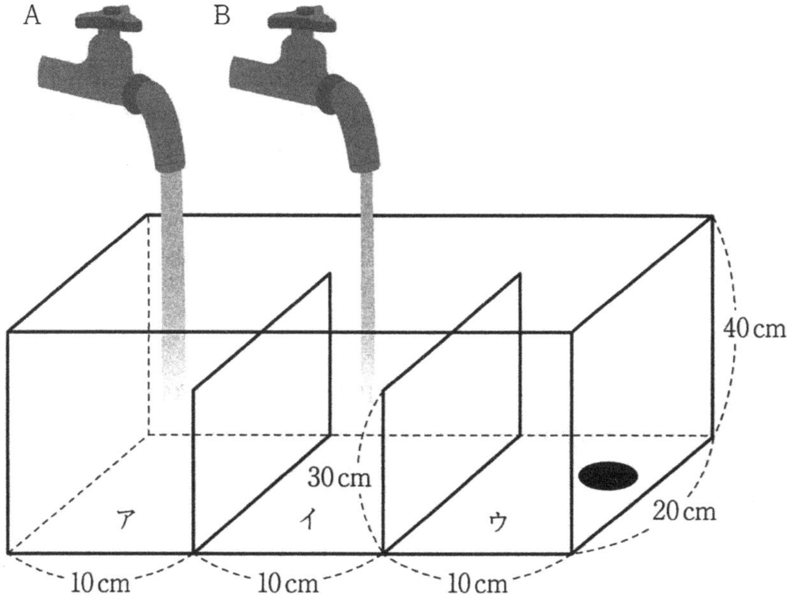

(1) 水を入れ始めてから1分後のアの部分の水面の高さを求めなさい。

(2) イの部分の水面の高さが18 cmになるのは，水を入れ始めてから何分何秒後ですか。ただし，この問題は計算式や考え方も解答用紙に書きなさい。

(3) この水そうが満水になるのは，水を入れ始めてから何分何秒後ですか。ただし，この問題は計算式や考え方も解答用紙に書きなさい。

花子さん：「次は図２のような規則で，一辺の長さが１cmの立方体の積み木を壁《かべ》の隅に順番に重ねてみよう。」

図２

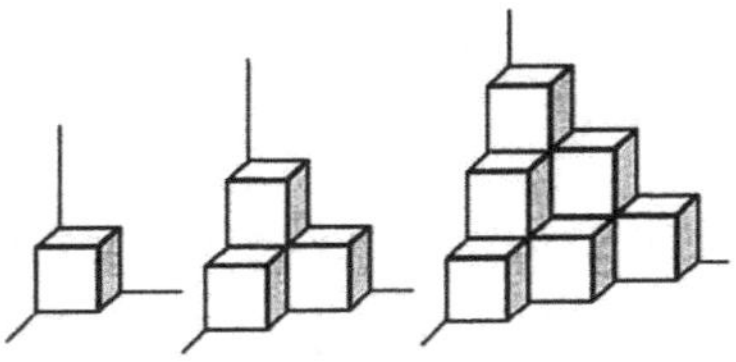

太郎さん：「図２の真ん中の図のように，段の数が２段のときは，上の段の積み木が１つ，下の段の積み木が３つだから，全部で積み木は４つになるね。」

花子さん：「積み木が２段のとき，見えている部分の積み木の数は３個だけど，その奥《おく》にもう１個積み木があるということね。」

太郎さん：「じゃあ，段の数が３段のときは，積み木の数は全部で［　　］個になるね。」

問２　会話文中の［　　］に当てはまる数字を答えなさい。

問３　図２と同じようにして，立方体の積み木を５段重ねて，見えている面だけを絵具で塗ることにしました。このとき，必要な絵具の量は何mLとなりますか。ただし，１cm^{2}の面を塗るのに，１mLの絵具が必要であるとします。

4. 太郎《たろう》さんは，夏休みに家族で海水浴をしに海に行きました。次の会話文を読んで，あとの各問いに答えなさい。

太郎さん：「今日はとても暑いね。砂浜《すなはま》もとても熱いね。早く海に入りたいな。」

お兄さん：「浮《う》き輪が砂浜に置いてあるから持ってくるね。」

太郎さん：「海の中は冷たくて気持ちがいいね。」

お兄さん：「そうだね。」

太郎さん：「(1)浮き輪を海に浮かせていたら，少ししぼんだような感じがしたよ。取ってきたときは，ぱんぱんだったはずなのだけれど。」

お兄さん：「それは浮き輪の中の空気の温度と体積が関係しているからだよ。ところで，前に作っておいたペットボトルロケットを持ってきたよ。」

太郎さん：「楽しそうだね。ペットボトルの中には何を入れるの。」

お兄さん：「空気と水だよ。図のように空気ポンプを使ってペットボトルロケットに空気を入れていき，発射スイッチを押《お》すと勢いよく飛ぶよ。」

太郎さん：「どうして飛ぶのかな。」

図

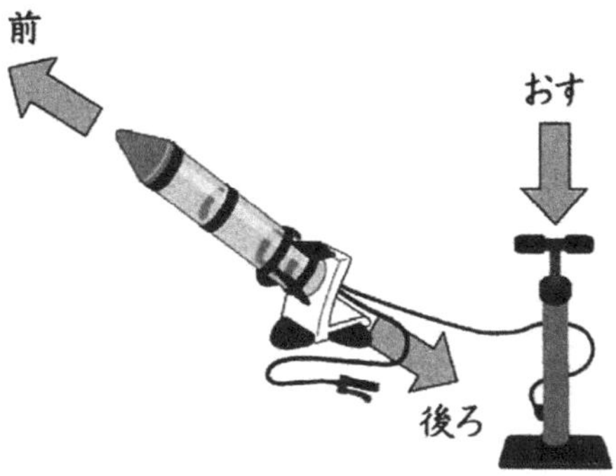

お兄さん：「あるものに力をくわえたとき，必ずその反対方向にも同じ大きさの力で押し返す力がはたらくんだ。例えば，風船をふくらませて，口を閉じないで手をはなすと，風船は勢いづいて飛び回るよね。風船の中の空気が後ろに噴射《ふんしゃ》される反動で，前に進むからだよ。ペットボトルロケットの場合，より安定して飛ばすために中に水を入れているよ。ペットボトルロケットに空気を入れると，ペットボトルの中の水が後ろに押されて，同時に，ペットボトルを前に押し返す力がはたらき，ロケットは前に飛びだすよ。」

太郎さん：「空気の性質が関係しているね。では，遠くまで飛ばすためには，(2)空気と水はどれくらいの割合で入れるとよいか考えてみよう。」

お兄さん：「ところで，海水には食塩が溶《と》けているのは知っているよね。」

太郎さん：「うん。口に入ったとき，しょっぱかったよ。水にはいろいろなものが溶けるけれど，(3)水に溶けるものの量には限界があるのかな。」

お兄さん：「では調べてみよう。」

問１　下線部(1)について，そのようになる理由を，「砂浜」と「海」という言葉を使って説明しなさい。

問２　下線部(2)について，太郎さんとお兄さんは，空気と水の量を変え，空気を入れる回数をすべて10回にしたときのペットボトルロケットが飛ぶ距離《きょり》を調べ，下の表にまとめました。表から，空気の量と水の量と飛ぶ距離との関係についてわかることを次のア～オからすべて選び記号で答えなさい。なお発射の角度は毎回同じであり，ペットボトルは500mLのものを使用したとします。

表

	水の量（mL）	空気の量（mL）	距離（m）
①	500	0	0
②	400	100	22
③	300	200	28
④	250	250	45
⑤	200	300	32
⑥	100	400	18
⑦	50	450	5

ア．空気の量が多ければ多いほど，飛ぶ距離は大きくなる。

イ．水の量が多ければ多いほど，飛ぶ距離は大きくなる。

ウ．空気の量が一定以上多くなると，飛ぶ距離は小さくなる。

エ．水の量が一定以上多くなると，飛ぶ距離は小さくなる。

オ．水も空気も量によって，飛ぶ距離は変わらない。

問３　下線部(3)について，太郎さんとお兄さんは，100mLの水の，温度とその水に溶けるミョウバンの量との関係について調べ，下の表にまとめました。

表

水の温度〔℃〕	0	20	40	60	80
ミョウバンの量〔g〕	5.7	11.4	23.8	57.4	321.6

表から20℃の水の，体積とその水に溶けるミョウバンの量との関係について，次の表の空欄《くうらん》にあてはまる数値を書きなさい。また，表の数値を使用し，グラフを完成させなさい。

水の体積〔mL〕	0	50	100	150	200
ミョウバンの量〔g〕	0				

5. 太郎《たろう》さんとお父さんはリニアモーターカーの見学センターに行きました。次の会話文を読んで，あとの各問いに答えなさい。

太郎さん：「リニアモーターカーは新幹線よりも速く，時速500kmで走るらしいよ。早く乗ってみたいな。」

お父さん：「近い将来，乗れるようだよ。ところでリニアモーターカーはどうやって進むのか知っているかな。」

太郎さん：「磁石の性質が関係していると聞いたことがあるよ。」

お父さん：「そうだね。図１は矢印の方向に進むリニアモーターカーを上から見たイラストだよ。車両の磁石はＮ極，Ｓ極が交《こう》互《ご》に配置されていて，地上の側面，電車だとホームドアのあたりの位置に，電磁石が配置されているよ。そして⑴Ｎ極とＳ極の引き合う力と同じ極どうしが反発する力を利用して車両が進むよ。」

図１

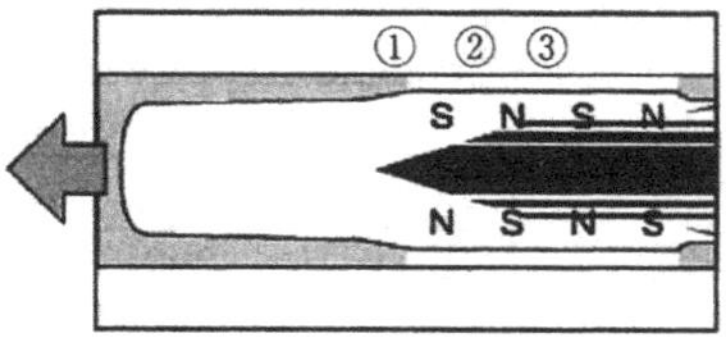

太郎さん：「そうやって進むんだね。」

お父さん：「⑵電磁石の性質は覚えているかな。」

太郎さん：「たしか，コイルに電流を流すときだけ磁石になって，強さを変えることもできたよ。」

お父さん：「実は超伝導体《ちょうでんどうたい》という金属を冷やしたものでコイルをつくると電流が流れやすくなって，磁力を大きくすることができるよ。」

図２

太郎さん：「だから，リニアモーターカーは速く進むことができるのだね。そういえば，リニアモーターカーの先頭は⑶どうして図２のような鳥のくちばしのように平らな形をしているんだろう。」

お父さん：「図３のような車に帆《ほ》を取り付けて，風を受けて進む車を作ったのを覚えているかな。車の後ろから風がふくと前に進んだよね。」

図３

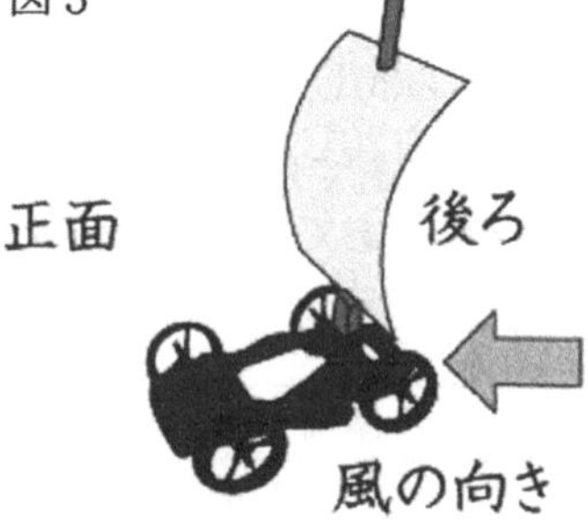

太郎さん：「そうだね。風が強くなると，より前に進んだよ。」

お父さん：「ではこの車に後ろから同じような条件の風を送ったとき最も前に進む車について考えよう。帆の取り付け方を車の胴体《どうたい》に対して図４のように①垂直にしたとき，②右に斜《なな》め45°傾《かたむ》けたとき，③右斜め20°に傾けて後ろから風を送ったときでは，最も前に進む車は①，次に②，最後に③の順になるよ。」

図４

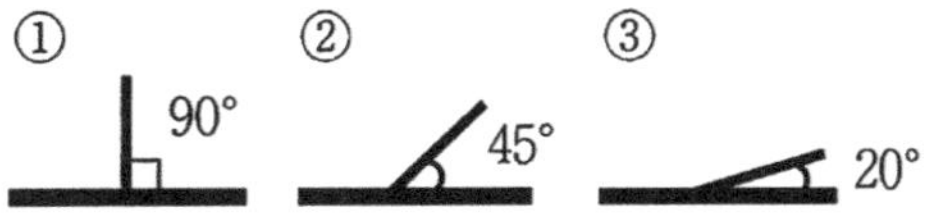

問１　下線部(1)の性質を利用し，図１のリニアモーターカーが矢印の方向に進む仕組みを考えます。図の①～③に当てはまる極の組み合わせとして正しいものを次のア～エから１つ選び記号で答えなさい。

ア．①S　②N　③S
イ．①N　②S　③N
ウ．①S　②S　③N
エ．①N　②N　③S

問２　下線部(2)について調べるために，右の図５のようにして，電池の数やつなぎ方，コイルの巻き数を変え，引きつけるクリップの数を調べて表にまとめました。表をもとに，電磁石を強くするための方法として考えられることをすべて書きなさい。

表

	ア	イ	ウ	エ
電池の数（個）	1	1	2	2
電池のつなぎ方	−	−	へい列つなぎ	直列つなぎ
コイルの巻き数（回）	50	100	50	50
引きつけたクリップの数（個）	10	16	10	20

図５

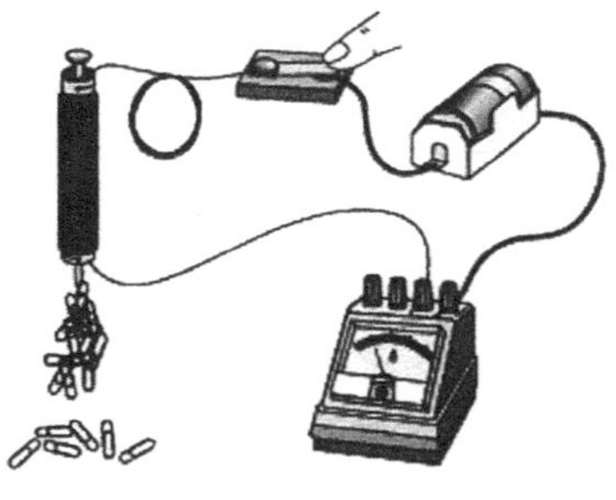

問３　下線部(3)の理由を，帆の取り付け方と，最も前に進んだ車との関係をふまえて説明しなさい。

令和5(2023)年度

入試Ⅰ(4教科型)

社会・理科

1月7日(土)

(社会・理科合わせて60分)

受験上の注意

- 試験開始まで問題用紙にも解答用紙にも手をふれてはいけません。
- 問題は社会2ページから16ページまで，理科18ページから31ページまであります。解答用紙は社会が白色，理科が水色のそれぞれ1枚ずつです。
- 解答は解答用紙のわくの中にていねいな字で記入してください。
- 記述問題において，特に指定がなければ，かぎかっこ（「　」）や句読点（，。）なども一字に数えます。
- 解答用紙・問題用紙は回収しますので持ち帰らないでください。
- 質問があるときや，筆記用具などを落としたとき，印刷が悪くて字がはっきりしないところなどがあれば，手を挙げて監督《かんとく》の先生の指示にしたがってください。

広島国際学院中学校

1. 次の文章を読んで，後の問いに答えなさい。

日本には現在，20以上の世界遺産があります。世界遺産は，大きく世界自然遺産と世界文化遺産に分けることができますが，それぞれ日本の地理的な特徴《ちょう》や，歴史的な背景が大きく反映されているものばかりで，どの国のどんな人が見ても素晴らしいと感じることができるものが登録されています。

地理的な特徴がみられる世界遺産を見てみましょう。一つ目は，A屋久島です。屋久島には亜熱帯《あねったい》から亜寒帯《あかんたい》までの植物が分布しています。樹齢《じゅれい》1000年をこえる杉《すぎ》は屋久杉と呼ばれますが，この中で，数千年の樹齢をほこる島最大の杉の木は（　1　）杉と名付けられました。日本は①国土の３分の２が森林であり，屋久島もその中の一つです。二つ目のB白川郷・五箇山《ごかやま》の（　2　）造り集落は，豪雪《ごうせつ》地帯に対応するための家屋づくりがみられます。このように，地域によって②様々な気候が見られるのも，日本の特徴と言えるでしょう。

日本の歴史は古く，かつ歴史的な建造物が大切に保存されてきたため，多くの世界文化遺産があります。一目見るだけで，その時代のこと，その人物のことを感じられるものばかりです。C法隆寺は，飛鳥時代の建造物で，現存最古の木造建築物です。法隆寺は（　3　）天皇の摂政であった③聖徳太子によって建てられました。古都京都の文化財には，④794年の（　4　）京遷都《せんと》から明治維新で東京に都がうつる1869年までの歴史がつまっています。明治日本の産業革命遺産は，明治時代以降の日本の近代化に重要な役割を果たした工場や炭鉱，私塾《しじゅく》などが含《ふく》まれています。明治時代に制度化された⑤国会や内閣，憲法は，今の日本の政治のシステムにも大きく反映されています。

※遷都＝都をうつすこと。

問１　文中の（　1　）～（　4　）に当てはまる語句を，それぞれ漢字２字で答えなさい。

問２　波線部Ａ～Ｃの世界遺産の場所を示すものとして適当なものを，下の地図中のア～ケの中からそれぞれ選び，記号で答えなさい。

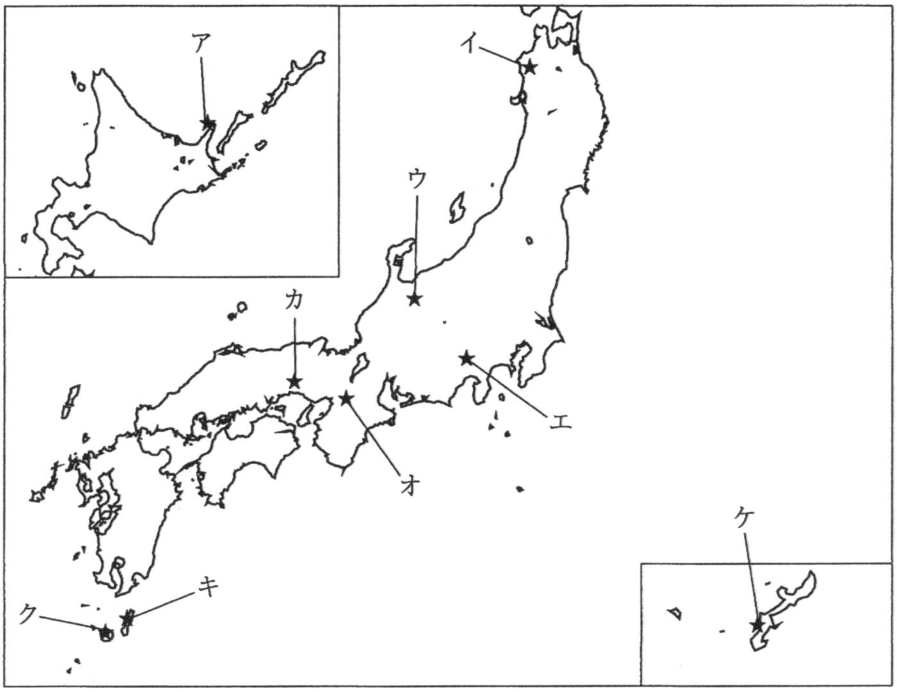

問３　下線部①について，森林の役割として**誤っているもの**を，次のア～エの中から一つ選び，記号で答えなさい。

ア．森林は雨の水をたくわえてきれいにしながら川に流すため，自然のダムと呼ばれている。

イ．森林から川に栄養分が流れるため，海の資源を豊かにしている。

ウ．森林は酸素を取り入れ二酸化炭素を放出するため，地球温暖化防止に役立っている。

エ．森林の木々が根を張ることで，土砂が固められ，土砂くずれを防ぐなど災害防止に役立っている。

問４　下線部②について，下の地図は日本の気候区分を表したものであり，下の地図中の矢印の方向（ＡからＢ）に見ていくとき，次のア～エのグラフで表される気候はどの順番で現れるか，その順番を答えなさい。ただし，ア～エのうち，一つだけ使わないものがあります。

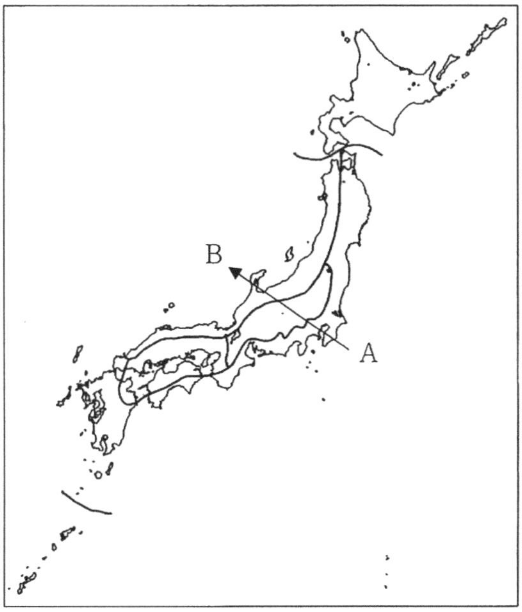

ア．

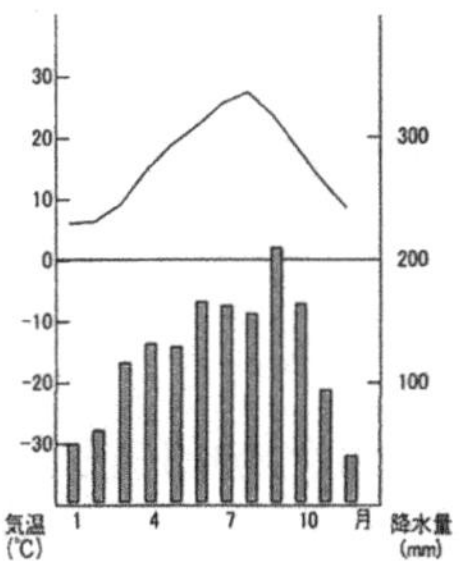

イ．

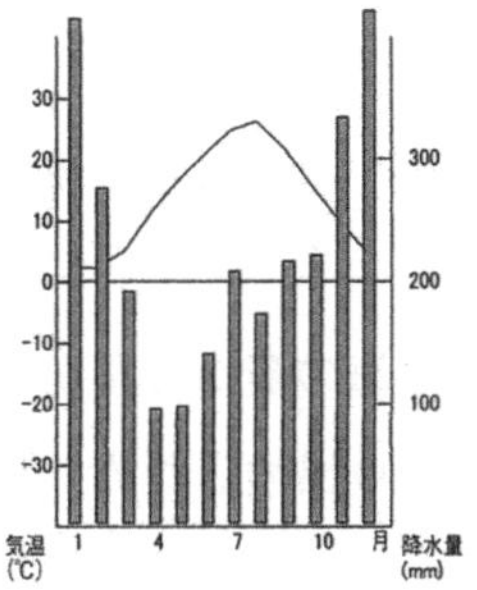

ウ．

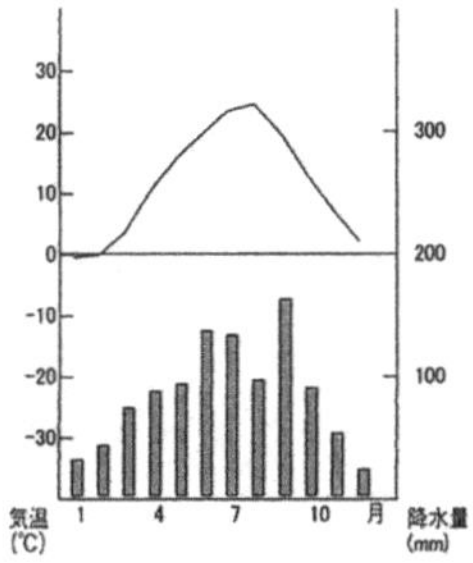

エ．

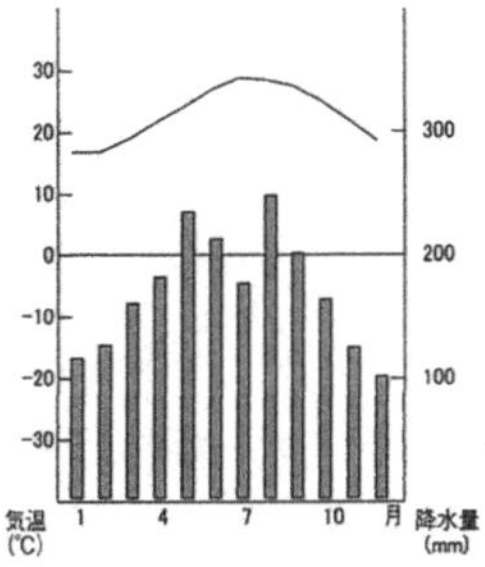

問5　下線部③について，次のア～ウの文章は，聖徳太子が関わった政策・出来事について説明したものである。ア～ウの政策・出来事が起こった順に並び替《か》えた時，3番目に来るものはどれか，ア～ウのうちから一つ選び，記号で答えなさい。

ア．小野妹子に「日ののぼるところの天子が日のしずむところの天子に手紙を送ります」という国書を持たせて隋に派遣《はけん》した。

イ．朝廷の役人の位を，冠《かんむり》の色で表す制度を整えた。家柄《いえがら》よりも能力を重視した。

ウ．たがいに仲良くし，仏教を信じ，天皇の命令に従うなどといった役人の心得をまとめたものを制定した。

問６　下線部④について，京都にまつわる次の資料Ⅰ～Ⅳの絵や写真について説明した文章ア～エのうち，適当なものを一つ選び，記号で答えなさい。

Ⅰ

Ⅱ

Ⅲ

Ⅳ

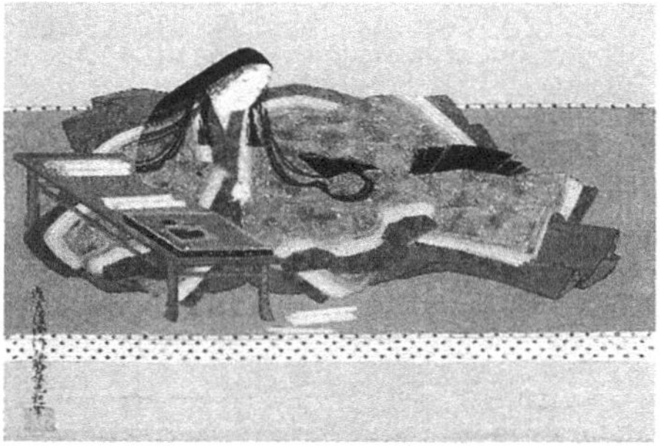

ア．資料Ⅰは，二条城で王政復古の大号令が発令されているようすである。

イ．資料Ⅱの銀閣では，現在の和室の原型となった寝殿造とよばれる建築様式が取り入れられた。

ウ．資料Ⅲの平等院鳳凰堂は，藤原頼通により建てられた。

エ．資料Ⅳの紫式部は，『枕草子』の著者である。

問７　下線部⑤について，次の(1)・(2)の問いに答えなさい。

(1)　下の図は，国会と内閣の関係性を図式化したものである。図中のＡ・Ｃに当てはまる語句の組み合わせとして正しいものを，次のア～エの中から一つ選び，記号で答えなさい。

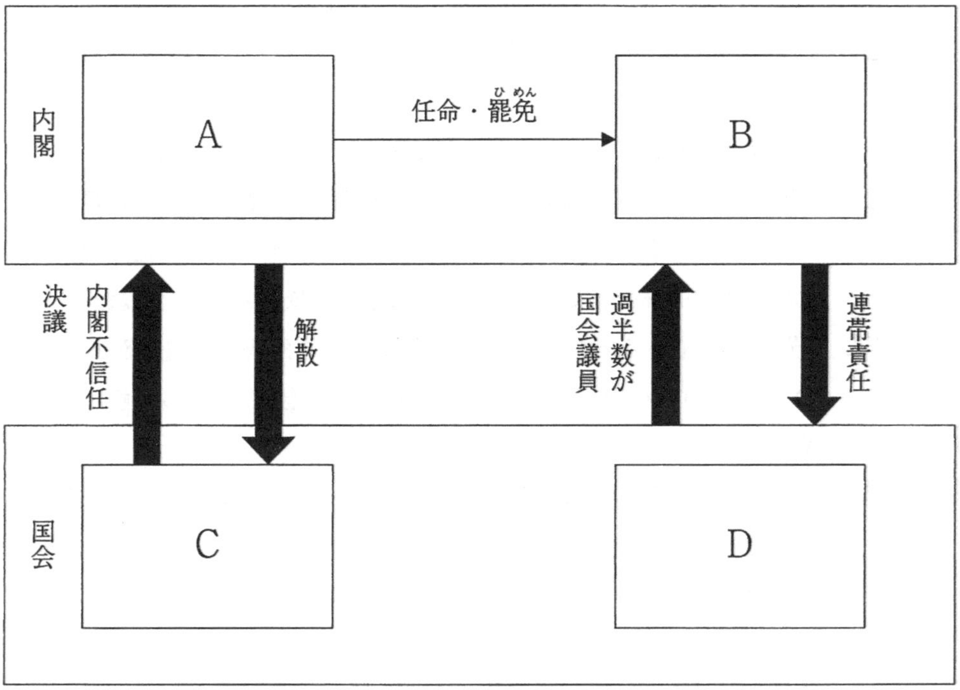

※罷免＝職をやめさせること。退職させること。

ア．Ａ－国務大臣　　　Ｃ－衆議院　　　イ．Ａ－国務大臣　　　Ｃ－参議院

ウ．Ａ－内閣総理大臣　Ｃ－衆議院　　　エ．Ａ－内閣総理大臣　Ｃ－参議院

(2)　日本国憲法の三原則を全て答えなさい。

2. 次の文は社会科の益田《ますだ》先生，生徒の吉田くん，中村くん，蘆田《あしだ》さんとの会話です。会話文を読んで後の問いに答えなさい。

益田先生：「さあ，今年も今年（2022年）に起きた出来事やそれにまつわる話をしていこう。」

吉田くん：「あれ？今年もって，去年は木村先生じゃなかったでしたっけ？」

益田先生：「ん？そんなことないよ，吉田くんは変なことばっかり言うねヤレヤレ」

中村くん：「益田先生，今年も本当に色々なことが起きましたね，僕は①ロシアのウクライナ侵攻がとてもショッキングで印象に残っています。」

益田先生：「そうだね，世の中で起きることには多面的な視点で考える必要があるけれど，少なくとも戦争は誰も幸せにはならないよね。どんな国際的な紛争に対しても平和的解決がなされる世の中になってほしいものだよね。」

吉田くん：「先生，僕知ってますよキリッ。国際的な問題を解決する組織があるんですよね，きっとロシアのウクライナ侵攻もその組織がぱぱぱっと解決してくれますよ。」

中村くん：「それは国際連合のことだよね？あれ？そういえばニュースで国際連合が制裁したって話は聞かなかったな，確か（　1　）理事会っていうのがあるはずだけど。」

益田先生：「中村くん，よく勉強していますね。その通りです。国際的な紛争解決にその理事会が機能しないといけないんだけど，中々機能できないのにはその理事会の常任理事国にだけ認められた（　2　）も影響しているんだよ。どんな権限か分かるかな吉田くん。」

吉田くん：「ちょっと中村くん，僕の話題をとらないでよ！そそそ，そういえば今年は参議院議員選挙もありましたよね？」

益田先生：「・・・（話題を変えてきたな）そうだね。参議院議員は任期は（　3　）年だけど議院全体では３年ごとに（　4　）改選で，議員定数も３年前と今年でようやく変更になりましたね。」

吉田くん：「知ってますよ～，だから参議院議員は全部で（　5　）人になったんですよキリキリッ」

益田先生：「お！珍しく大正解です！今回の選挙にも色々思うことはありましたが，特に今年の選挙では与党である②自民党（自由民主党）が大勝しました。そのことで，③憲法改正に向けて前進したともとれますね。ところで，今から50

年前の④1972年には歴史的な大きな出来事が２つありました。何だかわかるかな？」

吉田くん：「ううううう何だったっけ～。」

中村くん：「ヒントが年号だけなんて難しいですよ！」

―盛り上がる３人―

蘆田さん：「もう益田先生，いいかげんに社会の授業始めて下さいﾌﾟﾝﾌﾟﾝ」

問１　会話文中の（　１　）～（　５　）に当てはまる数字や語句を答えなさい。

問２　下線部①について，次の(1)～(5)の問いに答えなさい。

(1)　日本とロシアの間では何度か国境を決める条約を交わしてきた。歴史的事象をふまえて，次の図の(ア)～(エ)を古い順に並び替えなさい。

※下の図は点線部分が国境線であり，黒く塗りつぶされた部分が日本の国土である。

(ア)

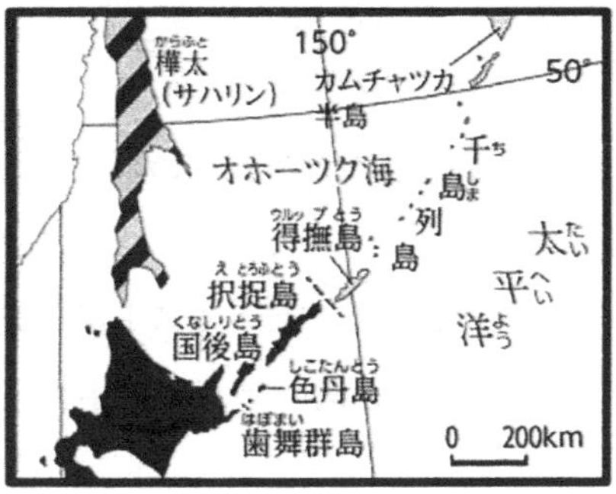

(イ)

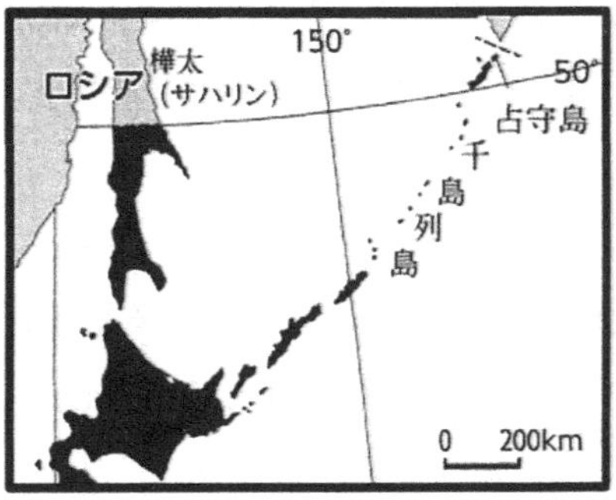

(ウ)

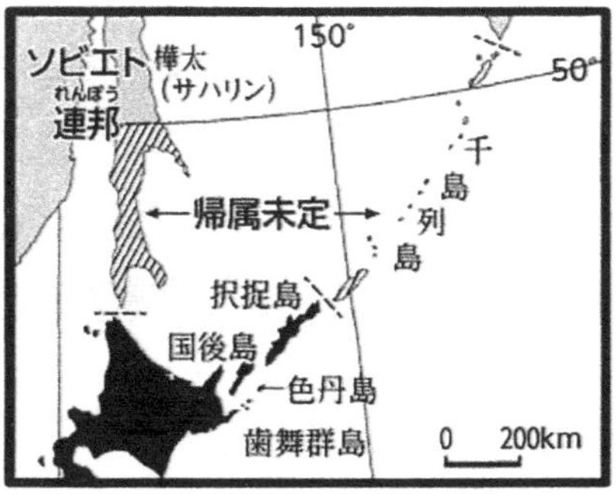

(エ)

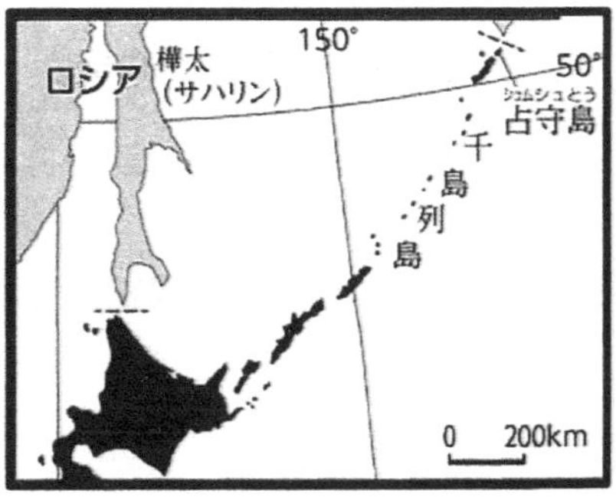

(2)　1792年に日本人漂流民の大黒屋光太夫《だいこくやこうだゆう》らをともなって北海道の根室に来航したロシアの使節は誰か，名前を答えなさい。

(3) 次のグラフは2021年のロシアから日本への輸入品目を表したグラフである。空欄《くうらん》にあてはまるエネルギー資源を書きなさい。

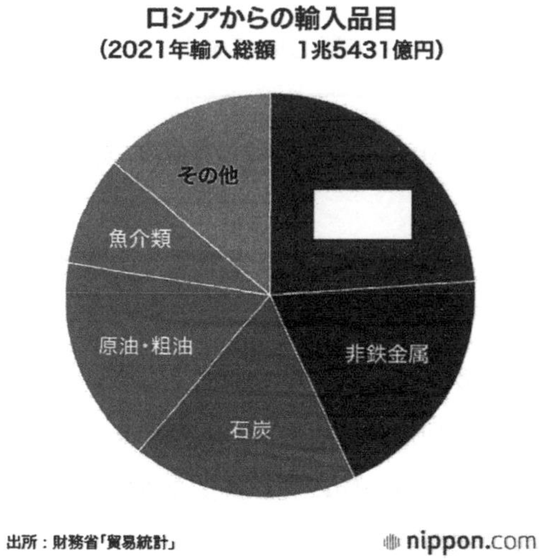

(4) 現在のロシアの前身は今から100年前に成立した世界初の［ A ］国家である。［ A ］に当てはまる語句を漢字４字で答えなさい。

※前身＝団体や組織など，現在の形になる前の形

(5) 2022年の広島市長による平和宣言の中にロシア出身の文豪《ぶんごう》トルストイの著した作品からの一節が引用されました。トルストイの著書を次のア～オの中から一つ選び，記号で答えなさい。

※文豪＝文学や文章の大家。きわだってすぐれた文学の作家。

ア．幸福論　　イ．戦争論　　ウ．戦争と平和　　エ．老人と海
オ．永遠の０

問３　下線部②について，現在の自民党総裁の名前（フルネーム）を漢字で書きなさい。

問４　下線部③について，次の〈憲法改正の手続き〉の【　①　】～【　⑤　】に当てはまる数字や語句を次のア～トの中からそれぞれ選び，記号で答えなさい。ただし，同じ記号を何度使ってもかまいません。

〈憲法改正の手続き〉（憲法第96条）

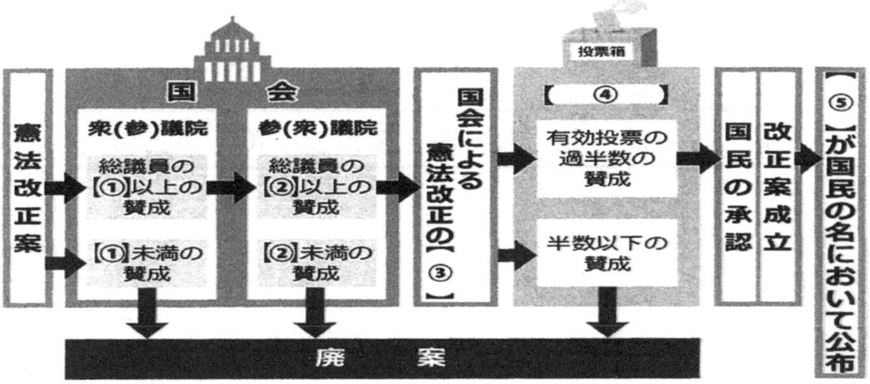

ア．３分の１	イ．３分の２	ウ．２分の１	エ．５分の３
オ．８分の５	カ．発信	キ．提案	ク．発議
ケ．議決	コ．成立	サ．国民審査	シ．国民協議
ス．国民理解	セ．国民投票	ソ．国民承認	タ．参院議長
チ．国会議員	ツ．天皇	テ．衆院議長	ト．内閣総理大臣

問５　下線部④について次の(1)・(2)の問いに答えなさい。

(1)　1972年には日中共同声明によって中華人民共和国（1949年成立）と国交を正常化したが，その時の日本の内閣総理大臣は誰か，次のア～オの中から一つ選び，記号で答えなさい。

ア．吉田茂　　イ．鳩山一郎　　ウ．佐藤栄作　　エ．田中角栄
オ．福田赳夫

(2) 1972年にはアメリカから沖縄県が返還《かん》されました。以下の文の空欄にあてはまる数字を，あとの枠《わく》の中からそれぞれ選び，答えなさい。また，アメリカ軍基地が多いことで生じる問題点を一つあなたの言葉で説明しなさい。

・日本にあるアメリカ軍基地の約 ① %が沖縄県に集中している。
・沖縄本島の面積の約 ② %がアメリカ軍基地である。

10 ・ 15 ・ 20 ・ 25 ・ 30 ・ 60 ・ 65 ・ 70 ・ 75 ・ 80

3. 次の会話文は，あるクイズ番組の様子をあらわしています。この会話文をよく読んで，後の問いに答えなさい。

司　会　者：「さあ，今年も盛り上がってまいりました〜！！クイズ『ヒストリー・ミステリー』！いよいよ決勝戦です。決勝に残ったのは，次の４名。広島県出身の桃田《ももた》さん，京都府出身の益口《ますぐち》さん，大分県出身の竹本さん，そして最後は長野県出身の岡原さんです！！よろしくお願いします！」

解答者４名：「よろしくお願いします！」

司　会　者：「さて，まずは桃田さん。広島といえば①お好み焼が有名ですよね！」

桃田さん：「はい，とてもおいしいです。私もよく食べます！！」

司　会　者：「なるほど，私もぜひ食べてみたいですね！！さて，益口さん，食べ物だったら京都も負けていないですよね？」

益口さん：「はい，そうですね。京都にはとてもおいしいものがたくさんあります。和食はもちろんのこと，②ラーメンもけっこう有名なんですよ！」

司　会　者：「ラーメンですか！！私も大好きです！竹本さん，話題は変わりますが，③大分といえば私は温泉をすぐに思いうかべるのですが…」

竹本さん：「そうですね。別府をはじめとして温泉はたくさんありますね。日本はプレートの境目にあるので（　１　）を利用した温泉が数多くありますよね。その多くの温泉の中でも別府は日本一だと思っています！」

司　会　者：「なるほど，出身地への思いが強いですね！さて，最後は岡原さん。④長野といえばやっぱりスキーでしょうか？」

岡原さん：「そうですね。オリンピックもありましたからね。」

司　会　者：「どうしてもそのイメージが強くなりますよね。さて，それではみなさんとのお話も終わったところで，問題に入っていきましょう！！みなさん準備はよろしいですか？」

解答者４名：「はい！！」

司　会　者：「それでは第１問です。北条時宗が執権をつとめているときに九州北部にせめてきた現在の中国にあった国の名前は何でしょう？」

ピンポーン！！

司　会　者：「はい，岡原さん」

岡原さん：「元！！」

司　会　者：「正解です！岡原さんにポイントが入ります！他の方もがんばってくださ

い。それでは第2問にまいります。武士として初めて太《だ》政《じょう》大臣《だいじん》となり，大きな権力をにぎった人物はだれでしょう？」

ピンポーン！！

司　会　者：「はい，益口さん」

益口さん：「⑤平清盛！！」

司　会　者：「正解です！益口さんにポイントが入ります。つづいて第3問。日本で最初に総理大臣になった人物…」

ピンポーン！！

司　会　者：「はい，竹本さん！」

竹本さん：「伊藤博文！！」

司　会　者：「残念！不正解です！問題は最後までちゃんと聞きましょう。問題を続けます。日本で最初に総理大臣になった人物…は伊藤博文ですが，かれの出身地である藩はどこでしょう？」

ピンポーン！！

司　会　者：「はい，桃田さん」

桃田さん：「長州藩！」

司　会　者：「正解です。桃田さんにポイントが入ります。では，第4問（　2　）？」

ピンポーン！！

司　会　者：「はい，竹本さん。今度は大丈夫ですか？」

竹本さん：「ベルサイユ条約！！」

司　会　者：「正解です！！竹本さんにポイントが入ります。それでは，いよいよ最後の問題となりました。第5問，大きな⑥権力をにぎって政治を行い，京都の北山に金閣と呼ばれる建物をつくった人物はだれでしょう？」

ピンポーン！！

司　会　者：「はい，竹本さん！！」

竹本さん：「足利義満！！」

司　会　者：「正解です！！竹本さん連続ポイント～！！…さて，結果発表です。実は，このクイズは，5問全てが同じ得点ではありません。それぞれ問題となっている時代の古い順に5ポイント・4ポイント・3ポイント・2ポイント・1ポイントというように得点が入っていきます。…ということで，優勝は…！！！！」

問１　会話文中の（　１　）に当てはまる語句を漢字２字で答えなさい。

問２　会話文中の（　２　）に当てはまる司会者の出題のセリフを，20字以上35字以内で答えなさい。

問３　下線部①・②について，お好み焼・ラーメンに共通して欠かせない材料がある。次の表を参考にしながら，その材料が何であるかと，その材料に代表される日本がかかえる問題を説明しなさい。ただし，表のタイトルはふせてあるので，何の表であるのか考えながら参考にしなさい。

（単位：％）

	平成25年度	26	27	28	29	30	令和元年度	2	**3年度（概算）**
米	96	97	98	97	96	97	97	97	**98**
小麦	12	13	15	12	14	12	16	15	**17**
大麦・はだか麦	9	9	9	9	9	9	12	12	**12**
いも類	76	78	76	74	74	73	73	73	**72**
かんしょ	93	94	94	94	94	95	95	96	**95**
ばれいしょ	71	73	71	69	69	67	68	68	**67**
豆類	9	10	9	8	9	7	7	8	**8**
大豆	7	7	7	7	7	6	6	6	**7**
野菜	79	79	80	80	79	78	79	80	**79**
果実	40	42	41	41	40	38	38	38	**39**
うんしゅうみかん	103	104	100	100	100	100	103	102	**102**
りんご	55	56	59	60	57	60	56	61	**58**
肉類（鯨肉を除く）	55 (8)	55 (9)	54 (9)	53 (8)	52 (8)	51 (7)	52 (7)	53 (7)	**53 (8)**
牛肉	41 (11)	42 (12)	40 (12)	38 (11)	36 (10)	36 (10)	35 (9)	36 (9)	**38 (10)**

※概算＝大まかな数字を使った計算結果のこと

※表は農林水産省のホームページより

問４　下線部③について，大分県には石油化学コンビナートがあるが，これはそのほか広島県大竹市・山口県岩国市・岡山県倉敷市・三重県四日市市などにもある。これらの石油化学コンビナートがある都市の共通点を答えなさい。

問5　下線部④について，長野県と広島県の気候を比べて共通する特徴《ちょう》として正しいものを，次のア～エから一つ選び，記号で答えなさい。

ア．年間の降水量が1800mm以上
イ．年間の降水量が1800mm未満
ウ．年間の平均気温が20℃以上
エ．年間の平均気温が10℃以下

問6　下線部⑤について，平清盛が行ったこととして**誤っているもの**を，次のア～エから一つ選び，記号で答えなさい。

ア．保元の乱や平治の乱で勝利した。
イ．むすめの徳子を高倉天皇のきさきとし，その子が安徳天皇となった。
ウ．大輪田泊を改修し，明との貿易を積極的に行った。
エ．海上交通の守護神として，厳島神社をうやまい，大改修を行った。

問7　下線部⑥について，現在の日本では政治的な権力は三つに分けられており，これを三権分立という。なぜ，この三権分立が必要なのか，説明しなさい。

問8　会話文全体をよく読んで，このクイズの優勝者の得点と名前を答えなさい。

令和五（二〇二三）年度
入試Ⅰ（4教科型）
（国語）解答用紙

受験番号
総　　点
※ ※100点満点 （配点非公表）

（※印欄は記入しないこと）

一

問一
①
②
③
④

問二
Ⅰ
Ⅱ
※

問三
※

問四

問五
70
60
※

問六
70
80
※

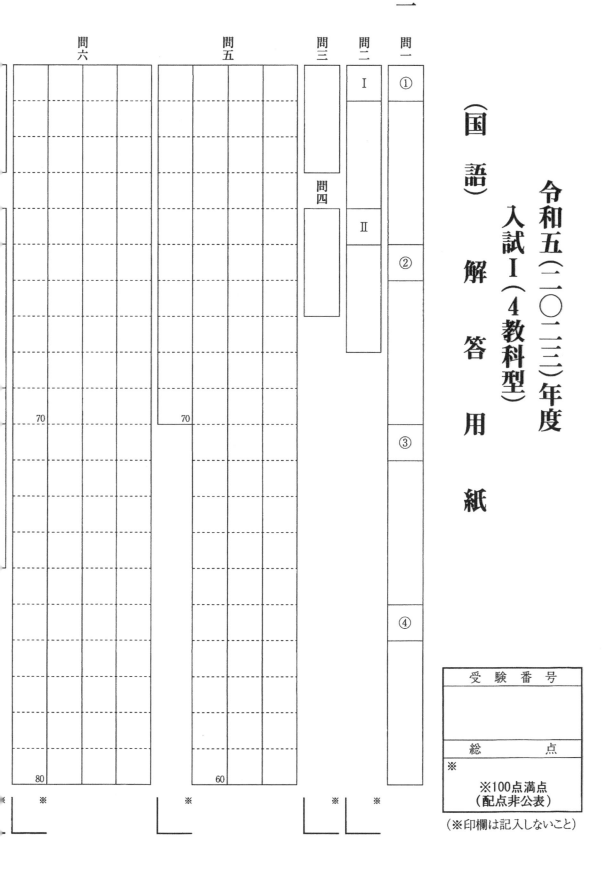

回

回

※

5

(1)	cm	(3)	【計算式や考え方】 分　　　秒後
(2)	【計算式や考え方】 分　　　秒後		

※

受験番号		総点	※ ※100点満点 （配点非公表）

（※印欄は記入しないこと）

3

問1				
問2	20　35			
問3	材料		問題点	
問4				
問5		問6		
問7				
問8	得点	点	名前	さん

※

受験番号		総点	※ ※50点満点 （配点非公表）

（※印欄は記入しないこと）

問3		問4	①	②	③
問5		問6			

※

6

問1		問2	秒	問3	秒
問4		問5		問6	

※

7

問1		問2		問3	
問4		問5		問6	

※

受験番号		総点	※ ※50点満点 （配点非公表）

（※印欄は記入しないこと）

令和5（2023）年度
入試Ⅰ（4教科型）
(理　科)　解　答　用　紙

4

問1	A	B	C
	D	E	
問2	実験1	実験2	実験3
問3	①		
	②根	子葉	
問4	根	気こう	
問5			

※

【解答

5

問1	

令和5（2023）年度
入試Ⅰ（4教科型）
（社　会）　解　答　用　紙

1

問1	(1)		(2)		(3)		(4)				
問2	A		B		C		問3		問4	→ →	
問5		問6									
問7	(1)		(2)								

※

2

問1	(1)		(2)		(3)		(4)		(5)				
問2	(1)	→ → →	(2)		(3)								
	(4)		(5)										
問3		問4	①		②		③		④		⑤		
問5	(1)		(2)	①		②							
	(2)	問題点											

※

【解答

令和５（２０２３）年度
入試Ⅰ（４教科型）
(算　数)　解　答　用　紙

1

(1)		(2)	時間　分	(3)	点
(4)	度	(5)	cm^2	(6)	

※

2

(1)	時間　分	(2)	：	(3)	時間　分

※

3

(1)	円	(2)	割引き	(3)	個

※

4

(1)	(ア)　(イ)　(ウ)	(3)	【計算式や考え方】
	【考え方】		

【解答

二

問一
①
②
③
④

問二
ⓐ
ⓑ

※

問三
Ⅰ
Ⅱ
Ⅲ

※

問四
30
40

※

問五
1
50
60
2
i
10
ii
10

※

問六

※

三

問一

問二
Ⅰ
Ⅱ
Ⅲ

問三
A
B

問四

問五
から
から

※

問題は次のページに続きます。

4. 次の会話は,「みほさん」が今年の夏に育てたヒマワリの話を理科の「小島先生」に説明している様子です。会話文を読み,以下の問いに答えなさい。

みほさん：1枚目の写真は,ヒマワリの種が発芽したときに撮《と》りました（図1）。根の周りにふわふわとしたものがついていたのですが,これは何ですか？

小島先生：これは（　A　）とよばれるものですよ。土にふくまれる水や養分を効率よく吸収する役割を果たしています。

みほさん：（　A　）があるとどうして効率よく吸収できるのですか？

小島先生：根の（　B　）が増えるからですよ。私たちの体の中の（　C　）という臓器でも,同じようなしくみで効率よく栄養分を吸収することができます。

みほさん：そうだったんですね。てっきりカビが生えたのかと思っていました。
２枚目の写真は,発芽してから３週間後くらいに撮りました（図2）。真上から見ると,上の葉っぱが下の葉っぱに重ならないように交互《ご》についていて,とてもびっくりしました。

小島先生：いい気づきですね。どうしてこのような構造になっているのかわかりますか。

みほさん：うーん……,ヒントをください。

小島先生：植物が養分をつくるために行っている反応は何でしょうか。

みほさん：（　D　）ですか。

小島先生：正解です。では,（　D　）をするためには何が必要かを考えてみてください。

みほさん：……あ,先生わかりました。あのように葉をつけることで［　　　　　　　］ため,効率よく（　D　）ができるんじゃないですか。

小島先生：その通りです。生物のからだは生きるために最適なつくりになっているのですね。

みほさん：すごいですね。生き物のからだはおもしろいですね。
３枚目の写真は,さらにその１か月後に花が咲《さ》いたときに撮りました（図3）。自分が育てた花が咲いたのでとってもうれしかったです。

小島先生：きれいなヒマワリが咲きましたね。ところでみほさん,ヒマワリは小さい花がたくさん集まって１つの大きな花を形作っている集合花であることを知っていますか。

みほさん：はい,ヒマワリについて調べたときに知りました。１つ１つの花は,５枚の花びらがくっついた（　E　）という仲間に分けられると書いてありました。

小島先生：よく勉強していますね。アサガオやツツジも（　E　）の仲間ですね。次はどの植物を育ててみたいですか。

みほさん：この前，「デーツ」という果実を始めて食べました。そのときの種を残しておいたので，それを植えてみようと思います。

小島先生：ナツメヤシの実ですね。またいろいろと話を聞かせてくださいね。

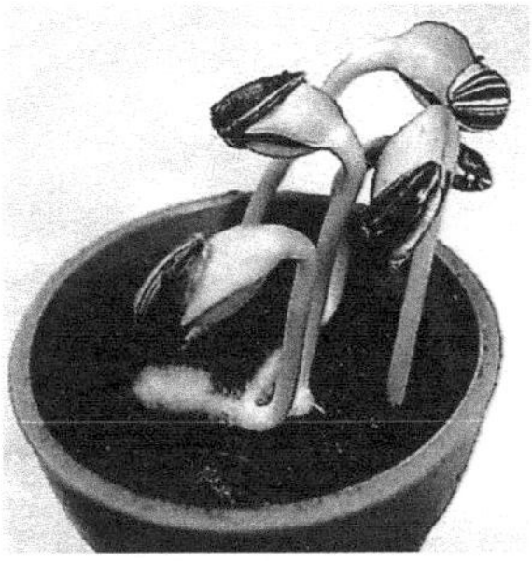

図１

図２

図３

問１　会話文中の（　A　）～（　E　）に当てはまることばを答えなさい。

問２　会話文中の下線部について，種子の発芽にはいくつかの条件が必要となります。その条件を確かめるために次の【実験１】～【実験３】を行いました。

【実験１】　湿《しめ》らせた脱脂《だっし》綿に種子をのせたものを２つ用意し，１つは箱に入れて室内に置き，もう１つは冷蔵庫に入れて，数日後に種子の様子を観察した。

【実験２】　１つは湿らせた脱脂綿に，もう１つは乾《かわ》いた脱脂綿に種子をのせ，それぞれを室内に置き数日後に種子の様子を観察した。

【実験３】　１つは湿らせた脱脂綿に種子をのせ，もう１つは水の中に種子を入れ，それぞれを室内に置き数日後に種子の様子を観察した。

それぞれの実験によって明らかになる「種子の発芽に必要な条件」を，次の選択《たく》肢《し》からそれぞれ１つずつ選びなさい。

［選択肢］　光　，　水　，　空気　，　適当な温度　，肥料

問3　図2の葉を見ると，葉脈が網《あみ》目状になっていることがわかります。

①　このような葉脈をもつ植物の仲間を何というか答えなさい。

②　この植物の仲間の「根」と「子葉」についての特徴《ちょう》をそれぞれ簡潔に答えなさい。

問4　（　D　）を行うために根と葉の気こうから取り込む物質をそれぞれ答えなさい。

問5　会話文中の［　　　　］に適する文章を20字以内で答えなさい。

5. 次の会話文を読み，以下の問いに答えなさい。

Ｋさん：昨年の夏もほんとに暑かったですね。かき氷があっという間にとけてしまいました。とけたあと，そのままふっとうするかと思うほど暑かったです。

先　生：ははは，たしかにそれくらい暑かったですね。でも，水がふっとうするのは100℃ですから，さすがにそんなに暑かったら倒れてしまいますね。

Ｋさん：今日は寒いから逆に氷をあっという間にとかすくらいのたきびをしてあたたまりたいです。

先　生：それでは，氷をとかす実験をしてみましょう。

【実験】

(1)　フラスコの中に氷と水を100gずつ入れる。

(2)　ふっとう石を少量加えてガスバーナーで加熱する。

(3)　１分ごとに温度計で温度を測定する。

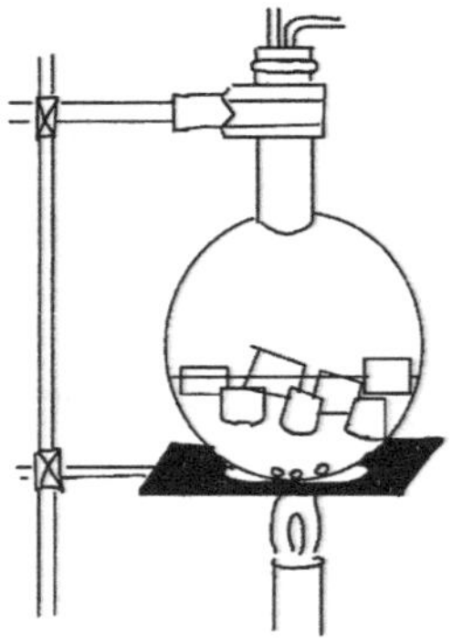

図１

表１　実験結果

分	水の温度（℃）	分	水の温度（℃）	分	水の温度（℃）
0	0.5	10	33	20	81
1	3	11	38	21	84
2	3	12	43	22	87
3	3	13	48	23	91
4	6	14	53	24	94
5	9	15	58	25	96
6	14	16	63	26	97
7	19	17	68	27	97
8	23	18	73	28	97
9	29	19	77	29	97

Kさん：温度がずっと比例してあがっているわけではないみたいですね。

先　生：そうですね，温度がかわらないときがありますね。

Kさん：それと，はじめの溶《よう》液が０℃より下がることはありませんね。さらに，水が100℃になる前にふっとうしました。水は100℃になる前にふっとうしているのですか。

先　生：いえいえ，たしかに100℃でふっとうしているはずです。

Kさん：そういえば，（　Ａ　）では，100℃より低い温度でふっとうすると聞きました。

先　生：でも，今回はその条件をみたしていませんね。

Kさん：では，なぜ100℃より低い温度でふっとうしているのですか？

先　生：本来は温度計の100℃の目もりのところまで水の中につけこむように測るのが正しい測り方になります（図２）。しかし，このように測るには水の深さを30センチ近くにしなくてはなりません。普通のフラスコなら温度計の目盛りの０℃か，せいぜい20℃ぐらいのところまでしか水の中につからないでしょう。

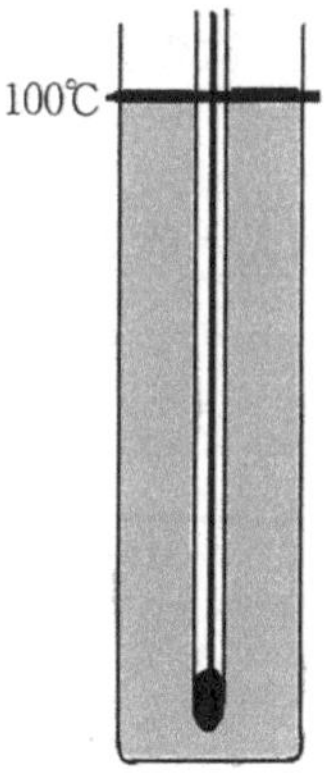

図２

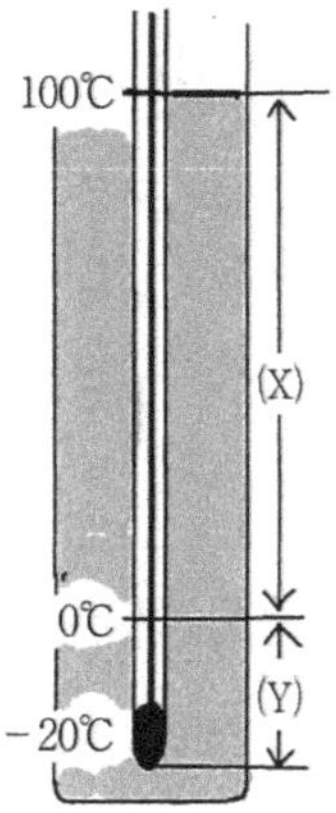

図３

Kさん：こんなふうに毎回測るのは確かにたいへんですね。

先　生：では，実験室にあるアルコール温度計の場合について誤差を簡単に計算してみましょう。アルコールは１℃あがるごとに図３の(Y)の部分のアルコールの体積がほぼ1000分の１膨《ぼう》張します。ですから，100℃あがればアルコールの体積が1000分の（　あ　）膨張します。

Kさん：つまり（　い　）分の１だけ膨張する計算になりますね。

先　生：図３の０℃から上の部分(X)のアルコールの体積は，０℃より下の部分(Y)の体積の10分の１になっています。だから，100℃になるとアルコールが膨張して温度計は100℃をさすのです。しかし，実際は図３のように測ってないので誤差が生じます。

Kさん：誤差はどのように計算できますか？

先　生：まず，図３の状態で水をふっとうさせ100℃まで温度を測ります。その後，０℃のところが水面にくるようにします。もし室温が20℃だとすると，ひやされた図３の(X)の部分の温度がふっとうした水の温度と比べて（　う　）℃下がっているので，図３の(X)の部分の体積が1000分の（　え　）つまり100分の（　お　）ちぢむわけです。

Ｋさん：つまりこんなふうにしてはかると，水の温度はほんとうに100℃になっていても，温度計のめもりは計算上（　Ｂ　）℃にしかならないということですね。

先　生：しかし，激しくふっとうしているときには温度100℃の水蒸気が発生しているので，実際には温度計の水面にとびでている部分の温度は20℃のままということはないので温度計は97℃をさしています。どんな実験にも誤差がつきものだということを知っておいてください。かんたんな実験道具を使っておおまかな実験をやると，おおまかな結果しかでないということを頭にいれて実験するようにしないといけませんね。

問１　実験の図１について，フラスコ内の温度計の位置として，最も適当なものを次のア～エから１つ選び，記号で答えなさい。

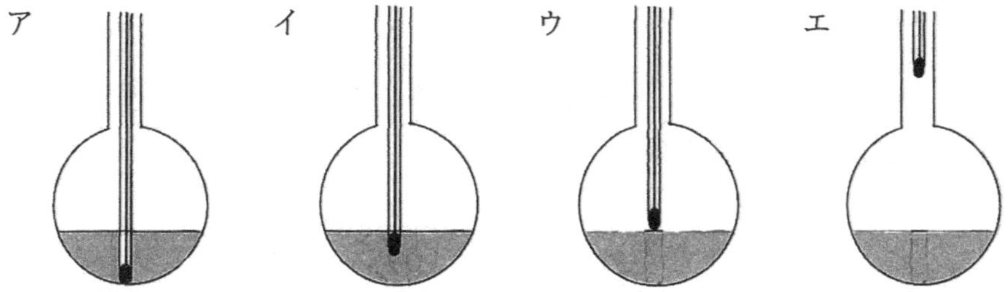

問２　下線部の溶液を０℃より下げるためにはどのようなことをすればよいか説明しなさい。

問３　文章中の（　Ａ　）に入る最も適切な文章を以下の①～⑤から１つ選び，記号で答えなさい。

①　太平洋真ん中の船の上

②　地下100ｍの場所

③　高い山の上

④　何か物質がとけた水溶液

⑤　北極

問４　実験における次の①～③の各状態は，加熱をはじめてから何分後の状態ですか。最も適当なものを次のア～キからそれぞれ１つずつ選び，記号で答えなさい。ただし，あてはまるものがない場合は「なし」と書きなさい。

①　固体と液体が混在している。

②　ふっとうし，水蒸気の泡《あわ》が大量に発生し水面からは湯気がでている。

③　すべて気体である。

ア　０分～３分

イ　３分～６分

ウ　６分～９分

エ　10分～15分

オ　16分～20分

カ　20分～25分

キ　25分～29分

問５　（　あ　）～（　お　）にあてはまる数値としてただしい組み合わせを①～⑧から１つ選び，記号で答えなさい。

	（あ）	（い）	（う）	（え）	（お）
①	100	10	80	800	80
②	100	10	80	80	8
③	100	10	20	200	20
④	100	10	20	20	2
⑤	10	100	80	800	80
⑥	10	100	80	80	8
⑦	10	100	20	200	20
⑧	10	100	20	20	2

問６　（　Ｂ　）に入る数値を答えなさい。

問題は次のページに続きます。

6.

［1］

図1のように支点からひもをつるし，Aからおもりをしずかにはなしました。「おもりの重さ」，「糸の長さ」，「BからAまでの高さ」を変えて，ふりこの「10往復にかかった時間」をはかりました。その結果を表1にまとめました。以下の問1～問4に答えなさい。

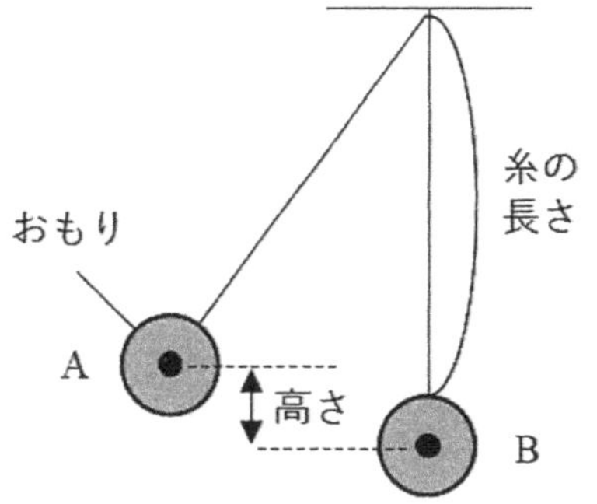

図1

表1

実験	①	②	③	④	⑤	⑥
おもりの重さ（g）	50	50	50	50	50	100
糸の長さ（cm）	30	60	60	60	90	60
BからAまでの高さ（cm）	10	15	10	5	10	10
10往復にかかった時間（秒）	11.0	15.5	15.5	15.5	19.0	15.5

問1　「おもりの重さ」と「10往復にかかった時間」に関係があるかどうかを調べるには，表1の実験①～実験⑥のどの実験を比べればよいですか。①～⑥から2つ選び，記号で答えなさい。

問2　おもりの重さ100g，糸の長さ30cmのふりこで，おもりをBからAまでの高さ5cmからしずかにはなしました。このふりこの周期（1往復にかかる時間）はおよそ何秒か答えなさい。

問３　図２のように，実験⑤で用いたふりこの支点から30cm真下のところにくぎを打って，Ａからおもりをしずかにはなしました。Ａではなしてから初めてＡに戻《もど》ってくるまでの時間は何秒か答えなさい。ただし，答えに小数がでるときは，小数第２位を四捨五入して小数第１位まで答えなさい。

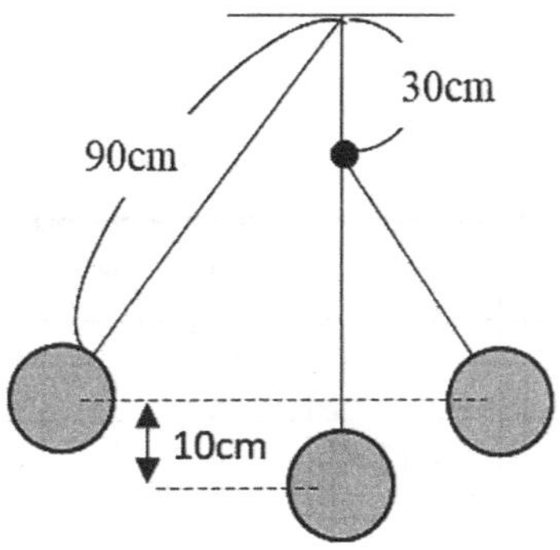

図２

問４　図３のように，木片《もくへん》をおきます。Ａでしずかにはなしたおもりが木片にしょうとつしたときの，おもりが木片を動かすはたらきを調べました。このことについて説明した次の文章のうち，正しいものをア～エから１つ選び，記号で答えなさい。

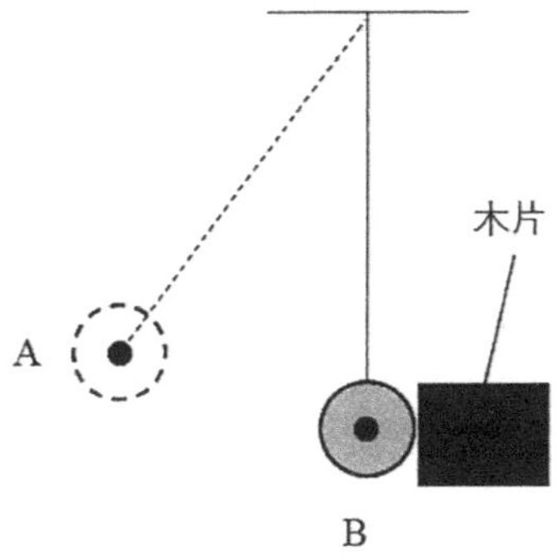

図３

ア　実験①のふりこと実験②のふりこでは，②のふりこのほうが糸の長さが長いので，木片を動かすはたらきが大きい。

イ　実験②のふりこと実験③のふりこでは，ふりこの周期が同じなので，木片を動かすはたらきは同じである。

ウ　実験③のふりこと実験④のふりこでは，③のふりこのほうがおもりが速く動くので，木片を動かすはたらきが大きい。

エ　実験⑤のふりこと実験⑥のふりこでは，おもりの速さが同じなので，木片を動かすはたらきは同じである。

［2］

光の性質について，以下の問5，問6に答えなさい。

問5　図4のように，鏡に光を当てたところ，光は鏡①に反射したあと鏡②に反射しました。鏡に反射した光は，図4のどの点を通過しますか。ア～エから1つ選び，記号で答えなさい。

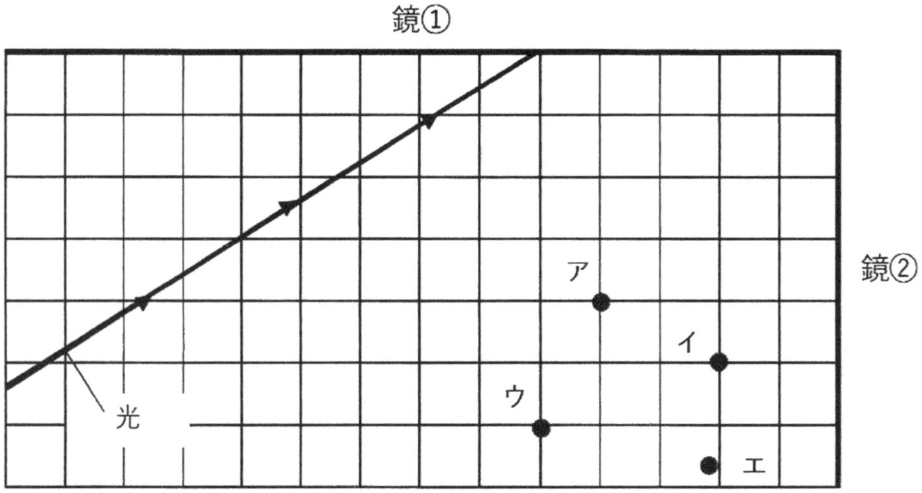

図4

問6　図5のように，光を空気中から水面に当てたとき，水面に達したあとの光はどのように進みますか。光の進み方として適切なものをア～オからすべて選び，記号で答えなさい。

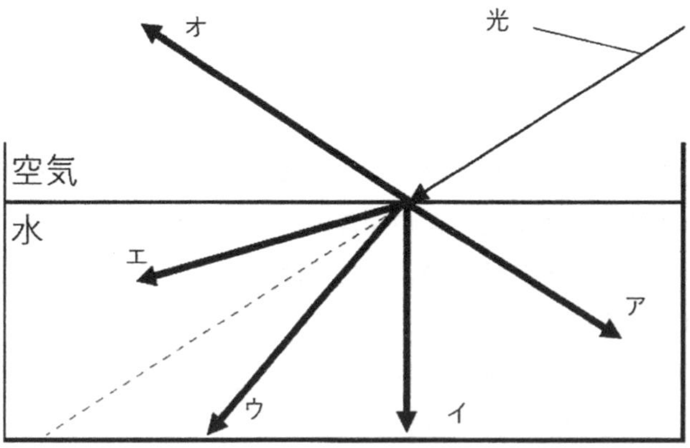

図5

問題は次のページに続きます。

7. 図1のA，B，C，Dの4地点でボーリング調査を行いました。図1は上が北になっていて，この地域の地表は水平です。図2はA，B，D地点でボーリング調査をした結果です。図2で同じ模様は同じ種類の地層を表しています。また，図2の岩石Xはマグマが冷え固まってできた岩石です。以下の問いに答えなさい。

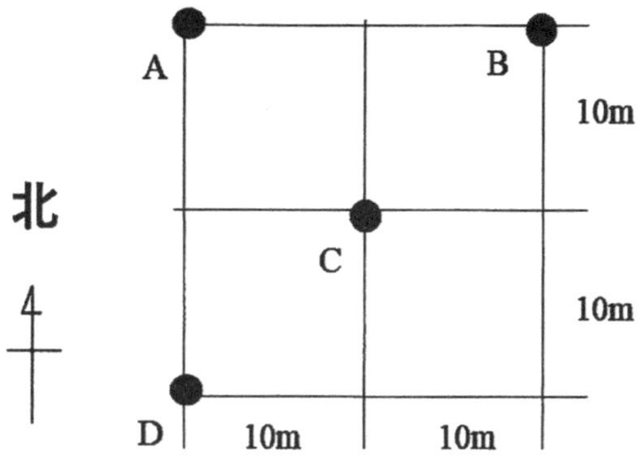

図1

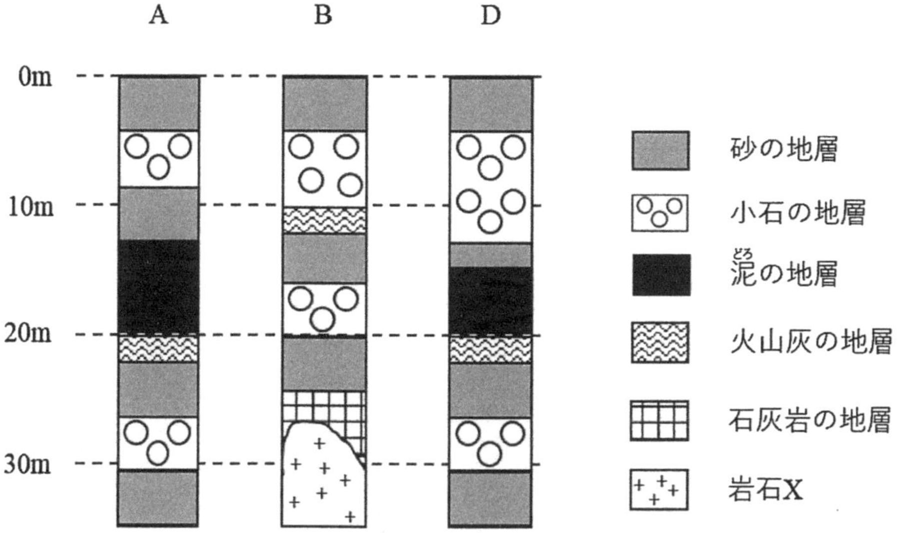

図2

問1　地層は，流れる水によって地面や川底などからけずりとられた小石・砂・粘《ねん》土が，海や湖に運ばれてたい積することでできます。流れる水が，地面や川底などをけずりとるはたらきのことを何というか答えなさい。

問２　Ｂ地点の石灰岩の地層にはサンゴの化石がふくまれていました。このことから，この地層ができたときにこの場所はどのような所だったと考えられますか。正しいものを次のア～エから１つ選び，記号で答えなさい。

ア　あたたかくて浅い海

イ　あたたかくて深い海

ウ　冷たくて浅い海

エ　冷たくて深い海

問３　図１のＣ地点でボーリング調査をすると，火山灰の地層は地表から何mの深さの所に出てくると考えられますか。正しいものを次のア～エから１つ選び，記号で答えなさい。

ア　10m

イ　15m

ウ　20m

エ　25m

問４　Ｂ地点の岩石Ｘは，マグマが地下深くでゆっくりと冷え固まってできた岩石で，白っぽい色をしています。この岩石の名前はなんですか。正しいものを次のア～エから１つ選び，記号で答えなさい。

ア　砂岩

イ　花こう岩

ウ　れき岩

エ　安山岩

問５　Ｂ地点の深さ10mの小石の地層と火山灰の地層の間には不連続な重なり方が見られます。このような重なり方を何といいますか，漢字で答えなさい。

問６　この地域の地層のかたむきは，どの方位に向かって下がっていますか。８方位で答えなさい。

令和5(2023)年度

入試Ⅰ（4教科型）

国　　語

1月7日(土)

(50分)

受験上の注意

・試験開始まで問題用紙にも解答用紙にも手をふれてはいけません。
・解答は解答用紙のわくの中にていねいな字で記入してください。
・本文の抜き出しや記述問題において、特に指定がなければ、かぎかっこ（「　」）や句読点（、　。）なども一字に数えます。
・解答用紙・問題用紙は回収しますので持ち帰らないでください。
・質問があるときや，筆記用具などを落としたとき，印刷が悪くて字がはっきりしないところなどがあれば，手を挙げて監督《かんとく》の先生の指示にしたがってください。

広島国際学院中学校

2023(R5) 広島国際学院中 入試Ⅰ
教英出版

一　次の文章を読んで、後の問いに答えなさい。（設問の都合上、本文を一部省略し、改めています。）

「少女期」とは、「わたし」という自称詞《じしょうし》を使うことで①ヒョウメイされる〈大人の女性〉になる前の段階《だんかい》である。幼児期には、自分の名前や愛称《あいしょう》、「名前＋ちゃん」と自称する子どもが多い。家族がそう呼ぶからだろう。小学校に入学する頃には、幼児期の「〇〇ちゃん」から「わたし」（女子の場合）と「ぼく」（男子の場合）に変えるように指導されるが、Aこの距離《きょり》が男女で異なる。

女子の場合、幼児期の「〇〇ちゃん」から、「わたし」へといっきょに〈大人の女性〉と同じ自称詞になる。一方男子は、小さいときには「〇〇ちゃん（くん）」を使い、次第に〈少年性〉に印づけられた「ぼく」を経て、完全な大人になったら「わたし」も時には使うというゆるやかな②ミチスジが用意されている。「わたし」に比較《ひかく》して「ぼく」は〈大人度〉がずっと低い。男子でも大人になれば「わたし」を使う機会もあるだろうが、小学生で「わたし」を使う男子がいたら、非常に大人びた印象を受けるのではないだろうか。つまり、今ある自称詞には、〈少女性〉に印づけられた若々しいものがないのだ。

では、少女にとって「大人の女性になる」ということは、どのような意味を持っているのだろうか。

社会言語学者のペネロプ・エカート（注1）は、アメリカの小学五年生を③カンサツし、子どもたちの成長過程で「異性愛市場」が出現することを指摘《してき》している。異性愛市場とは、少女と少年が異性愛のカップルとしてB「つきあう」ことが子ども同士の関係や地位を秩序《ちつじょ》付ける場を指す。

これが「市場」と呼ばれているのは、カップルが驚《おどろ》くべき短期間にくっついたり離《はな》れたりするからで、あたかもその子どもの価値が市場での交換価値《こうかんかち》のようになるからだ。［Ⅰ］、カップル同士よりも「仲介人」（手紙を渡したり、「あの子があなたを好きだ」と伝える子）の役割が大きい点も市場と似ている。

異性と付き合うことが、子どもから大人に成長する証《あかし》だと考えられているため、この市場に参加するクラスの一部の子どもたちは、他の子どもたちよりも④セイジュクしている「おませ」だとみなされる。それぞれの子どもの地位は、異性にとってどれだけ魅力的《みりょくてき》か、［Ⅱ］、カップルを成立させる有能な「仲介人」になれるかどうかという、まったく新しい基準で決められるようになる。

異性愛市場では、カップル同士ではなく、この市場に参加する同性の友人間の地位や絆《きずな》が重視される。異性と付き合うことは、同性の友人同士が親密に語り合う格好《かっこう》の話題を提供してくれる。異性愛市場は、セクシュアリティ（注2）というよりも、同性間の親しさや地位の違《ちが》いにかかわっているのだ。

同時に、異性愛市場に参加することは、男女で異なる異性愛セクシュアリティの枠組《わくぐ》みを受け入れることになる。異性愛規範によると、〈女〉の性的欲望《よくぼう》は受動的で、〈男〉の性的欲望は能動的ということになっている。この枠組みでは、〈女〉は能動的な欲望を持った〈男〉の性の対象物とみなされる。性の対象物とは、たとえば、「痴漢《ちかん》」の被害《ひがい》にあう可能性があるということだ（現実には、子どもも性犯罪の被害に遭《あ》っているのだが）。

このような枠組みは、C少女にジレンマをもたらす。性の対象物になるということは、男性の性的欲望による危険や恐れを自覚することでもあるからだ。(注3)橋本治《はしもとおさむ》は、「少女達は性に目覚めると同時に自分のうちにあるひとつの危険を抱えこみ、それを殊更《ことさら》に自覚することになる」と表現している。

異性愛の「大人の女性」になるということは、性愛の対象になりたいという欲望と、なってしまうと性の対象物にさせられてしまうというジレンマの中で、微妙《びみょう》なバランスを保って生きていくことなのである。少女にとって「大人の女性になる」意味のひとつは、この異性愛の女性的セクシュアリティのジレンマを引き受けることなのである。

異性愛市場の入り口にいる女子は、女性的セクシュアリティのジレンマに早めに突入《とつにゅう》する〈おませ〉となるか、子ども扱《あつか》いされる〈おくて〉でいるかという選択《せんたく》を迫《せま》られている。異性よりも同性との関係が重要な多くの少女は、このどちらにもなりたくない。

この異性愛の女性的セクシュアリティのジレンマを象徴《しょうちょう》しているのが「わたし」という自称詞である。「わたし」を使うことは、異性愛の「大人の女性になる」ことなのである。そう考えると、少女が「わたし」を使わない理由を理解することができる。

少女たちは、性の対象物である〈おませ〉にも、友だちから相手にされない〈おくて〉にもなりたくないから「わたし」以外の自称詞を使う。いつか「大人の女性」のジレンマを引き受けなければならないときが来るまでは、どちらの選択もしたくないのである。

新しい自称詞といっても、いきなり自分のことを「パピポ」などとまったく新しいことばを使っても理解してもらえないので、身近にある男子の「ぼく・おれ」や、関西方言の自称詞である「うち」を借用したのである。

少女が「ぼく・おれ・うち」を使うのは、決して男のようになりたいからではなく、そもそも日本語には「〇〇ちゃん」から「わたし」へと突然「大人の女になる」自称詞しか用意されておらず、〈子ども〉でも〈女〉でもない(注4)アイデンティティを表現することばがないからなのだ。

このことに気づくと、少女の用いる「ぼく・おれ・うち」は、むしろ、新しい〈少女性〉の創造であることが分かる。この意味で、**D**少女の言葉づかいは、ことばの不足を超越《ちょうえつ》した創造的な行為だといえる。自分たちにぴったりのことばがない以上、これからも少女たちはさまざまな自称詞を創造しつづけるだろう。

（中村桃子《なかむらももこ》『「自分らしさ」と日本語』〈ちくまプリマー新書〉より）

《語注》

注1　ペネロプ・エカート　…カリフォルニア州スタンフォードにあるスタンフォード大学の言語学教授。

注2　セクシュアリティ　…恋愛や性的な興味の対象がどのような性別に向くかを意味する「性的指向」のこと。

注3　橋本治　…日本の小説家、評論家、随筆家。

注4　アイデンティティ　…自分自身が何者であるかという認識。個人を表現する際の性質や個人を形成する要素のこと。

問一　――線部①～④のカタカナを漢字に改めなさい。

問二　本文中の空欄《らん》［Ⅰ］・［Ⅱ］に入ることばとして、最も適当なものを、次の中からそれぞれ一つずつ選び、記号で答えなさい。

ア　たとえば
イ　さらに
ウ　しかし
エ　あるいは
オ　むしろ

問三　――線部A「この距離が男女で異なる」とありますが、それはなぜですか。理由の説明として、最も適当なものを、次の中から一つ選び、記号で答えなさい。

ア　男子は用いたくなるような自称詞が次々に誕生しており、使用する自称詞が目まぐるしく変化しているのに対して、女子は画一的な自称詞しかなく、使用する自称詞に変化が表れにくいから。

イ　男子は既存の自称詞の数が多く、使用する自称詞を段階的に変化させることができるのに対して、女子は自称詞の数が少なく、自己の個性やイメージに合わなくても特定の自称詞を使わざるを得ないから。

ウ　男子はどの自称詞も表現する個性やイメージが同一であり、使用する自称詞への悩みは生じにくいのに対して、女子は個性を表現するちょうどよい自称詞がなく、使用する自称詞に悩みやすいから。

エ　男子は自身の社会的な性別への意識が芽生える時期が遅く、自称詞に違和感を持つことが少ないのに対して、女子は自身の社会的な性別への意識が芽生える時期が早く、自称詞への問題意識を持ちやすいから。

オ　男子は大人になりたいという意識が強く、使用する自称詞を前向きに変更するのに対して、女子は守られる対象であり続けたいという意識が強く、使用する自称詞をあまり変更しないから。

問四　――線部B「『つきあう』ことが子ども同士の関係や地位を秩序付ける」とありますが、それはどういうことですか。説明として、最も適当なものを、次の中から一つ選び、記号で答えなさい。

ア　異性愛市場に参加することで大人と見なされ、恋愛に関する資質や魅力の有無が子ども間での序列を決める際に重要視されるということ。

イ　異性にとって魅力的かどうかに関わらず、カップルが成立しているかどうかという点で子どもたちが評価されるようになるということ。

ウ　これまで子どもたちの優劣を決めてきた要素の重要度が増し、それらが異性にとっての魅力であると見なされるようになるということ。

エ　恋愛をすることが精神的な発達の証だと認識され、より早くから異性愛市場に参加することが子どもたちの中で価値を持ち始めるということ。

オ　男女で恋愛関係となり「つきあう」ことによって子どもたちに精神的な安定がもたらされ、良好な友人関係の維持《いじ》につながるということ。

問五　――線部C「少女にジレンマをもたらす」とありますが、ここでの「ジレンマ」とはどのような状態ですか。「ある問題に対し二つの選択肢が存在し、そのどちらを選んでも何らかの不利益や不都合があり、どちらを選ぶかを決めかねている状態」という「ジレンマ」の辞書的な意味を踏まえ、六十字以上七十字以内で説明しなさい。

問六　――線部D「少女の言葉づかいは、ことばの不足を超越した創造的な行為」とありますが、それはどういうことですか。七十字以上八十字以内で説明しなさい。

問七　本文の内容として、最も適当なものを、次の中から一つ選び、記号で答えなさい。

ア　少女は「わたし」を自称することによって、女性的セクシュアリティのジレンマを克服することができる。

イ　自身をより的確に表現したいという欲求によって、今までにない全く新しい自称詞が生み出されている。

ウ　男性であるか女性であるかに関わらず、自分にとってしっくりくる自称詞を自由に用いていけばよい。

エ　「わたし」は大人の女性に対応する自称詞であり、男性が「わたし」を用いるのは本来不適切である。

オ　社会の中には男女それぞれのセクシュアリティに対する、固定的な思いこみやイメージが存在している。

問八　次の会話は、本文について国語の授業で話し合ったときの内容の一部です。会話文中の空欄［　i　］・［　ii　］に入る適当なことばを、後の【資料】中からそれぞれぬき出して答えなさい。

生徒A　「これまで自称詞についてあまり深く考えたことはなかったけど、これも一つのアイデンティティを表現する道具であるという筆者の考えは印象的でした。」

生徒B　「確かに。『僕』と『俺《おれ》』でも受ける印象は異なる気がするし、言葉って奥深いね。」

生徒C　「そうだね。その意味では私たちが用いる言葉づかいもアイデンティティを表現する道具と言える気がするよ。」

先生　「その他に印象に残った部分などはありますか。」

生徒D　「私は『異性よりも同性との関係が重要な多くの少女』という表現が印象的でした。確かに心当たりのある内容でしたが、なぜ同性の関係が重要なのかがよくわかりませんでした。」

先生　「それについては【資料】の論文で触《ふ》れられていますよ。」

生徒E　「なるほど。多くの変化に直面する思春期に、それを乗り越えるために［　i　］をもたらしてくれる精神的なよりどころとして［　ii　］的な存在である同性との関係を重視するからなんですね。」

先生　「そのようですね。」

【資料】

お詫び
著作権上の都合により、文章は掲載しておりません。
ご不便をおかけし、誠に申し訳ございません。
教英出版

（隅田真理子《すみだまりこ》・島谷《しまたに》まき子《こ》　論文『思春期女子グループの友人関係と携帯メールの使用―グループの友人への欲求および対面の友人関係との関連から』より）

《語注》
注1　第二次性徴　…体全体での生物学的性差のこと。
注2　如実　…ありのまま。
注3　凝集　…散らばっていたものが、一つに集まり固まること。
注4　顕著　…際立《きわだ》って目につくこと。

二　次の【文章1】・【文章2】を読んで、後の問いに答えなさい。（設問の都合上、本文を一部省略し、改めています。）

【文章1】

小学三年生の「ぼく」は、母が入院しているため、父と弟の伸二《しんじ》、祖父母と暮らしている。ある日、弟が突然《とつぜん》母に会いたいと言い出し、なだめたが聞かなかったために、二人で家族にはだまって母に会いに行く決心をした。ところが、病院までのバス代がなかったため、路地で弟を待たせ、古田婆《ばあ》さんのいる駄菓子屋《だがしや》の釣り銭入れからお金を持ち出し、バスに乗って病院に向かうとバス停まで母が出迎《でむか》えてくれた。

「爺《じい》ちゃんと婆ちゃん、いくっていえば、だめだっていうから……。どうしてぼくと伸二がくるって知っていたの？」

母は笑って答えなかった。ぼくの肩《かた》を抱いて病院に向かって歩き出した。弟のやつは母の手をしっかりと握《にぎ》っている。

「二人がどこにもいないので、きっと母ちゃんのところにいったと思って、それで父ちゃんが中央①停留所にいってきいたら、キップ売場の人が二人のことをおぼえていたの。父ちゃんね、いまごろバスにのってこっちに向かってるよ。お腹すいたでしょう？　ラーメン出前してもらおうね」

弟が歓声《かんせい》をあげた。ぼくもラーメンが食べられるのはうれしかったけれど、このあとがどういう展開になるのか不安で、弟のように素直に喜べなかった。母は家に電話をしてぼくたちが到着《とうちゃく》したことを告げた。それからぼくたちは母の病室で話をした。弟のやつがはしゃいで一人でしゃべりつづけた。ぼくはバス代のことが気になっていつもよりは無口になっていた。母はバス代のことについてひとことも問いたださなかった。ラーメンがふたつ、病室に運ばれてきた。母は、ぼくと弟がラーメンを食べるのを笑顔でみていた。ラーメンを食べ終わり、またしばらく三人で話をしてから母が笑いかけながらきいた。

「バス代、どうしたの？」

「借りてきたんだ、古田の婆さんに……」ぼくは母から目をそむけてしまった。まっすぐにみることができなかった。「だから、返さないといけないんだ」

そういえば母も②納得して、それ以上のことは問いつめないだろうとぼくはⓐ踏んでいた。小学三年生の知恵なんてその程度のものだった。お金を盗《ぬす》んだことの、考えうる最高のいいわけだと思ったけど、そうは簡単にことが運ぶわけはなかった。

「そう。古田の婆さん、なんていったの？」

「……なんにも……」

「貸してくださいっていったんでしょう?」
「……うん……」
「でもだまってたの?」
「……うん……」
そのあと母がなにもいわないので、ぼくは母を③上目づかいにみた。母はやさしく笑ってぼくをみているだけだった。でも、母は泣いていた。ぼくに笑いかけながら、涙が頬《ほお》をつたっていた。Aぼくは母を泣かせてしまったとせつなくなった。本当のことをいわなければ。ぼくは重い口を開いた。
「貸してって、心の中で、いったんだ……。口にだしていわなかった……」
「そう」
母はぼくの手をとった。B細くて、あたたかくて、白くて、きれいな手だった。あのぬくもりはいまでもぼくの手に残っている。
「久志は自分がどういうことをしたか、わかっているわよね」
「……うん……」
「これからは絶対にそんなことをしちゃだめよ」母はやさしくぼくを諭《さと》した。「約束してくれる?」
「……うん……」
「父ちゃんに、ちゃんとお金を返してもらおうね」
「うん」
「約束だよ。久志がやったことは人間としてやってはいけないことなの。でも、本当のことをいってくれて、母ちゃん、久志のこと、安心したよ。本当のことをいうのは、勇気がいるよね。でも母ちゃんは、久志は本当のことをいってくれると信じていたよ」
そういうと、母は突然ベットの上で息を詰《つ》まらせたように泣き出した。ぼくの手をにぎり、ぼくを見つめたまま、ポロポロと涙をこぼした。
「ごめんなさいね。母ちゃん……本当にごめんなさいね」そういって母は震《ふる》えだした。
なぜ母がぼくに謝《あやま》らなければならないのだろう? ぼくはとまどい、どうしていいのかわからず、だまって母をみつめることしかできなかった。

「ごめんなさいね。本当にごめんなさいね」
母は声を震わせていつまでもぼくに謝るのだった。いつまでも……。

（川上健一《かわかみけんいち》『翼《つばさ》はいつまでも』〈集英社文庫〉より）

【文章2】

明治十八年頃の横浜・山手にある西洋人のキリスト教主義の学校に、主人公「僕」は親の方針で通っていた。学校の行き帰り海岸から見る海の景色を美しく絵に描こうとするが、「僕」が持っている絵の具ではどうしても本当の景色で見るような色が出せず、悩んでいた。そんな時、クラスメイトであるジムが持っている、高級で美しい絵の具へのあこがれから、「僕」はその絵の具を盗んでしまった。本文はそれに続く場面である。

よくできる大きな子が前に出て、僕がジムの絵の具をとったことをくわしく先生に言いつけました。先生はすこし曇《くも》った顔つきをしてまじめにみんなの顔や、半分泣きかかっている僕の顔を見くらべていなさいましたが、僕に「それは本当ですか。」ときかれました。本当なんだけれども、僕がそんないやなやつだということを、どうしても僕の好きな先生に知られるのがつらかったのです。だからC僕は答える代わりに本当に泣き出してしまいました。

先生はしばらく僕を見つめていましたが、やがて生徒たちに向かって静かに「もういってもようございます。」と言って、みんなをかえしてしまわれました。生徒たちは少しもの足らなそうにどやどやと下に降りていってしまいました。

先生は少しの間なんとも言わずに、僕の方も向かずに、自分の手のつめを見つめていましたが、やがて静かに立ってきて、僕の肩のところを抱《だ》きすくめるようにして「絵の具はもう返しましたか。」と小さな声でおっしゃいました。僕は返したことをしっかり先生に知ってもらいたいので深々とうなずいてみせました。

「あなたは自分のしたことをいやなことだったと思っていますか。」

もう一度そう先生が静かにおっしゃった時には、僕はもうたまりませんでした。［Ⅰ］震えてしかたがないくちびるを、かみしめてもかみしめても泣き声が出て、眼からは涙がむやみに流れてくるのです。

「あなたはもう泣くんじゃない。よくわかったらそれでいいから泣くのをやめましょう、ね。次の時間には教場（注1）に出ないでもよろしいから、私のこのお部屋にいらっしゃい。いい。」とおっしゃりながら僕を長椅子《ながいす》に座らせて、その時また勉強の鐘《かね》がなったので、机の上の④書物を取りあげて、僕の方を見ていられましたが、二階の窓まで高くはい上がった葡萄《ぶどう》づるから、一房《ひとふさ》の西洋葡萄をもぎとって、［Ⅱ］泣きつづけていた僕のひざの上にそれをおいて、静かに部屋を出てゆきなさいました。

一時がやがやとやかましかった生徒たちはみんな教場にはいって、急にしんとするほどあたりが静かになりました。僕はさびしくってさびしくってしようがないほど悲しくなりました。あのくらい好きな先生を苦しめたかと思うと、僕は本当に悪いことをしてしまったと思いました。葡萄などはとても食べる気になれないで、いつまでも泣いていました。

（中略）

「昨日の葡萄はおいしかったの。」と問われました。僕は顔を真っ赤にして「ええ。」と白状するよりしかたがありませんでした。

「そんならまたあげましょうね。」

そう言って、先生は真っ白なリンネル（注2）の着物につつまれた体を窓からのび出させて、葡萄の一房をもぎ取って、真っ白い左の手の上に粉《こ》のふいた紫色の房を乗せて、細長い銀色のはさみでまん中から［Ⅲ］二つに切って、ジムと僕とにくださいました。真っ白いてのひらに紫色の葡萄の粒《つぶ》が重なって乗っていたその美しさを僕は今でもはっきりと思い出すことができます。

僕はその時から前より少しいい子になり、少しⓑはにかみ屋でなくなったようです。

それにしても僕の大好きなあのいい先生はどこに行かれたでしょう。もう二度とは遭《あ》えないと知りながら、僕は今でもあの先生がいたらなあと思います。秋になるといつでも葡萄の房は紫色に色づいて美しく粉をふきますけれども、それを受けたD大理石（注3）のような白い美しい手はどこにも見つかりません。

（有島武郎《ありしまたけお》『一房《ひとふさ》の葡萄《ぶどう》』〈教育出版〉より）

《語注》

注1　教場……教室。

注2　リンネル……亜麻《あま》の繊維《せんい》で織った薄い織物。

注3　大理石……石灰岩が変質して結晶した岩石。普通《ふつう》は白色で、美しいまだら模様《もよう》がある。

問一　═線部①～④の漢字の読みを、ひらがなで答えなさい。

問二　～～線部ⓐ「踏んでいた」・ⓑ「はにかみ屋」の本文中で使われている意味として、最も適当なものを、次の各群の中からそれぞれ一つずつ選び、記号で答えなさい。

ⓐ踏んでいた

ア　安心していた　　イ　計算していた
ウ　喜んでいた　　エ　期待していた

ⓑはにかみ屋

ア　いじわるをする人　　イ　笑わない人
ウ　すぐに泣く人　　エ　はずかしがる人

問三　本文中の空欄［Ⅰ］～［Ⅲ］に入る副詞として、最も適当なものを、次の中からそれぞれ一つずつ選び、記号で答えなさい。

ア　ぶるぶると　　イ　ぷつりと　　ウ　せかせかと　　エ　ぽつりと　　オ　しくしくと

問四　――線部A「ぼくは母を泣かせてしまったとせつなくなった」・C「僕は答える代わりに本当に泣き出してしまいました」とありますが、このときの両者に共通する気持ちを、三十字以上四十字以内で説明しなさい。

問五　【文章1】・【文章2】のいずれの主人公も罪を犯してしまいますが、それについて、次の各問いに答えなさい。

1　【文章1】の母親は、「ぼく」が罪を犯したことで、どのような心情になっていますか。五十字以上六十字以内で説明しなさい。

2　【文章2】の先生は、罪を犯した「僕」に対して、どうしていることが分かりますか。それについて説明した、次の文の空欄［ⅰ］・［ⅱ］に入ることばを、それぞれ十字以内で答えなさい。

「僕」に［　ⅰ　］ことによって「僕」の盗みを犯した罪が［　ⅱ　］を伝えようとしている。

問六　――線部B「細くて、あたたかくて、白くて、きれいな手」・D「大理石のような白い美しい手」とありますが、この描写にはどのような表現上の効果がありますか。最も適当なものを、次の中から一つ選び、記号で答えなさい。

ア　主人公を深く理解してくれる母や先生の「手」を細かく描写することで、周囲の人がどれだけ主人公に無理解な存在であったかということを表している。

イ　「白い手」「美しい手」は母親や先生が一切《いっさい》の不正を許さない清らかな人であることを表現する一方で、道にはずれた行いをした主人公の絶望感を強調している。

ウ　母親や先生の「手」を印象的に描写することで、盗みを犯した主人公を包みこんでくれたという母性や愛情に対しての主人公の感動を際立たせている。

エ　母親や先生がせっかく「手」を握《にぎ》ってはげましてくれたのにもかかわらず、謝ることもできなかった主人公の無念さを手の白さによって印象づけている。

オ　たとえを用いて母親や先生の「手」のぬくもりを描写することで、意地を張っていた主人公の心が和らぐと同時に、作品に漂《ただよ》っていた緊張感《きんちょうかん》も解かれている。

三

次の図はオランダの国旗がどういったものかを説明するために、情報をまとめたもので、後の【文章】はそれを文章化したものです。これらをよく読み、後の問いに答えなさい。

図

- オランダ国旗の説明
  - 形
    - 縦横二対三
    - （Ａ）
    - 横長
  - 模様
    - 三本の横じま
    - （Ａ）を横に（Ｂ）
  - 色
    - 三色
    - 上から順に赤・白・青

【文章】

オランダの国旗は次のようなものである。［Ⅰ］、形は横長の（　Ａ　）で、縦横のヒリツが二対三くらいである。［Ⅱ］、模様は三本の横じまで、なおかつ（　Ａ　）を横に（　Ｂ　）してある。［Ⅲ］、色は三色で、上から順に、赤、白、青色である。このようにオランダ国旗は構成されている。

問一　＝線部「ヒリツ」の漢字の別の読み方を二つ答えなさい。ただし訓読みの場合は送りがなも答えること。

問二　空欄［Ⅰ］～［Ⅲ］に入る、文章の展開を表す語をそれぞれ答えなさい。

問三　空欄（　Ａ　）・（　Ｂ　）に入る語をそれぞれ漢字で答えなさい。

問四　説明をする時に「図」のようなメモを作る目的として**適当でない**ものを、次の中から一つ選び、記号で答えなさい。

ア　説明に必要な情報を過不足なくぬき出すため。
イ　グループ分けをし、グループごとに情報を伝えるため。
ウ　内容が最も伝わりやすい順番で説明するため。
エ　説明しながら情報を補えるように、思考を整理するため。

問五　「図」や【文章】での説明の順番にはどのようなルールがあると考えられますか。読み取れるルールを二つ答えなさい。ただし、例にしたがって、漢字一字ずつで答えること。

（例）　大　から　小

令和4(2022)年度

入試Ⅰ(4教科型)

国　語

1月8日(土)

(50分)

受験上の注意

・試験開始まで問題用紙にも解答用紙にも手をふれてはいけません。
・解答は解答用紙のわくの中にていねいな字で記入してください。
・本文の抜き出しや記述問題において、特に指定がなければ、かぎかっこ(「　」)や句読点(、。)なども一字に数えます。
・解答用紙・問題用紙は回収しますので持ち帰らないでください。
・質問があるときや，筆記用具などを落としたとき，印刷が悪くて字がはっきりしないところなどがあれば，手を挙げて監督《かんとく》の先生の指示にしたがってください。

広島国際学院中学校

2022(R4) 広島国際学院中 入試Ⅰ
K 教英出版

一　次の文章を読んで、後の問いに答えなさい。（設問の都合上、本文を一部省略し、改めています。）

人工知能研究の副産物として、今の中学生の多くが教科書を読めていないという衝撃《しょうげき》的な事実が判明したのは記憶《きおく》に新しい。

人工知能プロジェクト「ロボットは東大に入れるか」を進めてきた国立情報学研究所の新井《あらい》紀子《のりこ》は、２０１６年にＡ「東ロボくん」の東大合格を断念した。

「東ロボくん」(注1)はきわめて優秀《ゆうしゅう》だった。高校3年生の上位2割に入る実力があり、２０１６年にはついに関東ならＭＡＲＣＨ（明治、青山学院、立教、中央、法政）、関西なら関関同立（関西、関西学院、同志社、立命館）と呼ばれる難関私大に合格する可能性が80％以上と判定された。［　Ｉ　］、東京大学には及《およ》ばず、今後も無理だろうと言う（朝日新聞２０１６年11月25日付）。そこには記述式の問題が①ジュウシされているかどうかが大きくかかわっていると考えられた。つまり、人工知能は文章の読解が苦手なのだ。

「東ロボくん」を5年間にわたって育ててきた新井は、人工知能にできることと、できないことがあることがわかったと言う。つまり、人工知能は、膨大《ぼうだい》なデータを覚え、蓄積《ちくせき》されたデータから傾向《けいこう》をとらえるのは得意なのだが、文章の意味がわからないのだ。

つまり、問題の意味を理解して解答しているわけではなく、確率論的に解答しているにすぎない。それにもかかわらず、8割の高校生が、文章の意味を理解できない「東ロボくん」の成績に及ばない。

それはなぜか。その疑問を解くためにＢ読解力についての学力調査をしたところ、今の中学生の約2割は教科書の文章の主語と目的語が何かという基礎《きそ》的読解ができず、約5割は教科書の内容を読み取れていないということが判明したのだ（朝日新聞２０１６年11月9日付）。教科書の文章の主語と目的語の区別ができない中学生が2割もいる。そして教科書に書かれている内容を理解できない中学生が5割もいるのである。

教科書に書かれている文章の意味がわからないのでは、勉強ができるようになるわけがない。教科書というのは、わかりやすいように平易《へいい》な文章で構成されている。それでも理解できない。

日本人なのだから日本語で書かれた文章は理解できているだろうと思ったら、じつは多くの中学生や高校生は理解できていなかった。これは衝撃的な発見と言わざるを得ない。生徒の保護者や世の中の一般の大人たちは、学校で授業を受けることが学びになる、予習すれば効果的な学びにつながると思っているだろうが、教科書も先生の解説も読解できないとしたら、授業に出ていても意味不明の言葉の連鎖《れんさ》を耳にしているだけ、予習をしても意味不明の言葉の連鎖を目にするだけ、ということになってしまう。

そんなバカなと思われるかもしれないが、教育現場で生徒を相手にしている先生たちは、生徒たちの読解力の乏《とぼ》しさを日頃《ひごろ》から②ツウカンしているはずである。

文部科学省による2019（令和元）年度の調査《ちょうさ》データをみると、教育③キカンにおける生徒の暴力行為《こうい》の発生件数は7万8787件である。Cその内訳をみると・・・（中略）・・・。

このところの［X］におけるD暴力事件の急増には、厳しさを欠《か》いた子育てによる自己コントロール力の欠如《けつじょ》に加えて、読解力の乏しさも関係しているに違いない。

それは2通りの形で関係していると考えられる。まず第1に、友人関係の文脈において、読解力不足によるコミュニケーションのすれ違《ちが》いが起こりやすいということがある。読解力が乏しいと、相手の言葉の意味を正確に読み取ることができず、お互《たが》いに相手のことをわけがわからないと思ったり、自分勝手なことばかり言ってくると曲解したりして、ちょっとしたことがきっかけでトラブルに発展しやすい。

これには読解力と相互《そうご》作用しながら発達していく語彙《ごい》力の不足も関係する。語彙力が乏しいと、文章や人の言葉を適切に読解できないだけでなく、自分の思っていることを的確に表現することができない。なんでも「やばい」とか「(注2)エモい」とかですませていると、微妙《びみょう》なニュアンスを伝えるための言葉が頭の中の辞書に蓄積されず、自己表現がうまくできない。

第2に、授業の場で読解力不足によるイライラが生じやすいということがある。教科書を読んでも授業中の教師の解説を聴《き》いてもよくわからないためイライラする。朝から午後まで、しかも毎日のようにそのような授業時間を過ごすのは、相当つらいに違いない。そのストレスによって攻撃的な気持ちになりやすい。

心理学の理論に欲求不満―攻撃仮説というのがあるが、欲求不満状態に陥《おちい》ると人は攻撃《こうげき》的な言動をとりやすいことが多くの実験により実証されている。［Ⅱ］、わけのわからない授業でストレスを溜《た》め込んだ児童が、ちょっとしたことをきっかけに暴言を吐《は》いたり暴力を振《ふ》るったりということになりやすい。

そのような語彙力や読解力のまま大人になってしまい、仕事や日常の人間関係でトラブルを生じたりすることも少なくない。(注3)クレーマーの増加が社会問題となり、企業《きぎょう》や店舗《てんぽ》の顧客《こきゃく》対応担当者は、理不尽《りふじん》なクレーマー対策に頭を悩《なや》ませている。だが、そもそも理不尽なクレーマーの中には、理屈《りくつ》を理解できない人物が多いようだ。

クレーマーに限らず、何かとすぐに苛立《いらだ》ちを示す人には、相手の言うことをちゃんと理解できず、(注4)いちゃもんをつけられたように感じたり、理不尽なことを言われたような気がして、攻撃的な④シセイを取っている人が多いように思われる。

そうならないためにも、E子どもの頃から語彙力や読解力を培《つちか》っておくことが大切となる。

（榎本博明《えのもとひろあき》『読書をする子は○○がすごい』〈日経プレミアシリーズ〉より）

《語注》

注1　東ロボくん　…日本の国立情報学研究所が中心となって行われているプロジェクト「ロボットは東大に入れるか」において研究・開発が進められている人工知能の名称《めいしょう》。

注2　エモい　…言葉では説明できないような「さびしい」や「感動」を示す若者言葉。

注3　クレーマー　…商品の欠陥《けっかん》、客への対応の仕方についてしつこく苦情を言う人。

注4　いちゃもん　…あれこれ文句をつけること。また、その文句。

問一　═══線部①～④のカタカナを漢字に改めなさい。

問二　本文中の空欄《らん》［Ⅰ］・［Ⅱ］に入ることばとして、最も適当なものを、次の中から一つずつ選び、記号で答えなさい。

ア　ゆえに　　イ　もっとも　　ウ　なぜなら　　エ　むしろ　　オ　しかし

問三　──線部Ａ「『東ロボくん』の東大合格を断念した」とありますが、その理由を四十字以上五十字以内で説明しなさい。

問四　──線部Ｂ「読解力についての学力調査」とありますが、次の実際の調査問題１・２に答えなさい。

１　「仏教は東南アジア、東アジアに、キリスト教はヨーロッパ、南北アメリカ、オセアニアに、イスラム教は北アフリカ、西アジア、中央アジア、東南アジアにおもに広がっている」

この文脈において、以下の文中の空欄にあてはまる最も適当なものを、後の中から一つ選び、記号で答えなさい。

オセアニアに広がっているのは（　　　　）である。

ア　ヒンドゥー教　　イ　キリスト教　　ウ　イスラム教　　エ　仏教

２　「幕府は、１６３９年、ポルトガル人を追放し、大名には沿岸の警備を命じた。」

右記の文が表す内容と以下の文が表す内容は同じか。「同じである」「異なる」のうちから答えなさい。

１６３９年、ポルトガル人は追放され、幕府は大名から沿岸の警備を命じられた。

（新井《あらい》紀子《のりこ》『AI　vs.　教科書が読めない子どもたち』〈東洋経済新報社〉改）

問五　――線部C「その内訳をみると」とありますが、後にあげる資料1はその内訳と推移を表したものです。次の各問いに答えなさい。

1　本文中の空欄 X に入ることばを、資料1を参考にして答えなさい。

2　次の会話は本文と資料1をもとに生徒たちが話し合いをしたものです。本文と資料1の内容にあてはまるものとして、最も適当なものを、次の中から一つ選び、記号で答えなさい。

ア　広美　学校での暴力事件の発生率はどの校種でも年々上がっているのがわかるね。特に中学校では、平成18年から21年にかけて急激に上昇している。中学校での暴力事件が大きな問題だね。

イ　島男　そうだね。中学校での発生件数は平成9年以降ずっと最多になっているし、ここ二十年以上解決できていない問題だね。日常の人間関係でトラブルに発展することも多いみたい。

ウ　安子　いやいやちがうよ。中学校の発生件数がずっと最多なわけではないよ。でも令和元年では中学校での発生件数は高校の発生件数の五倍を超《こ》えているわけだから大問題には変わりないけど。

エ　海斗　校種ごとの増減はあるけど、全体の発生件数や発生率の増加が気になるよ。ここ三十年間で発生件数、発生率ともに十倍を超えているんだから、やはり何か手を打つべきだよ。

オ　曽太　たしかに。高校生の暴力事件の件数は年々減っているし、大人になるにつれて攻撃的な態度をとる人はいなくなるわけだから、小中学校での対策を強化していくべきだよね。

【資料1】

学校の管理下における暴力行為の発生件数の推移

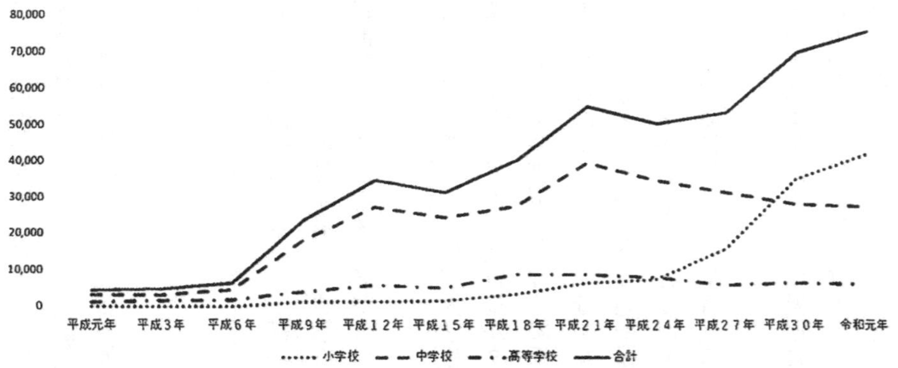

	平成元年	平成３年	平成６年	平成９年	平成１２年	平成１５年	平成１８年	平成２１年	平成２４年	平成２７年	平成３０年	令和元年
小学校	-	-	-	1,304	1,331	1,600	3,494	6,600	7,542	15,870	34,867	41,794
中学校	3,222	3,217	4,693	18,209	27,293	24,463	27,540	39,382	34,528	31,274	28,089	27,388
高等学校	1,194	1,673	1,791	4,108	5,971	5,215	8,985	8,926	8,195	6,111	6,674	6,245
合計	4,416	4,890	6,484	23,621	34,595	31,278	40,019	54,908	50,265	53,255	69,630	75,427

学校の管理下における暴力行為発生率の推移（1,000人当たりの暴力行為発生件数）

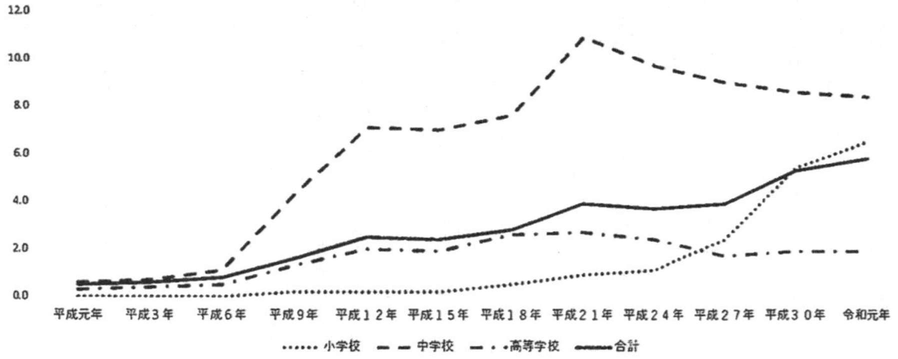

	平成元年	平成３年	平成６年	平成９年	平成１２年	平成１５年	平成１８年	平成２１年	平成２４年	平成２７年	平成３０年	令和元年
小学校	-	-	-	0.2	0.2	0.2	0.5	0.9	1.1	2.4	5.4	6.5
中学校	0.6	0.7	1.1	4.3	7.1	7.0	7.6	10.9	9.7	9.0	8.6	8.4
高等学校	0.3	0.4	0.5	1.3	2.0	1.9	2.6	2.7	2.4	1.7	1.9	1.9
合計	0.5	0.6	0.8	1.6	2.5	2.4	2.8	3.9	3.7	3.9	5.3	5.8

文部科学省　児童生徒の問題行動・不登校等生徒指導上の諸課題に関する調査結果について　（改）

問六　——線部**D**「暴力事件の急増には、厳しさを欠いた子育てによる自己コントロール力の欠如に加えて、読解力の乏しさも関係しているに違いない」とありますが、「暴力事件」と「読解力」の関わりを九十字以上百字以内で説明しなさい。

問七　——線部**E**「子どもの頃から語彙力や読解力を培っておくことが大切」とありますが、筆者は同じ本の別の所で次のように述べています。筆者の主張として最も適当なものを、本文と資料2をふまえて、後の中から一つ選び、記号で答えなさい。

【資料2】

じつは、読書量が多いほど読解力が高いということも、多くの調査研究によって示されている。

たとえば、心理学者の猪原敬介《いのはらけいすけ》たちが小学校1年生から6年生までの児童を対象に実施《じっし》した調査において、読書時間や読書冊数、学校の図書室からの図書貸出数などから測る読書量が多いほど、語彙力も読解力も高いことが示されている。

言語学者の澤崎宏一《さわざきこういち》は、大学生を対象に読書習慣と読解力についての調査を行っている。その結果をみると、子どもの頃から現在までの総読書量が文章理解力と関係していた。そして、小説などの読書量が、新聞・雑誌やマンガの読書量よりも、文章理解力と強く関係していた。

さらに澤崎は、文章ではなく単文、つまりたったひとつの文の読解力にも読書経験が関係していることを、同じく大学生を対象とした調査によって確認している。その調査では、読書経験が豊かな者ほど、ひとつの文が自然か不自然か、つまりおかしな文かどうかを正しく判断できることが明らかになっている。

しかも、高校時代や大学時代の読書量より、小中学校時代の読書量の方が、大学生の単文の読解力に強く関係していた。

自分では本を読めない幼児期における親による読み聞かせが、子どもの読解力を高めることもわかっている。幼児期から小学校中学年まで追跡《ついせき》調査した研究によれば、幼児期に親からよく読み聞かせをしてもらった子どもは、あまり読み聞かせをしてもらわなかった子どもよりも、小学校4年生になったときの読解力が高いことが示されている。

ア　大人になった時に理不尽なクレーマーにならないために、雑誌やマンガなど読みやすい文章を取りかかりとして、文章に触《ふ》れる回数をとにかく増やしていくことが必要である。

イ　学生の多くが読解力が乏しいことが原因で平易な文章で作られている教科書すら読めないので、新聞など短く分かりやすい文をよく読んで、読解力を身につけるべきである。

ウ　小学生のうちから小説などの読書量を増やし読解力を身につけることで、学校での授業の理解度が上がり、学力が向上するとともに、理性的な判断ができる人間になれるはずである。

エ　学校での授業をきちんと受けることができるようになるために、毎日の予習・復習が必要であると同時に、中学生・高校生になっても毎日読書の時間を作ることが大切である。

オ　人間関係でトラブルを起こさないように、親は子どもに幼少期からの読み聞かせをし、子どもは年齢《ねんれい》が上がるとともに読書量を増やして読書習慣をつけるべきである。

二　次の文章を読んで、後の問いに答えなさい。（設問の都合上、本文を一部改めています。）

都立高校2年生でダンス部では中心的存在の由香《ゆか》は帰宅途中に事故にあい、その外傷が原因で耳がほとんど聞こえなくなってしまった。母の裕子《ゆうこ》、父の悟《さとる》だけでなく恋人の修一《しゅういち》や多くの友人の支えによって由香は表向きには少しずつ元気を取り戻《もど》し始めている。しかし、自分が障がい者であることを認めてしまえば、「耳が聞こえなくなった自分にダンスはできない」と認めることになるのではないかと考えている由香は、なかなか現実を受け止めることができないでいた。以下は由香のもとを修一がたずねてくる場面である。

お詫び

著作権上の都合により、文章は掲載しておりません。
ご不便をおかけし、誠に申し訳ございません。

教英出版

お詫び

著作権上の都合により、文章は掲載しておりません。
ご不便をおかけし、誠に申し訳ございません。

教英出版

（村本大志《むらもとたいし》『透明《とうめい》な耳。』〈双葉社〉より）

《語注》

注1　お店　…裕子は自宅の一部でカフェと花屋を営んでいる。
注2　iPad　…米国アップル社が開発したタブレット型端末《たんまつ》。
注3　ビート　…音楽における調子・リズムのこと。
注4　Blue Hands　…振り付けに手話を取り入れた新たな表現で話題のダンスグループ。メンバーは健聴者だが聴覚障がいを抱える人へのダンススクールなども運営している。修一は偶然《ぐうぜん》知り合った聴覚障がいを抱える青年からその存在を教えてもらった。
注5　カット　…映像などにおける切り取られた一場面。
注6　バストアップ　…胸部に寄った画角。
注7　グルーヴ　…音楽における乗りのこと。調子やリズムにうまく合うこと。
注8　パントマイム　…言葉を使わず、身ぶりや表情だけで表現する演劇や演技。

問一　══線部①～④の漢字の読みを、ひらがなで答えなさい。

問二　〜〜線部ⓐ「吐き捨てるように」・ⓑ「根負けした」の本文中で使われている意味として、最も適当なものを、次の各群の中からそれぞれ一つずつ選び、記号で答えなさい。

ⓐ吐き捨てるように

ア　得意げに　　イ　感情のままに

ウ　念入りに　　エ　あきらめるように

ⓑ根負けした

ア　張り合いきれなくなった　　イ　まるめこまれた

ウ　どうでもよくなった　　エ　あきれ果てた

問三　本文中の空欄［Ⅰ］・［Ⅱ］に入ることばとして、最も適当なものを、次の中からそれぞれ一つずつ選び、記号で答えなさい。

ア　まさか　　イ　まるで　　ウ　なるべく　　エ　おそらく　　オ　めったに

問四　──線部A「息を吐き、目を伏せた」とありますが、この時の由香の心情の説明として、最も適当なものを、次の中から一つ選び、記号で答えなさい。

ア　ダンスを嫌いになった自分に対してダンスの動画を見せる修一の思いやりの無さに腹を立てている。

イ　ダンスへの興味や関心を失った自分に対してダンスの動画を見せる修一の迷惑《めいわく》な優しさにあきれている。

ウ　ダンスをあきらめきれない自分に対してダンスの動画を見せる修一の幼稚《ようち》さに嫌気《いやけ》がさしている。

エ　ダンスへの未練を捨てた自分に対してダンスの動画を見せる修一の表面的なはげましに失望している。

オ　ダンスができなくなった自分に対してダンスの動画を見せる修一の気遣《づか》いの無さに怒《いか》りを覚えている。

問五　──線部B「音じゃないもの」とありますが、これを言いかえた部分を、本文中から十三字でぬき出しなさい。

問六　──線部C「顔を上げると、涙は頬を伝った」とありますが、ここに至るまでに由香の心情はどのように変化しましたか。七十字以上八十字以内で説明しなさい。

問七　本文では会話を示す際に「　　」と『　　』の二種類のかっこが使い分けられています。この使い分けについて説明した、次の文の空欄［ i ］～［ iii ］に入ることばを、それぞれ漢字二字で答えなさい。

「　　」は［ i ］での会話の際に、『　　』は［ ii ］や［ iii ］での会話の際に用いられており、視覚的に二人のコミュニケーションがどのように行われているのかが想像しやすくなっている。

問八　この文章の内容や表現の特徴《とくちょう》についての説明として、最も適当なものを、次の中から一つ選び、記号で答えなさい。

ア　それぞれの登場人物の視点を行き来しながら物語を展開することで、由香を中心として複雑にからみ合う登場人物の関係性が印象的に表現されている。

イ　あえて登場人物の内面や心情に関する描写《びょうしゃ》をせず、様々な解釈《かいしゃく》を可能にすることで、読者の想像力を引き出し、物語世界へ引き込もうとしている。

ウ　比ゆ的な表現や風景に関する表現を作品のあちこちにちりばめることで、登場人物の心情の変化や物語の今後の展開を間接的に示している。

エ　登場人物たちの会話を中心として物語を進行し、「…」を巧《たく》みに用いることで由香のためらいの気持ちや心の動揺《どうよう》などを効果的に描写している。

オ　擬音《ぎおん》語や擬態《ぎたい》語を数多く用いてそれぞれの場面をイメージしやすくすることで、由香と修一との間のすれ違いや緊張《きんちょう》感が分かりやすく表現されている。

三　次の二〇二一年七月二十四日の新聞記事一面を読み、各問いに答えなさい。（設問の都合上、記事を一部省略し、改めています。）

A新聞

2021年（令和３年）７月24日（土曜日）朝日新聞（改）

お詫び

著作権上の都合により、文章は掲載しておりません。
ご不便をおかけし、誠に申し訳ございません。

教英出版

2021年（令和３年）７月24日（土曜日）読売新聞（改）

お詫び

著作権上の都合により、文章は掲載しておりません。
ご不便をおかけし、誠に申し訳ございません。

教英出版

《語注》
注1　恃む　…心の中で期待して信じること、待ち望むこと。
注2　静謐　…静かで落ち着いていること。

問一　━線部①～⑤のカタカナ部分と同じ漢字を用いている組み合わせのものを、次の中から二つ選び、記号で答えなさい。

ア　復コウ ― 海外旅コウを計画する。
イ　ノゾく ― 教室を掃ジする。
ウ　キ用 ― 彼はウツワの大きい人です。
エ　制サイ ― サイ判所に出廷《しゅってい》する。
オ　ヘン成 ― ヘン西風の影響を受ける。

問二　━線部A「日本語の50音順」・B「日本語表記の50音順」とありますが、国旗Xの国は次の表のどことどこの間に入りますか。解答欄に合わせ国名をぬき出しなさい。

【国旗X】

【表】

ガーナ	↓	カザフスタン	↓	カタール	↓	カナダ	↓	カメルーン	↓
カンボジア	↓	ギニア	↓	キューバ	↓	キリバス	↓	グアテマラ	↓
グアム	↓	クウェート	↓	クロアチア	↓	ケニア	↓	コートジボワール	↓
コスタリカ	↓	コソボ	↓	コロンビア	↓	コンゴ共和国	↓	コンゴ民主共和国	↓
サウジアラビア	↓	サモア	↓	ザンビア	↓	ジャマイカ	↓	ジョージア	↓
シリア	↓	シンガポール	↓	スイス	↓	スウェーデン	↓	スーダン	↓
スペイン	↓	スリランカ	↓	スロヴァキア	↓	スロヴェニア	↓	セネガル	↓
セルビア	↓	ソマリア	↓	ソロモン諸島	↓	タイ	↓	タンザニア	↓
チェコ共和国	↓	チャイニーズ・タイペイ	↓	中華人民共和国	↓	チュニジア	↓	チリ	↓
デンマーク	↓	ドイツ	↓	ドミニカ共和国	↓	トルコ	↓	トンガ	↓

問三　空欄[Ⅰ]に入る適当なことばを、漢字で答えなさい。

問四　〜〜線部「つぶさに」の本文中で使われている意味として、最も適当なものを、次の中から一つ選び、記号で答えなさい。

ア　まじめに　　イ　くわしく　　ウ　ほんの少し　　エ　そっと

問五　A新聞とY新聞の記事を読み比べ、次の各問いに答えなさい。

1　A新聞とY新聞の記事を読み比べた際、読み手にオリンピック開幕に対してのどのようなイメージが伝わりますか。それぞれ十字以内で答えなさい。

2　1から気づいたことを、次のようにまとめた文章の空欄[i]〜[iv]に入ることばを、それぞれ漢字二字で答えなさい。

二つの記事は、いずれも同日の同出来事に関して書かれたものであるが、記事を読む際には、書き手が用いる[i]によって読み手に異なった[ii]を与えることがあることをしっかりと理解して読まなければならない。また、[iii]を伝える[i]はいくつもあるので、かたよった思い込みに陥らないよう、[iv]の視点で見る必要がある。

令和4（2022）年度

入試Ⅰ（4教科型）

算　　数

1月8日（土）

（50分）

受験上の注意

・試験開始まで問題用紙にも解答用紙にも手をふれてはいけません。
・解答は解答用紙のわくの中にていねいな字で記入してください。
・筆記用具や定規《じょうぎ》，コンパスの貸し借りはいけません。
・解答用紙・問題用紙は回収しますので持ち帰らないでください。
・質問があるときや，筆記用具などを落としたとき，印刷が悪くて字がはっきりしないところなどがあれば，手を挙げて監督《かんとく》の先生の指示にしたがってください。
・割り切れない数のときは，できるだけ簡単な分数で答えてください。
・問題用紙のあいたところや，この用紙の裏を計算のために使ってもかまいません。
・円周率は3.14とします。

広島国際学院中学校

1. 次の計算をしなさい。

(1)　$(90+91+92+93+94+95+96+97+98+99)\div 63$

(2)　$2.375+\frac{1}{2}-1\frac{7}{8}$

(3)　$4.5\div\frac{3}{14}-0.26\times\left(3.75-\frac{3}{4}\right)$

(4)　$(2-1.5)+\left(1.25-\frac{7}{6}\right)+\left(\frac{9}{8}-\frac{9}{10}\right)+\left(\frac{7}{8}-\frac{5}{6}\right)+(0.75-0.5)$

2. 次の各問いに答えなさい。

(1) 1から200までの整数の中で，9でも12でもわりきれる数のうち，もっとも大きい整数を求めなさい。

(2) 太郎くんは花子さんに自分の持っていたチョコレートの$\frac{2}{5}$をあげました。すると，花子さんは「こんなにたくさん食べられないから」といって，その時点で持っている自分のチョコレートの$\frac{1}{3}$を返したところ，2人のチョコレートの数は24個ずつになりました。花子さんははじめに何個のチョコレートを持っていたか答えなさい。

(3) 運動会の準備をするのに，こっくんとさいちゃんの2人ですると18日かかり，こっくんとショウゴくんの2人ですると10日かかり，さいちゃんとショウゴくんの2人ですると9日かかります。この仕事をこっくん，さいちゃん，ショウゴくんの3人でする場合，仕事をし始めてから何日目に終わりますか。

(4) 右の図のような直角三角形ABCの内側に円がぴったり入っています。斜線部分の面積を求めなさい。

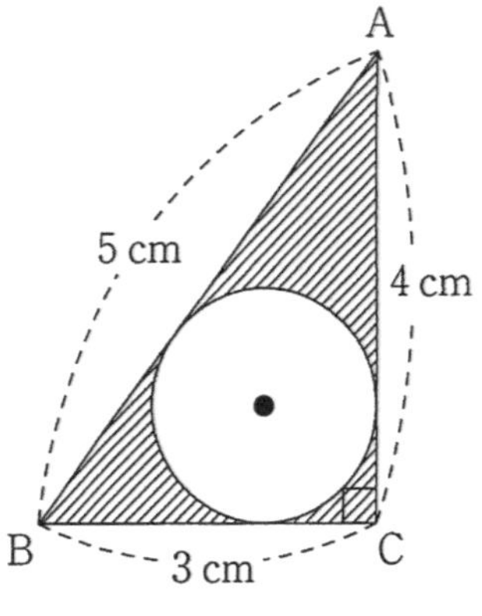

(5) 太郎くんは家から 12 km 離れた学校に通っています。太郎くんは 7 時 30 分に家を出発し時速 15 km で自転車で学校へ向かいました。お母さんは太郎くんがお弁当を忘れている事に気づき，太郎くんが出発してから 10 分後に，家からバイクで追いかけました。お母さんは太郎くんに追いつき，お弁当を渡した後すぐに家に戻りました。お母さんのバイクの速さを時速 25 km としたとき，太郎くんが学校に着いたのは，お母さんが家に着いてから何分後ですか。

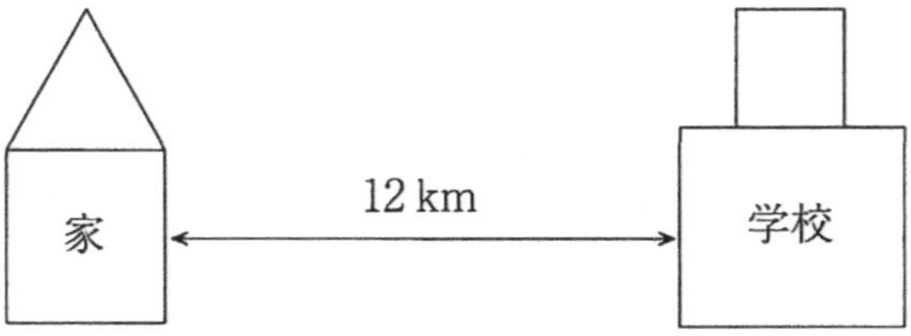

(6) 一郎，二郎，三郎の 3 人がいます。一郎，二郎の 2 人の身長の平均は 120 cm，一郎，三郎の 2 人の身長の平均は 131.5 cm，二郎，三郎の 2 人の身長の平均は 125 cm です。このとき，二郎の身長を答えなさい。

(7) 次のような【規則】で数を表します。このとき，

●			●		●

はいくつを表すか答えなさい。

【規則】

1 =						●
2 =					●	
3 =					●	●
4 =				●		
5 =				●		●
6 =				●	●	
7 =				●	●	●
8 =			●			
9 =			●			●
10 =			●		●	

(8) 底面の半径が4 cmの円柱の容器に水が入っています。図のように，底面から水面までの高さがもっとも高いところで7 cm，もっとも低いところで5 cmとなるように容器をかたむけました。このとき，容器に入っている水の体積を求めなさい。

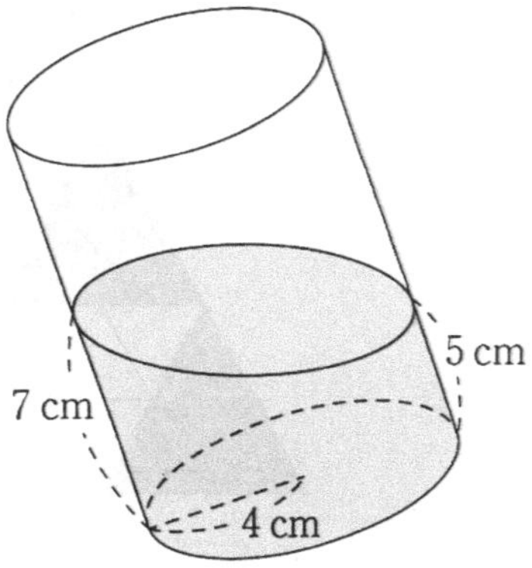

図

3. 図のように，1辺の長さが1cmの正三角形のタイルをすき間なく並べて，順に1番目，2番目，3番目，4番目…とする。4番目まで並べると，1辺の長さが1cmの正三角形は16個，1辺の長さが2cmの正三角形は7個できます。

次の各問いに答えなさい。

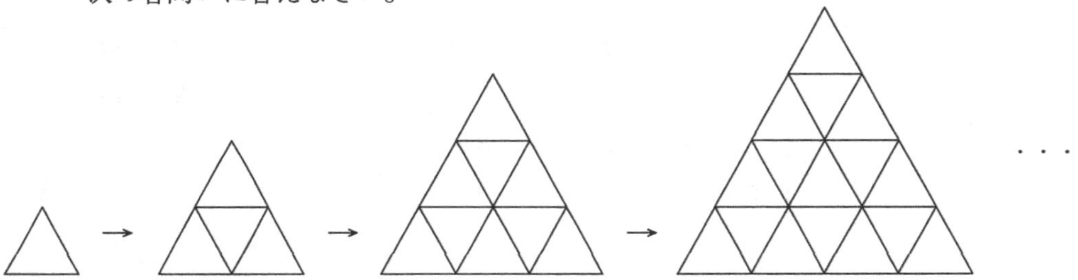

1番目　　2番目　　3番目　　4番目

(1) 8番目には1辺の長さが1cmの正三角形は何個ありますか。

(2) 1辺の長さが2cmの正三角形のタイルを2個と1辺の長さが1cmの正三角形のタイルを8個組み合わせて，1辺の長さが4cmの正三角形を作る。例えば，図1や図2のように並べるとき，タイルの並べ方は全部で何通りあるか答えなさい。ただし，同じ大きさのタイルは区別しないものとします。

図1

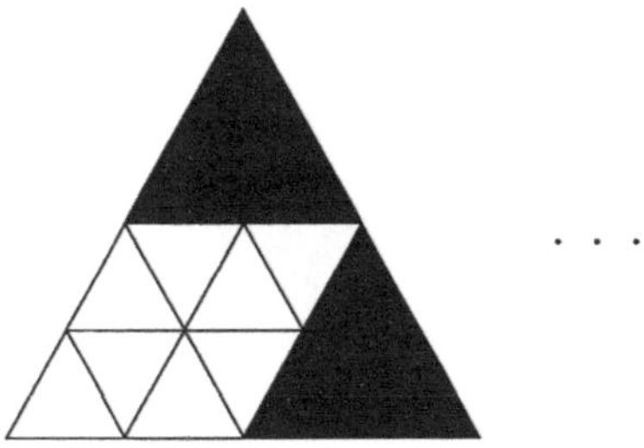

図2

(3) 8番目の正三角形には，いろいろな大きさの正三角形があります。全部で何個の正三角形があるか答えなさい。

（下　書　き　用　紙）

算数の試験問題は次ページに続く。

4. 下の図のように直線 ℓ 上に 1 辺 12 cm の正方形があります。1 辺 12 cm の正三角形 ABC を直線 ℓ および正方形の辺上ですべる事なく転がして，イの位置からロの位置まで移動させます。次の各問いに答えなさい。

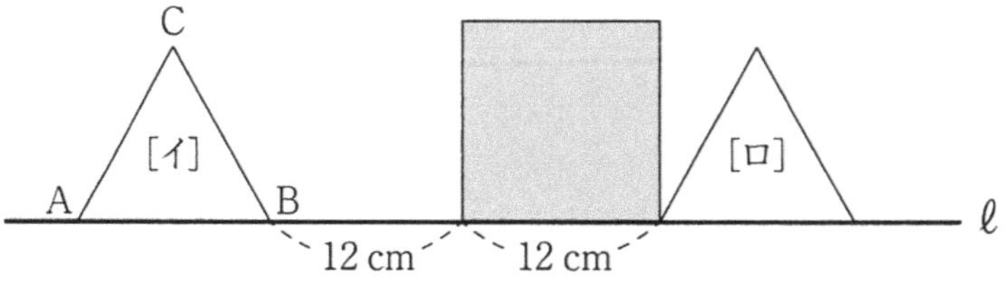

(1) 点 A が動いたあとにできる線を作図しなさい。

(2) (1)の線の長さを求めなさい。ただし，この問題は計算式や考え方も解答用紙に書きなさい。

(3) 点 A が動いたあとにできる線と直線 ℓ で囲まれた部分の面積を求めなさい。ただし，1 辺の長さ 12 cm の正三角形の面積は $61.2\,\text{cm}^2$ とします。また，この問題は計算式や考え方も解答用紙に書きなさい。

（下　書　き　用　紙）

算数の試験問題は次ページに続く。

5. 容器Ａには濃度が10％の食塩水が300ｇ，容器Ｂには濃度が８％の食塩水が180ｇ入っています。次の各問いに答えなさい。

(1) 容器Ａと容器Ｂの食塩水をすべて混ぜ合わせると，何％の食塩水になりますか。小数第２位を四捨五入して答えなさい。

(2) (1)の食塩水を10％の食塩水にするには，水を何ｇ蒸発させればよいか答えなさい。ただし，この問題は計算式や考え方も解答用紙に書きなさい。

(3) 容器ＡとＢからそれぞれ同じ量の食塩水を同時に取り出し，Ａから取り出した食塩水をＢに，Ｂから取り出した食塩水をＡに入れてかき混ぜたら，２つの容器の食塩水の濃度が同じになりました。取り出した食塩水は何ｇか答えなさい。ただし，この問題は計算式や考え方も解答用紙に書きなさい。

（下　書　き　用　紙）

令和4(2022)年度

入試Ⅰ（4教科型）

社会・理科

1月8日(土)

（社会・理科合わせて60分）

受験上の注意

- 試験開始まで問題用紙にも解答用紙にも手をふれてはいけません。
- 問題は社会2ページから16ページまで，理科18ページから28ページまであります。解答用紙は社会が白色，理科が水色のそれぞれ1枚ずつです。
- 解答は解答用紙のわくの中にていねいな字で記入してください。
- 記述問題において，特に指定がなければ，かぎかっこ（「　」）や句読点（，。）なども一字に数えます。
- 解答用紙・問題用紙は回収しますので持ち帰らないでください。
- 質問があるときや，筆記用具などを落としたとき，印刷が悪くて字がはっきりしないところなどがあれば，手を挙げて監督《かんとく》の先生の指示にしたがってください。

広島国際学院中学校

1. 次の会話文は，同じクラスの賢太《けんた》くん・誠二郎《せいじろう》くん・香奈枝《かなえ》さん・夏子《なつこ》さんの4人が，コロナ禍《か》がおさまって自由に旅行ができるようになったらどこに行きたいかを話し合っている様子です。この会話文をよく読んで，以下の問い（問1～問8）に答えなさい。

香奈枝さん：「ねえねえ，みんな，旅行が自由にできるようになったら，どこに行きたい？」

夏　子さん：「私は，ヨーロッパに行きたいわ！①ヨーロッパはいろんな国を自由に行ったり来たりできるもの。でも，その中でも私が一番行きたい国はドイツね！ドイツはヨーロッパでもっとも工業が盛んな国だし，日本とのつきあいも古くて，㋑ドイツは鎖国《さこく》が行われていた江戸時代の日本でも，港に入って貿易をすることが許されていた国のひとつでもあるの。」

賢　太くん：「いいね～～。だけど，ぼくはヨーロッパよりもアメリカに行ってみたいね。②アメリカと日本は第二次世界大戦では敵同士だったけど，その後の関係はとても深いものになった。例えば，㋺日本の議院内閣制《ぎいんないかくせい》という制度はアメリカからとり入れたもので，ほとんど現在のアメリカと同じものであるし，21世紀になってしばらくは，アメリカは日本の貿易相手として№1だった。まあ，（　1　）の貿易をめぐって関係が悪くなる時もあるけどね…。ちなみに，（　1　）の主な生産国は，中国・アメリカ・日本・インド・ドイツなどがあるかな。あと日本で最も生産額の多い工業地帯で（　1　）は多くつくられているよね。」

誠二郎くん：「ふ～ん，きみたちはヨーロッパやアメリカに行きたいんだね。ぼくは小さいころからパパによく連れて行ってもらっていたから，ヨーロッパやアメリカには行きたいとは思わないねえ。ぼくはむしろ，近くにある中国に興味があるよ。③中国こそ本当に古い時代から日本とはかかわりがあり，交流をしたりあらそったりしてきたんだ。」

香奈枝さん：「へえ，みんな海外旅行にいきたいんだ。」

夏　子さん：「香奈枝さんは海外じゃないの？」

香奈枝さん：「私は，国内旅行かなあ。特にくだものが好きだから，④くだものの名産地に行きたいな。あと，魚介類《ぎょかいるい》がおいしいところにもいきたいなあ。まあ，㋩日本は海に囲まれていて，魚のえさが豊富にある大陸棚《たいりくだな》や潮目《しおめ》（寒流《かんりゅう》と暖流《だんりゅう》が出合うところ）があるので漁業がさかんだから，どこに行っても大丈夫かな。

夏　子さん：「いいね！私も魚介類だいすき！とくに，カステラが好き！」

香奈枝さん：「…夏子さん，それはカラスミのことかな？ボラの卵巣《らんそう》を塩でつけたものだね…。ところで，カステラと言えば長崎県だね。㊁記録によるとヨーロッパの人々の中で日本に初めてやってきたと言われているオランダ人が，貿易の際に長崎に伝えたという説があるわ。わたしは，その⑤長崎県の壱岐《いき》にも行ってみたいと思っているの。わたしのひいおばあちゃんが，そこの出身なのよ。あと，壱岐はあの『魏志《ぎし》』倭人伝《わじんでん》にも記録されていると考えられているの。『魏志』倭人伝は，女王（　2　）が邪馬台国をおさめていたという記述《きじゅつ》でも有名よね。」

賢　太くん：「なんだか香奈枝さん，いきいきしてるねえ！」

香奈枝さん：「賢太くん，ふざけないで！」

夏　子さん：「そうよ！そうよ！ふざけないで！」

賢　太くん：「ちぇっ！⑥女子たちが手を組んだな！…でも，だいたいぼくたちが日本と海外との関わりについて話をしているのに，きみたちは食べ物の話ばかりしていたじゃないか！」

夏　子さん：「…う。」

香奈枝さん：「…。」

誠二郎くん：「え？でも，さっき賢太くんも，アメリカに行きたいのは実は超ビッグサイズのハンバーガーを食べたいからだって言ってたよね。」

賢　太くん：「だ，だめじゃないか，それを言っちゃ…。」

夏子さん・香奈枝さん：「「賢太くん！！！！」」

問１　文中の（　1　）（　2　）に当てはまる語句を，それぞれ漢字３文字で答えなさい。

問２　太線部㋑～㊁について，三つは間違ったことを述べています。正しいことを言っているものを一つ選び，記号で答えなさい。

問３　下線部①について，「ヨーロッパはいろんな国を自由に行ったり来たりできる」理由として正しいものを以下のア～エから一つ選び，記号で答えなさい。

ア．ヨーロッパは日本とは違って陸続きの国が多く，むかしから今まで人々の間に国境という意識がほとんどないから。

イ．ヨーロッパの多くの国々が参加する組織が，人や物やお金の移動がスムーズにできるように，その組織の中では自由に国と国を行ったり来たりできるしくみをつくったから。

ウ．ヨーロッパのすべての国で同じお金が使われているから。

エ．ヨーロッパの人々にとって国同士の関係は，日本でいう都道府県同士の関係とおなじだから。

問４　下線部②について，日本とアメリカなどが戦った第二次世界大戦と直接関係のある写真として正しいものを，以下のア～エから一つ選び，記号で答えなさい。

ア

イ

ウ

エ

問５　下線部③の「古くからの中国と日本のかかわり」について，その時代の中国の国名と日本の歴史上の人物の組み合わせとして正しいものを，次のア～エから一つ選び，記号で答えなさい。

ア．唐－中大兄皇子　　　　イ．元－豊臣秀吉
ウ．明－北条時宗　　　　エ．清－織田信長

問６　下線部④について，次の表中の（　Ｘ　）と（　Ｙ　）には，あるくだものの名前が入ります。それを考えたうえで，（　①　）（　②　）に当てはまる都道府県名を漢字で答えなさい。

日本の都道府県別農産物生産（2018年）

都道府県名	（　Ｘ　）の収穫量《しゅうかくりょう》	（　Ｙ　）の収穫量
長　崎	５０，０００トン	―
愛　媛	１１４，０００トン	―
岩　手	―	４７，０００トン
群　馬	―	８，０００トン
山　形	―	４１，０００トン
（　①　）	１１５，０００トン	―
（　②　）	―	１４２，０００トン
広　島	２４，０００トン	１，０００トン
宮　崎	１０，０００トン	―
青　森	―	４４６，０００トン
神奈川	１７，０００トン	―
富　山	―	１，０００トン
和歌山	１５６，０００トン	―

（※）表中の「―」は非常に収穫量が少ないことを示す

『地理統計要覧 2021年度版』（二宮書店）より作成

問７　下線部⑤について，以下は長崎県壱岐市でうち出されている『第３次壱岐市総合計画』のなかの「まちづくりの基本目標」です。このうち基本目標の１と２と５は，おもに若い世代の人々を対象とした目標であるといえます。この基本目標の１と２と５すべてについて考えたときに見えてくる，壱岐市における若い世代についての問題はどのようなものか説明しなさい。

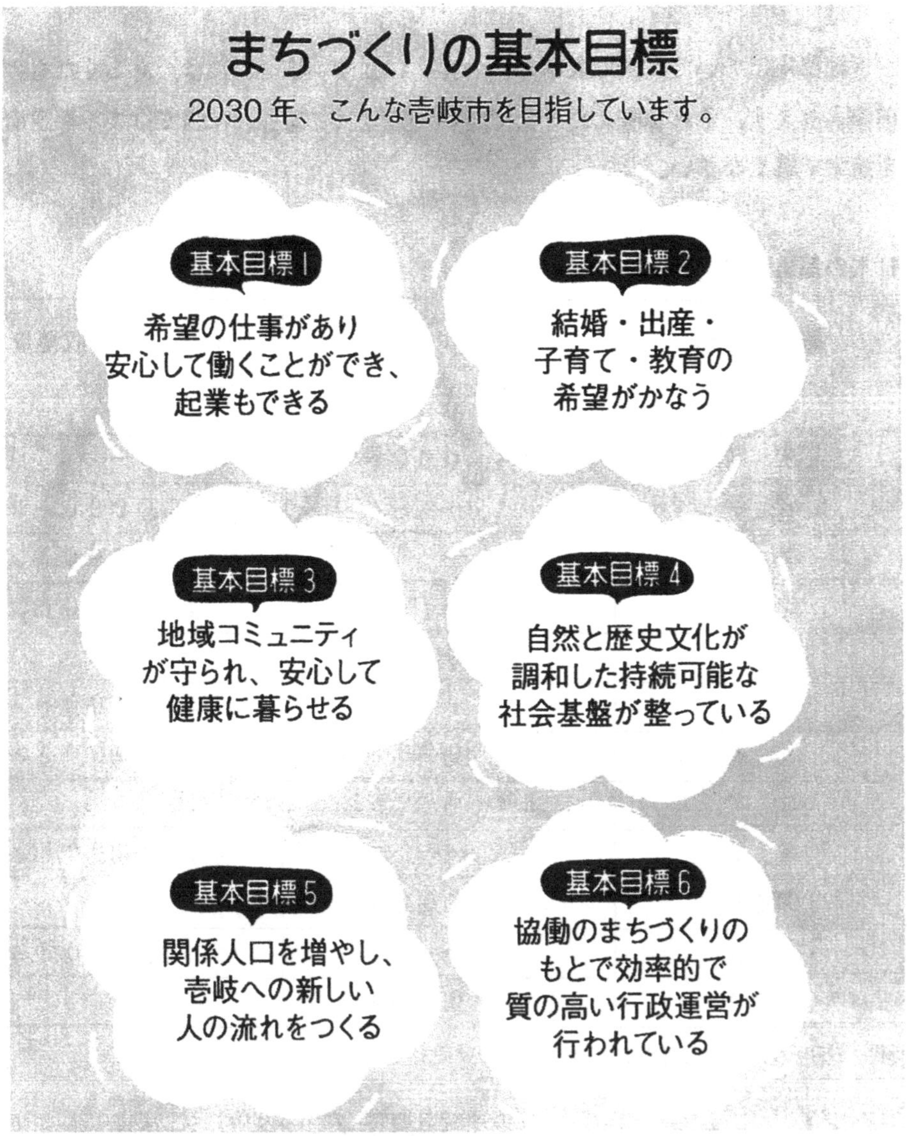
まちづくりの基本目標
2030年、こんな壱岐市を目指しています。
基本目標1
希望の仕事があり
安心して働くことができ、
起業もできる
基本目標2
結婚・出産・
子育て・教育の
希望がかなう
基本目標3
地域コミュニティ
が守られ、安心して
健康に暮らせる
基本目標4
自然と歴史文化が
調和した持続可能な
社会基盤が整っている
基本目標5
関係人口を増やし、
壱岐への新しい
人の流れをつくる
基本目標6
協働のまちづくりの
もとで効率的で
質の高い行政運営が
行われている

※壱岐市ホームページ（https://www.city.iki.nagasaki.jp/index.html）より

問８　下線部⑥について，日本の歴史上「女性がなったことのないもの」として正しいものを，次のア～エから一つ選び，記号で答えなさい。

ア．内閣総理大臣　　　　イ．国連難民高等弁務官

ウ．天皇　　　　　　　　エ．武士

2. 次のＡ・Ｂの問いに答えなさい。

Ａ　ナオキくんは広島国際学院中学校入学後，広島駅から海田市駅まで電車通学を始めました。これをきっかけにナオキくんは鉄道に興味を持ち，広島国際学院中学校の最寄り駅である海田市駅をはじめ中国・四国地方の鉄道について調べてみることにしました。

次の資料１～３と説明カード１～３は，ナオキくんが調べたことをまとめて作成したものです。資料と説明カードに関する以下の問い（問１～問５）に答えなさい。

資料１　海田市駅周辺の路線

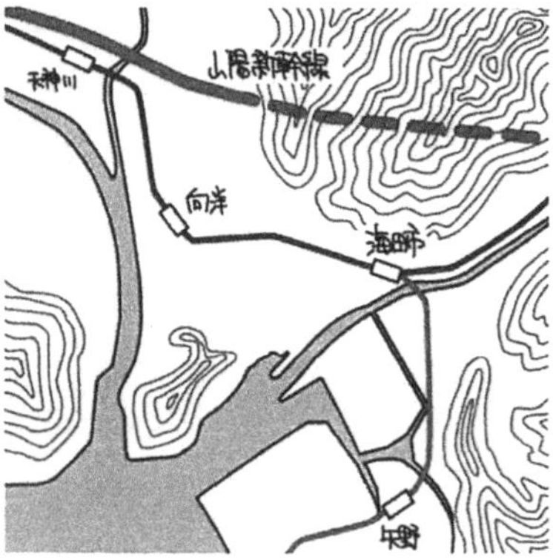

説明カード１

○　①<u>海田市駅</u>は山陽本線と呉線が乗り入れる駅です。呉線は海軍の軍港として栄えた呉市と軍都広島市を結ぶため敷設《ふせつ》されました。

○　また広島駅からは軍用鉄道の宇品線が陸軍軍用港であった宇品港（現広島港）まで敷設され②<u>大陸進出</u>の拠《きょ》点となりました。

このように広島の鉄道発展は軍隊との関係が深いということが分かりました。

資料２　中国・四国地方の路線図

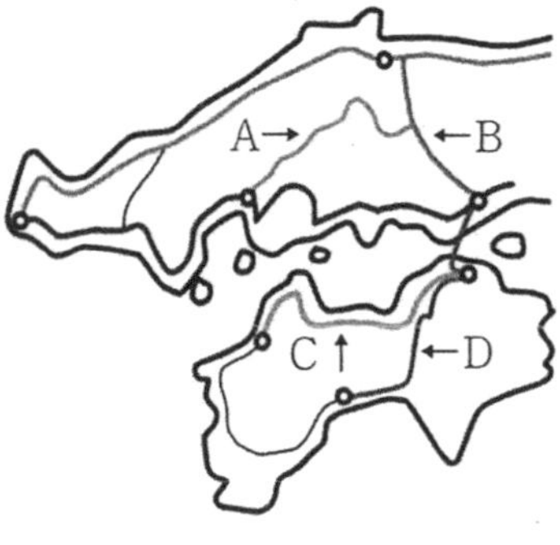

説明カード２

○　中国・四国地方の路線の名前を調べていると，③<u>旧国名に由来する</u>ものが多くあると分かりました。中国地方にも，五畿七道に由来する山陰本線（日本海側），山陽本線（瀬戸内海側）の名前が見て取れます。

○　旧国名とは律令国家の形成とともに整備された地方区分です。

資料3　山陽・九州新幹線の路線

説明カード3

九州新幹線の④鹿児島ルートは2011年に全線開通し，N700系7000番台の「みずほ」・8000番台の「さくら」と山陽新幹線との直通運転が開始されました。

⑤地形や気候の制約を受ける鉄道にとって，九州は難所です。九州新幹線が筑紫《つくし》山地を通過する際には最大勾配《こうばい》が3.5%越えます。また細かな火山噴《ふん》出物の火山灰による故障を防ぐため様々な改良が行われました。

問1　下線部①について，次のア～エは海田市駅の山陽本線（平日と休日の上下線）の時刻表です。平日の登校時にナオキくんが海田市駅に到着する時刻が表示されているものをア～エのうちから一つ選び，記号で答えなさい。

時	分
5	37 41
6	9 29 38 49 53
7	4 13 18 23 27 31 36 38 48 52 56
8	1 3 9 13 23 28 32 36 42 55 59
9	11 14 24 28 37 48 53
10	4 15 24 35 46 48
11	4 8 16 19 34 37 45 48
12	4 9 15 19 4 45 48

ア

時	分
5	59
6	18 45
7	14 34 54 57
8	6 21 40 59
9	11 29 47 59
10	14 29 44 59
11	14 29 44 59
12	14 29 4 59

イ

時	分
5	59
6	18 31 45
7	0 14 30 40 54
8	6 21 40 58
9	12 29 44 59
10	14 29 44 59
11	14 29 44 59
12	14 29 44 59

ウ

時	分
5	37 41
6	9 29 38 49 53
7	7 19 28 31 38 52
8	3 15 30 36 48 57
9	6 18 27 33 44 48
10	4 9 14 24 36 45 48 55
11	4 9 15 19 34 37 45 48
12	4 9 15 19 34 45 48

エ

問２　下線部②について，次の写真の事件が発生した時期に日本は地図中の色付けされた地域を影響《えいきょう》下におくために戦いに突入しました。写真の事件をきっかけに始まった出来事を何というか答えなさい。

柳《りゅう》条湖事件（1931）
中華《か》民国東北部の奉《ほう》天近郊にある柳条湖付近で，鉄道の線路が破壊された事件。

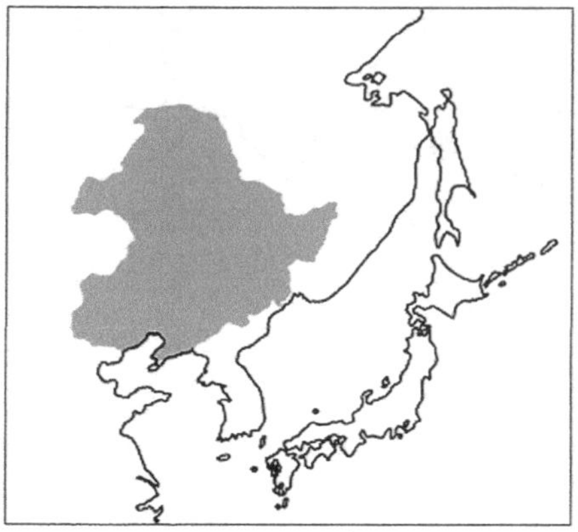

問３　下線部③について，資料２中のＡ～Ｄの路線名として正しいものをア～エのうちから一つ選び，記号で答えなさい。

ア．Ａ－伯《はく》備線　　イ．Ｂ－芸備線
ウ．Ｃ－予土線　　エ．Ｄ－土讃《さん》線

問４　下線部④について，次のア～エはそれぞれある県の特徴《ちょう》を述べたものです。このア～エを広島駅から新幹線に乗車し，鹿児島中央駅を目指した時に通過する都道府県順に並び変えたときに２番目と４番目にくるものをそれぞれ記号で答えなさい。

ア．県内に２つの政令指定都市があり，西日本では大阪に次いで人口が多い。
イ．八代平野では畳表《たたみおもて》となる藺《い》草をはじめとした作物の生産が盛ん。
ウ．国内最大級のカルスト地形がみられ，石灰岩が原料のセメント工業が盛ん。
エ．弥生時代の大規模な集落を復元した吉野ヶ里遺跡《いせき》がある。

問5　下線部⑤について，次のア～ウの文は，資料3中のA～Cにみられる特徴的な鉄道について述べたものです。ア～ウとA～Cとの正しい組み合わせを，下の①～⑥のうちから一つ選び，数字で答えなさい。

ア．2つの鉄道事業者の路線が乗り入れる世界最長の鉄道道路併用《へいよう》橋がみられる。

イ．急勾配を登坂・降坂するためスイッチバック式の鉄道路線がみられる。

ウ．冬季の季節風のために豪《ごう》雪地帯となり雪かき車の運用がみられる。

	①	②	③	④	⑤	⑥
A	ア	ア	イ	イ	ウ	ウ
B	イ	ウ	ウ	ア	ア	イ
C	ウ	イ	ア	ウ	イ	ア

B　ナオキくんは中学校で行われる総合学習の発表にむけて，鉄道に関するポスターを作成しました。ポスターを見て，以下の問い（問６～問９）に答えなさい。

鉄道のこれまでとこれから

鉄道が生みだす社会の発展の可能性

目的　鉄道のもつ力を再発見し、社会の発展に役立てる

背景 － 日本の鉄道事業は衰《すい》退傾《けい》向のため、打開策が必要

すごい！鉄道が生んだもの

・陸上交通の輸送効率が上がり、沿線の産業が発達し⑥ 近代化を支えた。

・鉄道運行の時間を知るため、標準時が設定され時計が広まった。

窮《きゅう》地！鉄道事業は衰退傾向に

・自動車や船・航空機などの交通手段が発達し、利用者数が減少。

・人口減少が鉄道の利用者数の減少につながる。

問題 － 鉄道の弱点と鉄道事業の衰退が招く問題

問題①

コストが大きい

安く大量輸送が可能も線路の建設・維《い》持の費用がかかる。

問題②

沿線産業の衰退

鉄道利用者が減少し、駅前商店街などの産業が衰退する。

問題③

輸送エネルギーの増加

自動車が輸送の中心になり石油燃料の使用効率が悪化する。

方法 － 地域社会が一体となって鉄道事業を持ち上げる

方法①

地域で鉄道を支える

鉄道による利益を受けている地域社会や⑦ 地方公共団体も鉄道事業を財政的に支える。

方法②

[　1　]シティの建設

駅や鉄道沿線を中心に、生活に必要な機能を集めた効率的な都市を建設する。

方法③

自動車と鉄道の併用

⑧ 自動車と鉄道の利点を生かして併用し、よりよい交通環《かん》境の整備を行う。

期待される結果 － 鉄道中心に全ての人にやさしい街づくりが可能

	鉄道事業者	地域社会
結果①	維持管理費による負担が軽減され、利便性やサービスの低下が防げる。	人口流出が防げ、産業や行政サービスなどの都市機能が維持できる。
結果②	鉄道の利用者の増加が見こめるため、収益の改善が考えられる。	重要な施《し》設が集中し、他の交通手段を持たない人も暮らしやすい。
結果③	鉄道の利点を生かした輸送に専念でき、コストを減らすことができる。	環境負荷を減らせることで、交通に関する都市問題も改善される。

まとめ － 鉄道には社会をより良くする可能性が秘められている

問6　下線部⑥について，次の図に描かれた明治政府の政策に，武士たちは強い不満を持ちました。明治政府が進めた近代化政策がどのようなものだったか，図から読み取れる内容をふまえて，あなたの考えを書きなさい。

警官に帯刀を注意される男性
『東京絵入新聞』明治9年4月4日

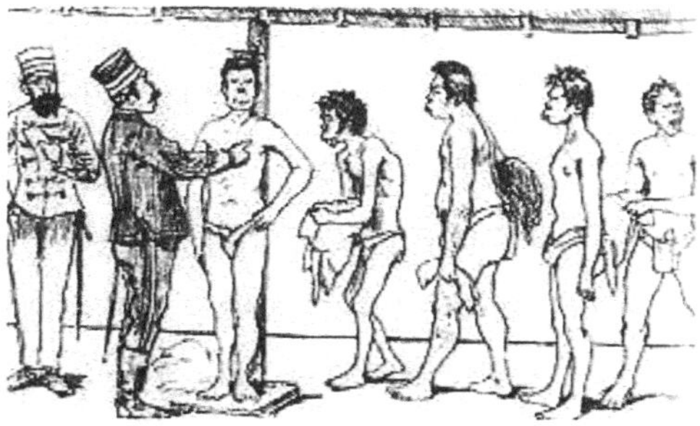

徴兵のための身体検査を受ける平民たち
『ビゴー日本素描集』より

問7　下線部⑦について，地方公共団体間の財政力格差を解消するために，国から使いみちを限定せずに給付される資金名を漢字8字で答えなさい。

問8　下線部⑧について，近年，自動車で最寄りの駅まで行き，公共交通機関を利用して都心部の目的地に行く「パークアンドライド」の推進が提唱されています。こうした輸送方法は，自動車だけで行う場合と比べてどのような長所があるでしょうか。ポスターの内容を参考にしてあなたの考える長所を2つ答えなさい。

問9　ポスター中の［　1　］には，「生活に必要な諸機能が近接した効率的な都市，あるいはそれを目指した政策」を指す言葉が入ります。駅などを拠点として，重要な施設が一定の範《はん》囲に集まり，高齢《れい》者などの負担が少なくなるよう考えられた都市の名前として正しいものを①～④のうちから一つ選び，数字で答えなさい。

①　インナー　　②　エッジ　　③　スマート　　④　コンパクト

3. 次の文章は社会科の木村先生と中学１年生の吉田くん，松本さん，中村くんが2021年に起きた出来事についてふりかえっている会話です。会話文を読んでから以下の問い（問１～問６）に答えなさい。

木村先生：「いや～2021年をふりかえると，何と言ってもオリンピックが開催されたことだよね。コロナ禍の中でのオリンピック開催ということもあってとても印象に残っているな～。どの競技も面白かったけど，私は空手道部の顧問《こもん》だから，空手が印象に残っているよ。」

吉田くん：「1972年の本土復帰以来，沖縄県出身の金メダリストは初でしたよね。たしか，空手は沖縄県発祥《はっしょう》の武道だという説があるんですよねキリッ。」

木村先生：「・・・・そうだね。諸説《しょせつ》あるけど，空手はかつて沖縄県が（　１　）王国とよばれていた頃に沖縄で生まれたと言われているね。そうそう，沖縄といえば，７月に奄美《あまみ》大島，徳之島，沖縄島北部および西表島が①<u>世界遺産</u>に登録されることが決まったよね。」

吉田くん：「小笠原諸島とか富士山とかと同じですよねキリッキリッ。」

中村くん：「あれ？今回の沖縄の世界遺産は世界自然遺産だから富士山は違いますよね？」

木村先生：「そうだね。②<u>富士山は世界文化遺産だから，同じ世界遺産でも違うかな。</u>」

松本さん：「そういえば，コロナウイルス③<u>感染予防</u>も大変な１年でしたよね。」

木村先生：「感染予防については，昨年に引き続きみんなで取り組んできたよね。感染症といえば，日本でも古くから痕跡《こんせき》があって，弥生時代の人骨に結核のあとが残っているものもあるようだよ。他にも６世紀半ばには天然痘《とう》が大陸より伝わり，奈良時代には大流行して多くの人が亡くなったんだ。それをなんとか解決したいと思って（　２　）が東大寺に（　３　）をつくる詔《みことのり》を出したんだよ。天然痘は18世紀ヨーロッパで免疫《めんえき》をつけさせる種痘《しゅとう》が発明され，日本でも江戸時代に④<u>蘭学者</u>の緒方洪庵が種痘を広め，長い歴史をかけてようやく人類は天然痘を根絶したんだ。」

中村くん：「きっとコロナウイルスも人類は克服《こくふく》できますよね。僕は横浜に住んでいる姉に早く会いにいきたいな～，新幹線に乗って。」

松本さん：「新幹線って言えば，今⑤<u>広島駅の駅ビルが改装</u>されているんだけど何が変わるか知ってる？」

吉田くん：「え？広島駅って改装してるの？？」

令和四（二〇二二）年度
入試Ⅰ（4教科型）

（国語）解答用紙

受験番号

総点
※

（※印欄は記入しないこと）

※100点満点
（配点非公表）

一

問一
①
②
③
④

問二
Ⅰ
Ⅱ

※

問三

※

問四
1
2

問五
1
2

※

問六

※

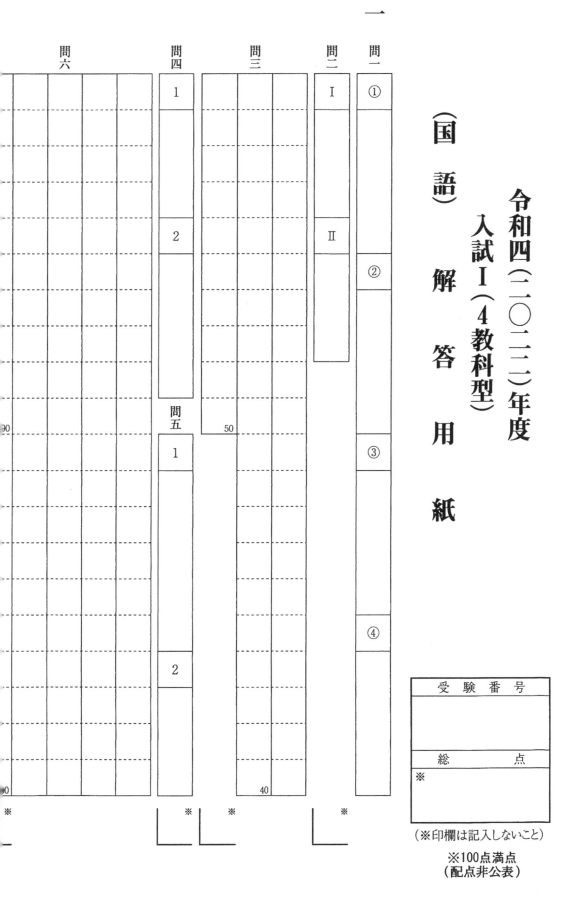

(2)	cm		cm²

※

5

(1)	%	(3)	【計算式や考え方】 g
(2)	【計算式や考え方】 g		

※

受験番号		総点	※

（※印欄は記入しないこと）

※100点満点
（配点非公表）

3

問1	(1)		(2)		(3)	
問2						
問3						
問4						
問5	理　由					
	学問名	学				
問6						

※

受験番号		総点	※

(※印欄は記入しないこと)

※50点満点
(配点非公表)

2022(R4) 広島国際学院中 入試I
K 教英出版

6

問1		問2	g		
問3					
問4	g	問5		問6	

※

7

問1	→ → → →		
問2	(1)	(2)	(3)
問3			
問4	堆積岩名	薬品名	問5
問6	→ → →		

※

受験番号		総点	※

（※印欄は記入しないこと）

※50点満点
（配点非公表）

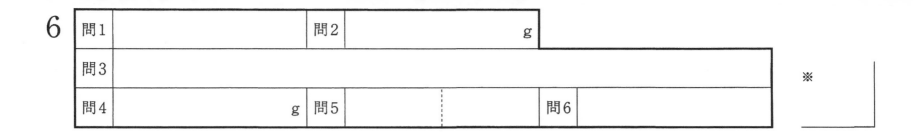

令和4（2022）年度
入試Ⅰ（4教科型）
(理　科)　解　答　用　紙

4

問1	(あ)	(い)	(う)	(え)	(お)
問2	C	E	H		
問3					
問4					
問5					

※

5

問1				
問2				
問3				
問4	cm³	問5	問6	

※

【解答

令和４（２０２２）年度
入試Ｉ（４教科型）
(社　会)　解　答　用　紙

1

問1	(1)				(2)				問2	
問3		問4		問5						
問6	①		②							
問7										
問8										

※

2

問1		問2		問3				
問4	2番目		4番目		問5			
問6								
問7								
問8								

※

【解答

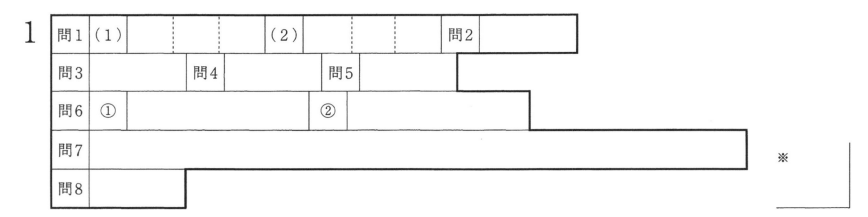

令和４（２０２２）年度
入試Ⅰ（４教科型）
(算　数)　　解　　答　　用　　紙

1

(1)		(2)		(3)		(4)	

※

2

(1)		(2)	個	(3)	日目	(4)	cm^2
(5)	分後	(6)	cm	(7)		(8)	cm^3

※

3

(1)	個	(2)	通り	(3)	個

※

4

(1)

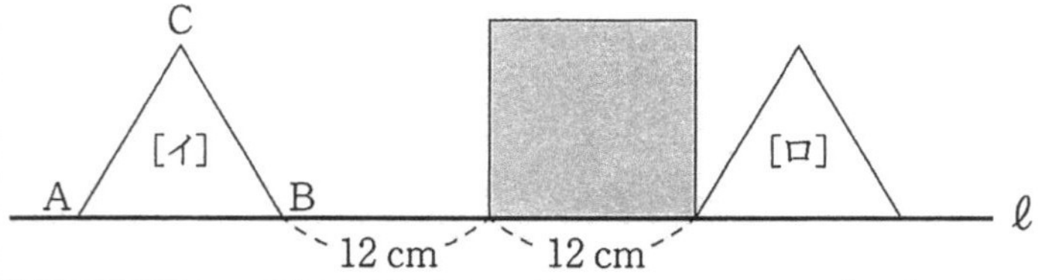

(3)

【計算式や考え方】

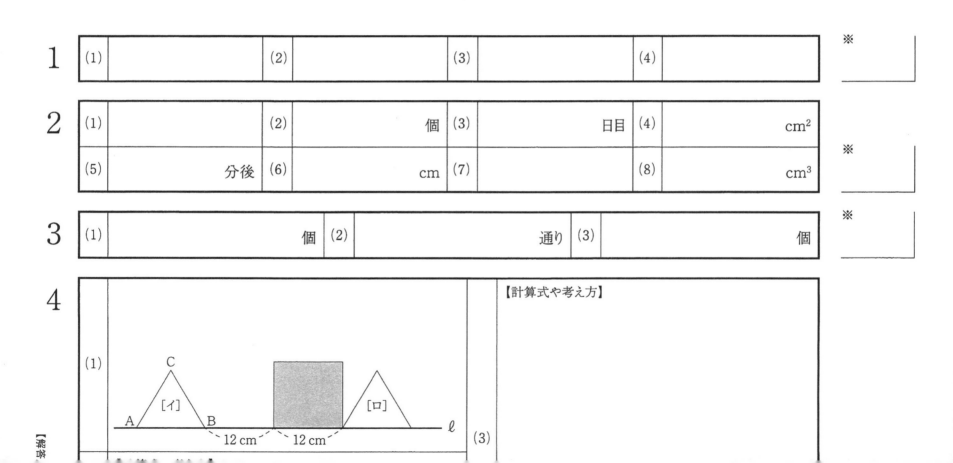

二

問一

①

②

③

④

問二

ⓐ

ⓑ

問三

Ⅰ

Ⅱ

問四

問五

10

※

※

問六

70

80

※

問七

i

ii

iii

※

問八

※

三

問一

問二

と

の間

※

問三

問四

問五

1

A新聞

10

Y新聞

10

※

2

i

ii

iii

iv

※

松本さん・中村くん：「え？？知らないの？」

木村先生：「自分が住んでる地域のこともちゃんと知っておこうね。ﾔﾚﾔﾚ」

問１　文中の（　１　）～（　３　）に当てはまる語句を漢字で書きなさい。

問２　下線部①について，世界遺産のリスト登録は国際連合のある機関が行っているがその機関の名前を答えなさい。

問３　下線部②について，富士山が世界自然遺産ではなく，世界文化遺産である理由を考えて答えなさい。

問４　下線部③について，下の写真は広島市中区にある百貨店の玄関《げんかん》にある銅像です。この銅像のある百貨店の源流は江戸時代までさかのぼることができます。この百貨店の名前の由来ともなった当時呉服店や両替商を営んでいた人物の名前として正しいものをア～オのうちから一つ選び，記号で答えなさい。

（写真）

ア．三浦按針　　イ．三井高利　　ウ．三浦梅園

エ．三島中洲　　オ．三宅尚斎

問５　下線部④について，蘭学者の「蘭」という字はオランダを表しています。江戸時代の初期から中期にヨーロッパの学問を学ぶ人たちに，なぜ「蘭」の字が用いられたか，当時の時代背景を参考にしながら考えて答えなさい。

　また，ヨーロッパ由来の学問の名前はその時の時代背景によって名前が変わります。蘭学は後に幕末頃から洋学（「洋」は西洋という意味）と呼ばれますが，同じようなことから，蘭学と呼ばれる前は何学と呼ばれていたか，その頃の時代背景を参考にしながら考えて答えなさい。

問６　下線部⑤について，広島駅ビルは2025年春開業を目指して改装されています。地下１階，地上20階建てで大型ショッピングセンターにくわえ，ホテルと映画館も併《へい》設《せつ》される予定です。一番大きな特徴《とくちょう》は路面電車の線路が延伸《えんしん》され，２階に乗り入れることだと言われていますが，線路が延伸され，２階に路面電車が乗り入れることで，何が便利になるのか。下の資料を参考に考えて，２つ答えなさい。

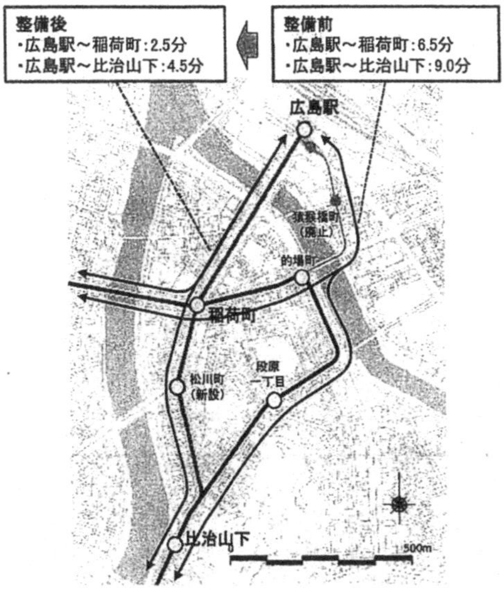

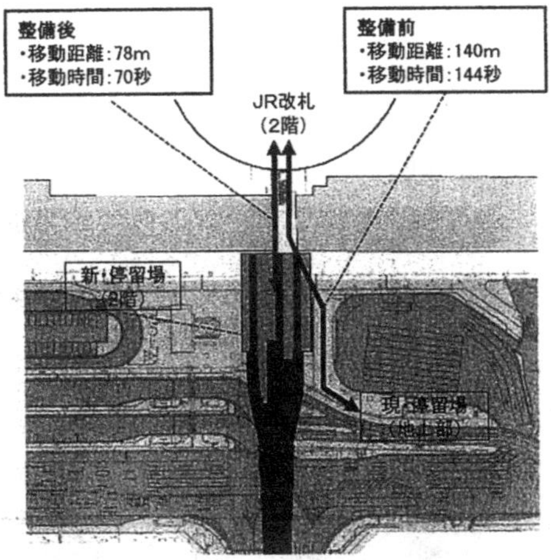

国土交通省資料より作成

問題は次のページに続きます。

4. 生物には，形や性質などに様々な特ちょうがあります。次の８種類の生物を，図１のようにＡ～Ｈに仲間分けをしました。Ａ～Ｈにはそれぞれ１種類の生物があてはまります。以下の各問いに答えなさい。

〈生物〉 ヒマワリ　カラス　イルカ　クモ　トンボ　ハエ　ミドリムシ　メダカ

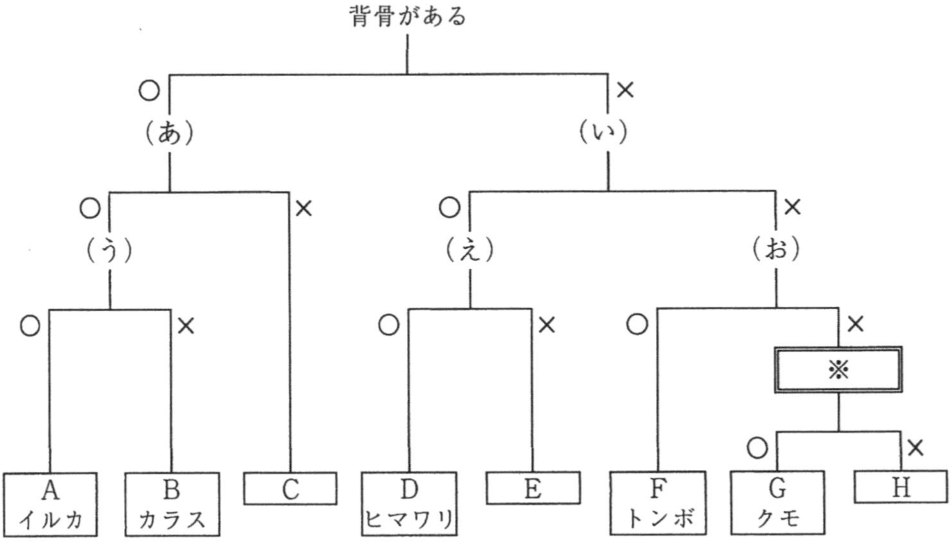

図１

問１　図１の（あ）～（お）の仲間分けの条件を，次の①～⑩から１つずつ選び，番号で答えなさい。ただし，同じ番号は一度しか答えることはできません。

① 肺で呼吸する
② えらで呼吸する
③ さなぎの時期がある
④ はね，またはつばさを２枚持つ
⑤ はね，またはつばさを４枚持つ
⑥ 歩いたり，泳いだり，飛んだりして，自分で移動することができる
⑦ 光合成をおこなう
⑧ 種子をつくり，仲間を増やす
⑨ 親と似た姿の子を産み，仲間を増やす
⑩ 卵を産み，仲間を増やす

問２　図１のＣ，Ｅ，Ｈにあてはまる生物の名前をそれぞれ答えなさい。

問３　図１の［※］の仲間分けの条件を答えなさい。ただし，からだのつくりを条件とし，問１の①～⑩以外の条件を答えなさい。

問４　広島国際学院中学校ではメキシコサンショウウオ（ウーパールーパー）という両生類を飼育しています。両生類の多くは，幼生（子ども）のときは水中で生活し，成体（大人）になると陸上で生活するようになります。両生類の呼吸について簡単に説明しなさい。

問5　生物を仲間分けするときに，生物体内のDNAという物質を用いることがあります。DNAは生物の形や性質などの特ちょうを決定する物質です。DNAにふくまれている情報は生物ごとに少しずつちがうので，そのちがいを調べることで生物どうしの関係性を考えることができます。図2は，あるホニュウ類の関係をDNAのちがいをもとにして表したものです。たとえば，図2のカバ，マッコウクジラ，キリンでは，カバはキリンよりマッコウクジラと近い関係にあるといえます。

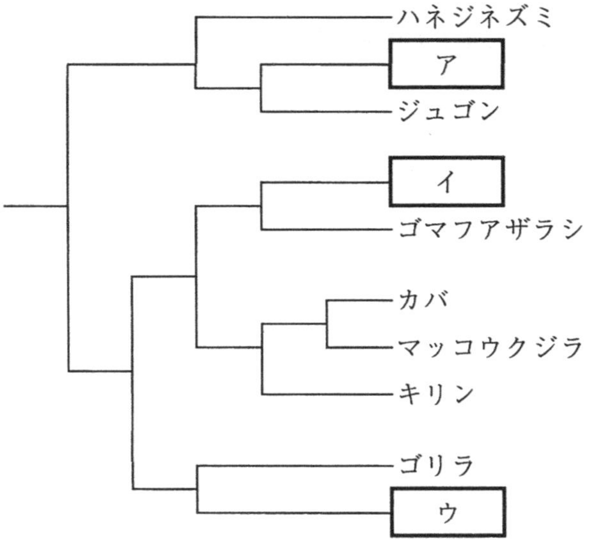

図2

図2の ア ～ ウ には，イヌ，ハツカネズミ，アフリカゾウのいずれかが入ります。次のa，bの文章を読んで，図2の ア ～ ウ に入る動物の組み合わせとして正しいものを次の①～⑥から1つ選び，番号で答えなさい。

a：ハツカネズミは，アフリカゾウよりマッコウクジラと近い関係である。
b：キリンは，ハツカネズミよりイヌと近い関係である。

	ア	イ	ウ
①	イヌ	ハツカネズミ	アフリカゾウ
②	イヌ	アフリカゾウ	ハツカネズミ
③	ハツカネズミ	イヌ	アフリカゾウ
④	ハツカネズミ	アフリカゾウ	イヌ
⑤	アフリカゾウ	イヌ	ハツカネズミ
⑥	アフリカゾウ	ハツカネズミ	イヌ

5. 「バンくん」と「ネルさん」が話をしています。以下の各問いに答えなさい。

バン：今回の読書感想文は「銀河鉄道の夜」で書こうと思うんだ。

ネル：私も読んだことあるけど面白い話だよね。

バン：そういえば，こんな文章があるんだけどほんとかな？

> おまえは化学をならったろう。水は酸素と水素からできているということを知っている。いまはだれだってそれを疑いやしない。実験してみるとほんとうにそうなんだから。けれども昔はそれを水銀と塩でできているといったり，水銀と硫黄《いおう》でできているといったり，いろいろ議論したものだ。

「宮沢賢治《みやざわけんじ》　銀河鉄道の夜」より

バン：水がほんとに酸素と水素でできているか実験してみたいな。

ネル：先生に聞いてみましょう。

先生：いいところに目をつけましたね。1800年にイギリスの科学者が，水に電気を通すと，酸素と水素が発生することを発見しました。

バン：水に電気を通すと酸素と水素になるんですね，面白いですね。そもそも水って電気を通すんですか？

ネル：たしか純すいな水は電気を通さなかった気がするわ。

バン：そういえば，食塩水は電気を通すってのは聞いたことあるな。

先生：そうですね。工夫すれば水にも電気を通すことができます。話をもどしますが，水に電気を通すと水素と酸素に分解します。宮沢賢治も学んだように，今でも，中学校の理科の時間には水を電気で分解して，水素と酸素の発生を確かめます。実際にやってみましょう。

［実験操作］

(1) 水に電解質である水酸化ナトリウムをとかす。

(2) 図１の器具を使いニッケル板を電極として電圧を加える（電流を流す）。

(3) 発生した気体の量を測定する。

(4) 発生した気体をそれぞれ試験管に集め，気体Ａ，気体Ｂとした。

(5) 気体Ａ，気体Ｂの入った試験管にそれぞれマッチを近づけて反応を確かめた。

［実験結果］

・(3)の操作で，電流を流す時間と発生した気体の体積を表１にまとめた。

・(5)の操作で，気体Ａにマッチを近づけるとマッチの火が激しく燃えた。

　また，気体Ｂにマッチを近づけると（　　　　　①　　　　　）ばく発した。

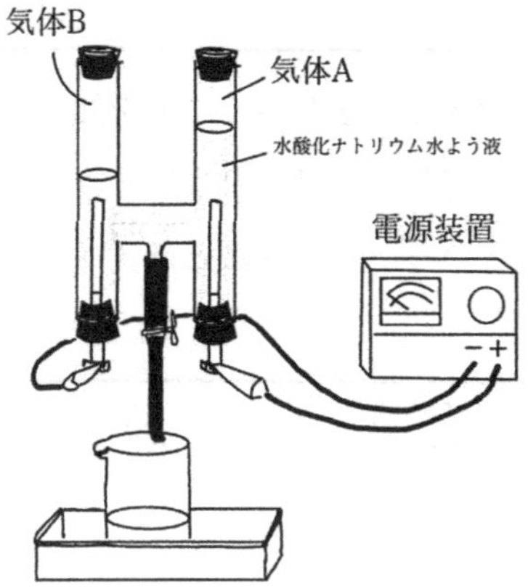

図１

表１

時間（秒）	気体Ａ（cm^3）	気体Ｂ（cm^3）
10	1.1	2.2
20	2.2	4.4
30	3.3	6.6
40	4.4	8.8

ネル：こうやって，水が酸素と水素からできていることを確かめるんですね。面白いですね。

バン：水に電気を流すと酸素と水素ができるなら，酸素と水素から電気が作れそうですね。

先生：その通りです。そのしくみを利用した電池を（　②　）電池といいます。水の電気分解の逆の反応によって発電するんですよ。

ネル：酸素と水素だけで電気が作れるなら，環《かん》境によさそうですね。

先生：そうですね，新しい発電方法として注目されています。スペースシャトルの電源としても利用され，発生する水は宇宙飛行士の飲料水としても使われたんですよ。

バン：いつか，銀河鉄道で宇宙に行ってみたいなぁ。そのときはその電源を使いたいな。

ネル：いいね，でも私はやめとくわ，お母さんに許してもらいたいし，まだ死にたくないわ。

バン：えっ？どういうこと？

先生：バンくん，本当に「銀河鉄道の夜」を読んだのですか？読んでいればネルさんの言ったことの意味がわかるはずですよ。

先生・ネル：はははははははは。

問１　気体Ａは呼吸により生物に取り入れられる気体である。気体Ａの性質として正しいものを次のア～カからすべて選び，記号で答えなさい。

ア　水にとけやすく，つんとしたにおいがする

イ　水に少しとけ，その水よう液は酸性を示す

ウ　色，においのない気体で空気中の約78％の体積をしめる

エ　石灰水に入れると白くにごる

オ　空気にふくまれる気体の中で２番目に量が多い

カ　あらゆる物質の中で最も軽い気体である

問２　実験では純水ではなく，水に水酸化ナトリウムを加えた水よう液を使用しています。理由を簡単に説明しなさい。

問３　（　①　）に入る適切な語句を10字以内で答えなさい。

問４　電流を１時間流した時，発生する気体の全量は何cm^3か答えなさい。

問５　（　②　）に入る適切なことばを漢字２文字で答えなさい。

問６　次の組み合わせのうち（　②　）電池が一番長持ちする組み合わせを次のア～カから１つ選び，記号で答えなさい。

	水素の量	酸素の量
ア	$10000cm^3$	$20000cm^3$
イ	$15000cm^3$	$15000cm^3$
ウ	$20000cm^3$	$10000cm^3$
エ	$0.1m^3$	$0.2m^3$
オ	$0.15m^3$	$0.15m^3$
カ	$0.2m^3$	$0.1m^3$

6. 長さ60cmで太さが一様な棒を準備し，棒の左はしに皿を，左はしから20cmのところにつりひもを，さらにその先におもりをつけ，図１のようなはかりをつくりました。このはかりは，はかりたいものを皿にのせ，おもりの位置を変え，棒が水平になったときのおもりの位置で重さをはかることができます。このはかりを使って【実験１】，【実験２】を行いました。以下の各問いに答えなさい。ただし，問１～問５ではつりひもと棒の重さは考えないものとします。

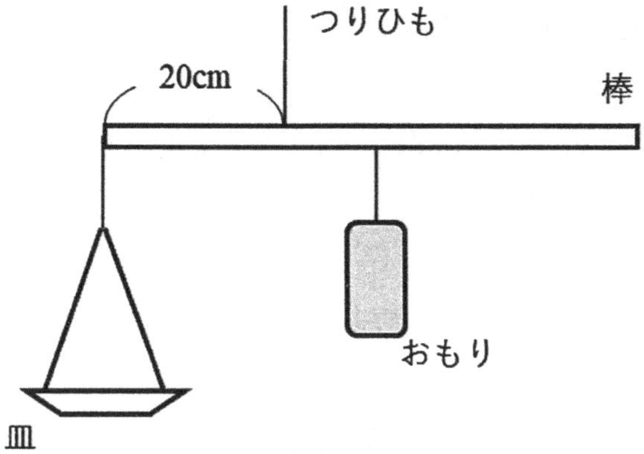

図１

【実験１】

皿には何ものせない状態で，様々な重さのおもりをつるし，棒が水平になるようおもりをつるす位置を変えます。このとき，「つるしたおもりの重さ」と，「つりひもからおもりまでの長さ」の関係を調べると，次の表１のようになりました。

表１

つるしたおもりの重さ（g）	100	200	300	400	600
つりひもからおもりまでの長さ（cm）	12	6	4	3	（ア）

問１　表１の（ア）に当てはまる数字を答えなさい。

問２　皿の重さは何gか答えなさい。

【実験２】

はじめに，おもりを100gにして，皿には何ものせない状態で棒が水平になったときの，おもりをつるした位置に印をつけます。次に，図２のように，皿の上に分銅をのせて，棒が水平になるようにおもりをつるす位置を変えます。

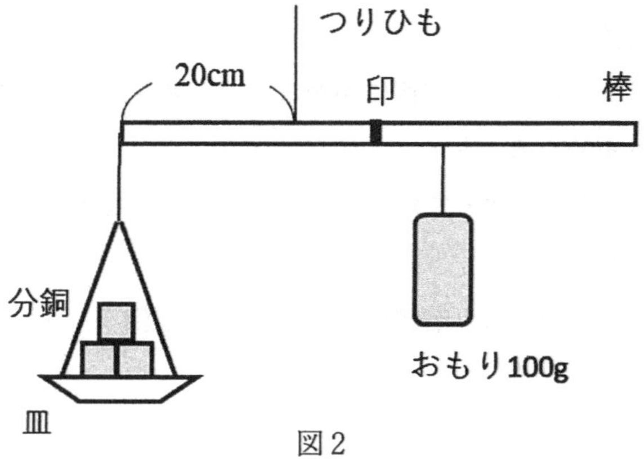

図２

問３　皿の上にのせる分銅の重さを，10g，20g，30g，40gと，10gずつ重くしていくとき，「印」と「おもりをつるす位置」の間隔《かんかく》はどのように変わっていくか，具体的な数値を使って，簡単に説明しなさい。

問４　皿の上の分銅を，重さがわからないボールにかえて，棒が水平になるようにしたところ，「印」と「おもりをつるす位置」の間隔は16cmだった。このボールの重さは何gか答えなさい。

問５　図２のはかりでは140gの重さまでしかはかることができません。このはかりで500gの重さまではかることができるようにするためにはどのような工夫をすればよいですか。次のア～カから２つ選び，記号で答えなさい。

ア　おもりを重くする

イ　おもりを軽くする

ウ　皿を重くする

エ　皿を軽くする

オ　つりひもを皿に近い位置につけかえる

カ　つりひもを皿から遠い位置につけかえる

問６　問１～問５では，棒の重さを考えませんでしたが，実際には棒には重さがあります。棒の重さはすべて，棒の真ん中の位置にかかっているものとします。このとき，図２のはかりで実際にはかることができる重さについて説明した文章について，正しいものを次のア～エから１つ選び，記号で答えなさい。

ア　棒の重さはつりひもより左側にかかるので，実際にはかることができる重さは140gよりも重くなる。

イ　棒の重さはつりひもより右側にかかるので，実際にはかることができる重さは140gよりも重くなる。

ウ　棒の重さはつりひもより左側にかかるので，実際にはかることができる重さは140gよりも軽くなる。

エ　棒の重さはつりひもより右側にかかるので，実際にはかることができる重さは140gよりも軽くなる。

7. 次の図A～Eはある地域における地層の変動を模式的に示したものです。図を見て，以下の各問いに答えなさい。

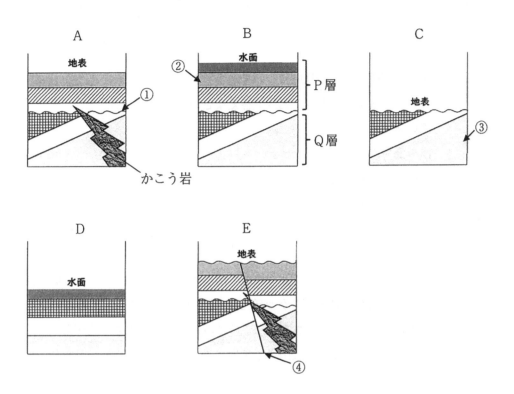

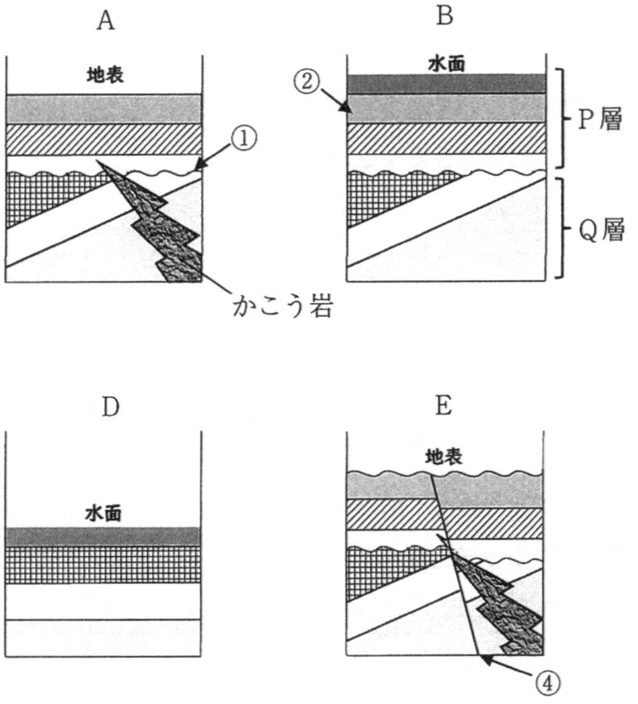

問1　図A～Eを古い順に記号で並べなさい。

問2　次の(1)～(3)に答えなさい。

(1)　図BのP層とQ層のような地層の重なり方を何といいますか。

(2)　図Eの④のような，地層のずれを何といいますか。

(3)　図Bの②の層にはハマグリの化石がふくまれていました。このことからこの地層ができた当時の環《かん》境は海であったと判断しました。このように環境を決めることができる化石のことを何といいますか。

問3　図Aの①のように，表面がでこぼこになるのはどうしてですか。簡単に説明しなさい。

問４　図Ｃの③の層の岩をとって，その岩にある薬品を加えると気体が発生しました。この気体は地球温暖化の原因である温室効果ガスとして知られています。③の地層は何という堆《たい》積岩をふくんでいるか答えなさい。また，加えたある薬品は何か答えなさい。

問５　これまでの問題からこの地域についてわかることは何ですか。適当なものを，次のア～オの中からすべて選び，記号で答えなさい。

ア　深い海であった
イ　浅い海であった
ウ　湖や河口であった
エ　この地層は中生代にできた
オ　火山活動があった

問６　ゆうへいくんは化石を探しに近くの山へ出かけました。あるがけで地層が見えたので，くわしく調べ，様子をスケッチしました（図１）。また，地層に堆積している岩を表１にまとめました。さらに，この地域には過去に火さい流があったことがわかりました。火さい流とは火山現象で生じる土砂移動現象の一つであり，火山から噴《ふん》出した土砂により多くのものが流されます。

地層Ｒ～地層Ｔの間で起こった次のア～エの現象を起きた順番に並べなさい。

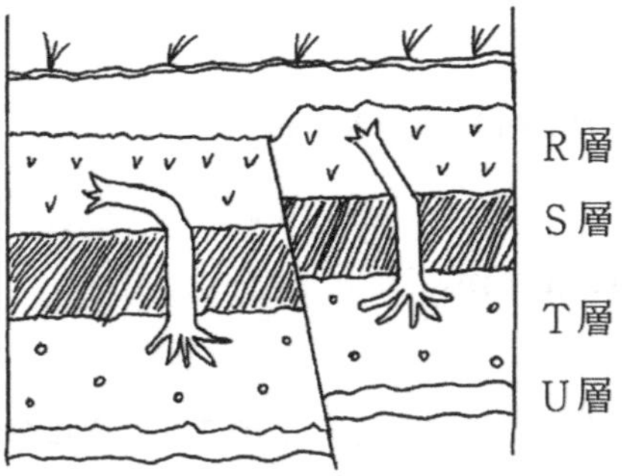

図１

表１

	堆積している岩
地層Ｒ	火さい流堆積物（火成岩）
地層Ｓ	ぎょう灰岩
地層Ｔ	砂岩，れき岩
地層Ｕ	石灰岩

ア　樹木が育った
イ　火山が噴火し，火さい流が発生した
ウ　火山灰が堆積した
エ　こう水により，砂やれきが堆積した

令和4（2022）年度

入試Ⅱ（適性検査型入試）

適　性　1

1月11日（火）

（50分）

受験上の注意

・試験開始まで問題用紙にも解答用紙にも手をふれてはいけません。
・用紙の決められた欄《らん》に，受験番号を書いてください。
・解答は解答用紙のわくの中にていねいな字で記入してください。
・筆記用具や定規《じょうぎ》，コンパスの貸し借りはいけません。
・解答用紙・問題用紙は回収しますので持ち帰らないでください。
・質問があるときや，筆記用具などを落としたとき，印刷が悪くて字がはっきりしないところなどがあれば，手を挙げて監督《かんとく》の先生の指示にしたがってください。
・答えを求める筆算は，問題用紙の空いている部分を使ってください。
・問題に出ていない数字を使うときは，その数字の意味が分かるように式を立てたり，説明を書いたりして答えを求めなさい。

広島国際学院中学校

1. 太郎さんと花子さんは，いろいろなものを利用して図形を作ることにしました。

問1　太郎さんは，図1のような同じ大きさのクリップと同じ大きさのピンをたくさん使って図形を作っています。次の会話文を読んで，あとの各問いに答えなさい。

図1

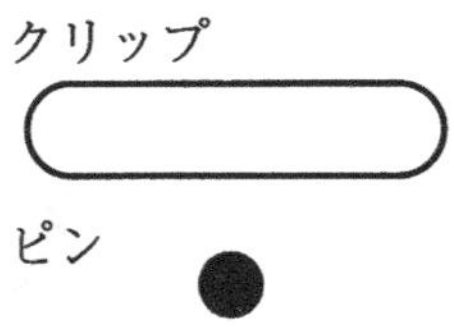

太郎さん：「用意したクリップとピンをつなげて，いろいろな形を作ろうと思うんだ。」

花子さん：「どのようにするの。」

太郎さん：「まずは，２つのクリップを用意して，図２のように，１つのクリップのはしと，もう１つのクリップのはしをピンでとめるんだ。ピンでとめていない側は，自由に動かせるようにしておくよ。これをつなげていくと，図３のように，図形ができるんだ。」

花子さん：「クリップとピンをそれぞれ12個すべて使って作ったんだね。他にもいろいろな形ができそうだね。」

図2

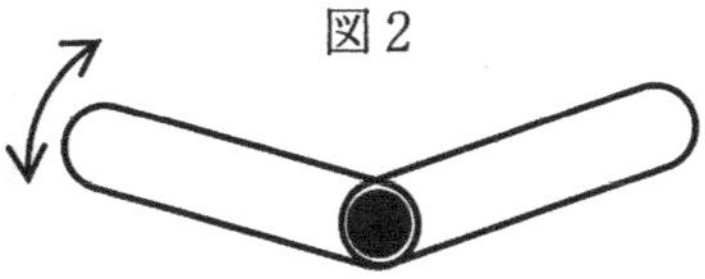

図3

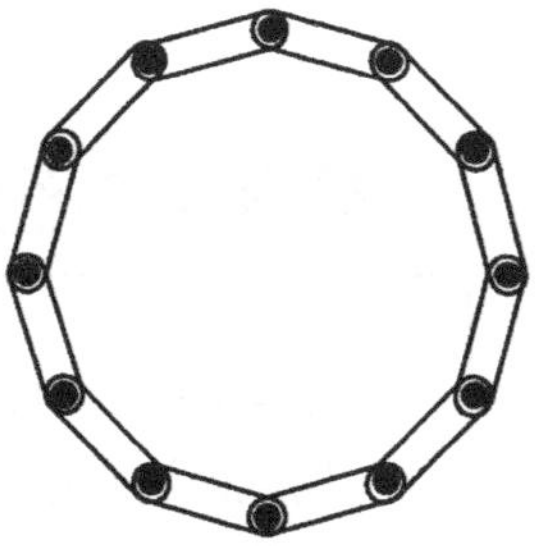

(1) クリップとピンをそれぞれ12個すべて使って，１つの三角形を作ります。使用したピンのうち３つが，その三角形の頂点となるようにすると，全部で何種類の三角形ができるか答えなさい。ただし，回転させたり，ひっくり返したりして同じになるものは１種類と数えます。

(2) 複数のクリップとピンを使って四角形を作ります。使用したピンのうち４つが，その四角形の頂点となるようにすると，クリップの数がどのような場合に長方形になるか，説明しなさい。

問２　太郎さんは，面が８つあるサイコロを作りました。次の会話文を読んで，あとの各問いに答えなさい。

太郎さん：「正三角形を８つくっつけて，図４のような立体を作ってみたんだ。この立体でサイコロを作るために，１から８までの数字を書き込んでいこう。」

図４

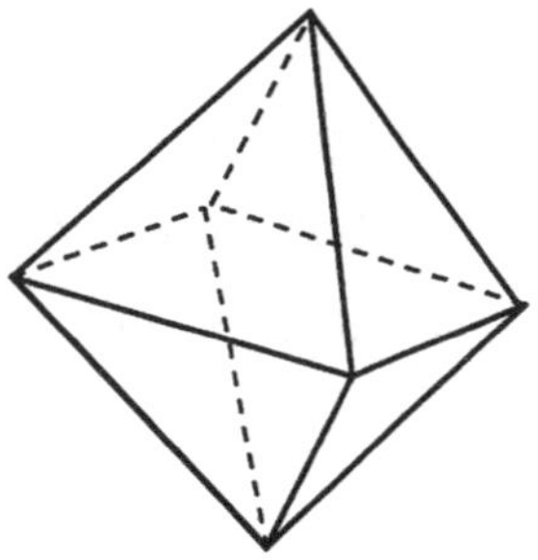

花子さん：「６面のサイコロは，１の面と向かい合う面が６，２の面と向かい合う面が５，３の面と向かい合う面が４になっていて，ある面と向かい合う面の数字をたすと７になるようにできているね。」

太郎さん：「今回は面が８つあるから，ある面と向かい合う面の数字をたして９になるように書いていくことにしよう。」

花子さん：「図５のように，平らな机の上に置いてあるときに机に面している面の数字が８になるということだね。」

図５

太郎さん：「その通りだよ。サイコロに数字を書いたあとに，展開図をかいてみるのもいいね。」

花子さん：「そうだね。今回，正三角形の面を８つくっつけて図４のような立体をつくることができたけど，正三角形を８つくっつけた図は必ず，図４のような立体に組み立てることができるのかな。」

太郎さん：「実は，必ずしも図４のような立体になるわけではないみたいだよ。」

(1) 右の展開図は，図５のサイコロの展開図の一つです。欠けている数字を書き入れて，展開図を完成させなさい。ただし，数字の向きは，右の展開図の「２」のように，「１」と同じ向きで書き入れなさい。

展開図　※展開図には１と２の位置のみ記しています。

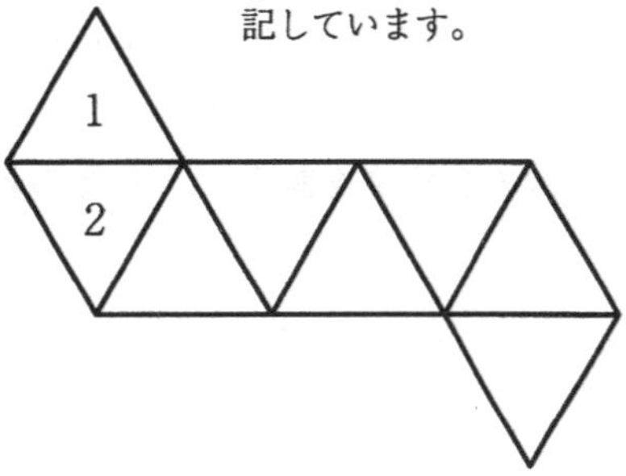

(2) 太郎さんと花子さんは，会話文中の下線部分のように，正三角形を８つくっつけた図をいくつかかいてみました。図４の立体の展開図として当てはまらないものを下のア～クの中から２つ選び，記号で答えなさい。

ア

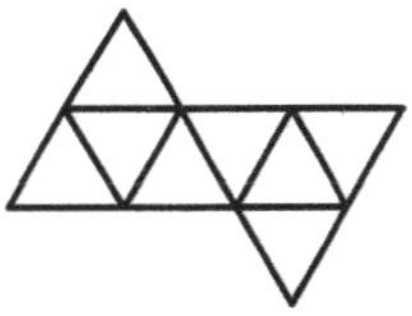

イ

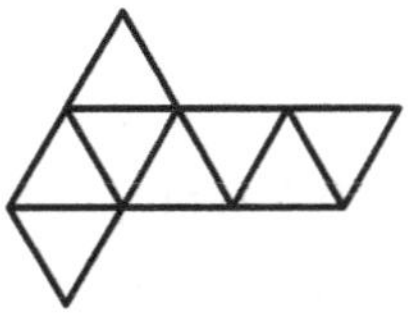

ウ

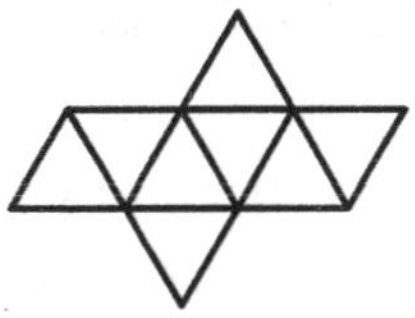

エ

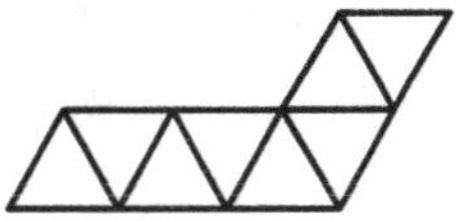

オ

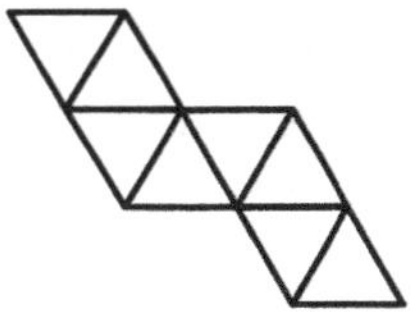

カ

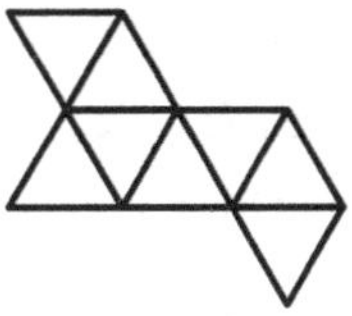

キ

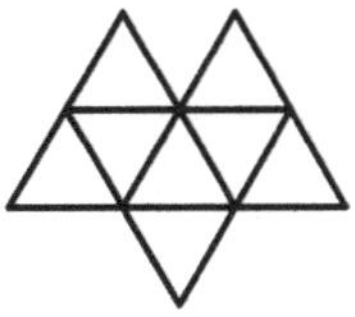

ク

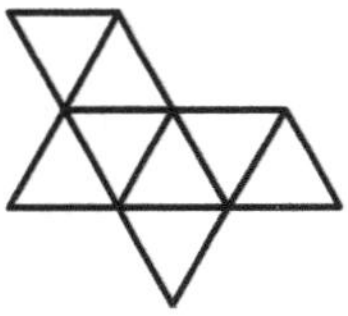

2. あるクラブのメンバーの，中学生18名と小学生24名の合計42人は，地域の行事で遊園地に行くことになりました。中学生の太郎さんと花子さんは，そのことについて話し合いをしています。

次の会話文を読んで，あとの各問いに答えなさい。

太郎さん：「まずはグループ分けについて考えよう。中学生と小学生の合同グループの方がいいよね。」

花子さん：「そうだね。それに，どのグループも同じ人数がいいと思うよ。あと，グループ内の中学生の人数と小学生の人数はどのグループも同じになる方がいいね。」

太郎さん：「1つのグループの人数について，中学生と小学生を合わせて5人以上10人以下にしようよ。」

花子さん：「それなら全体を［ア］グループに分けて，1つのグループの中学生の人数を［イ］人，小学生の人数を［ウ］人にしようよ。」

（【遊園地マップ】を見ながらの会話）

花子さん：「遊園地に行く前に，どの乗り物（アトラクション）に乗るのかを決めておくと，効率よく園内を回ることができるね。」

太郎さん：「たしか，遊園地への到着が8時50分で，9時に入口を出発する予定だったよ。私たちの入場チケットは，どの乗り物（アトラクション）にも乗ることができる3時間フリーパス券だったね。」

花子さん：「そうだったね。ただ，12時には出口から退場しないといけないから，全部の乗り物（アトラクション）には乗れないね。これを踏まえて，11時45分から12時までの間に出口に着くように計画すればいいね。」

太郎さん：「この遊園地は，入口から出口までが一方通行で迷うことがなさそうだね。【遊園地マップ】には，乗り物（アトラクション）の所要時間と，乗り物と乗り物の間の道のりが書いてあるね。移動にかかる時間は，どう計算しようか。」

花子さん：「グループに小学生がいるから，歩く速さはだいたい1時間に3km進むと考えて計算するといいよ。ただし，通路の途中でじっと待っていたり，同じ乗り物（アトラクション）を2回乗ったりしないでね。」

太郎さん：「これだけの情報があれば，計画を立てて遊園地を回れそうだね。」

【遊園地マップ】※乗り物の下の所要時間は待ち時間も含んでいます。

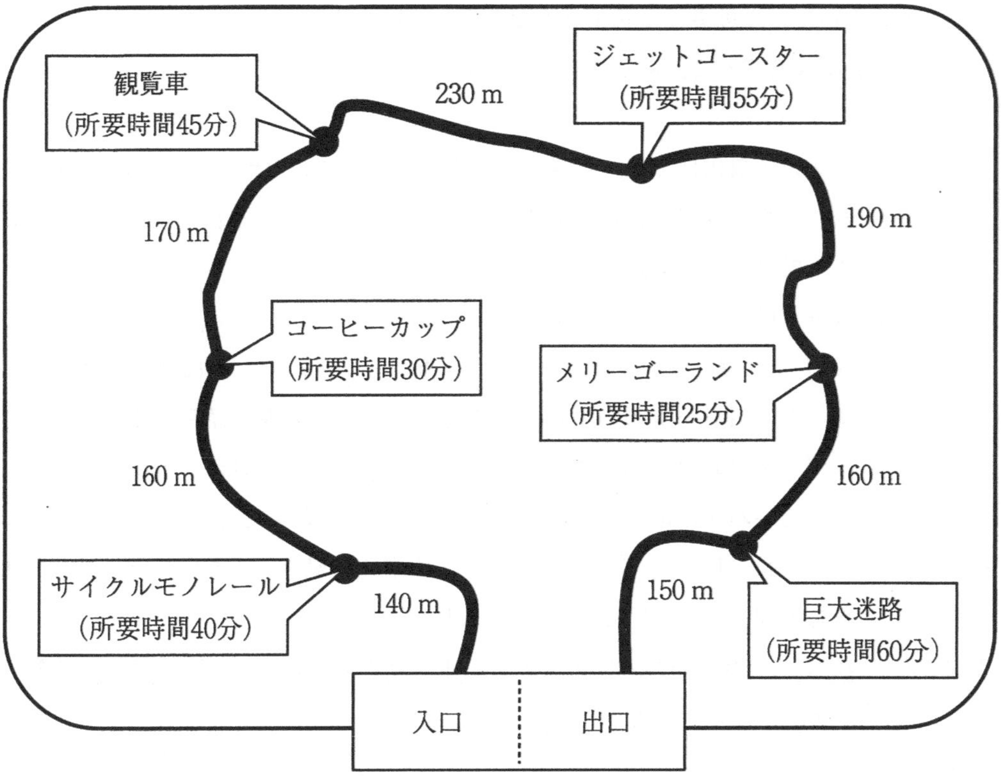

問１　会話文中の ア ，イ ，ウ に当てはまる数として考えられるものを，それぞれ１つずつ答えなさい。

問２　９時に入口を出発して11時45分から12時までの間に出口に着くという条件のもとで，あとの各問いに答えなさい。

(1) 乗り物（アトラクション）に利用できる時間が何分以上，何分以下であるかを求めなさい。また，その求める過程を，数式を用いて書きなさい。

(2) 時間内に乗り物（アトラクション）に４つ乗ることにします。乗ることができる乗り物（アトラクション）４つの組み合わせを１通り考え，下の(あ)～(か)の記号で答えなさい。また，そのときの出口に到着する時刻を答えなさい。

(あ) サイクルモノレール　　(い) コーヒーカップ　　(う) 観覧車

(え) ジェットコースター　　(お) メリーゴーランド　　(か) 巨大迷路

3. 太郎さんが夏休みの自由研究で，コードによって動くロボットを作成しました。これについて，太郎さんと花子さんが話をしています。

次の会話文を読んで，あとの各問いに答えなさい。

太郎さん：「夏休みの自由研究で，ロボットを作ったよ。このロボットは，【コード入力表】にあらかじめ決められたコードを書き込んで，それを読み取ることによって動くんだよ。」

花子さん：「コードはどのようにして決めているの。」

太郎さん：「『○』と『●』を組み合わせて下の【コード表】のように決めたよ。このコードを【コード入力表】に書き込んで，左から順に読み込ませることでロボットの動きを制御するんだよ。おまけに，このロボットはどのように動いたかわかるように，動くと線をかいてくれるんだ。」

花子さん：「面白いね。【コード表】を見ると，東西南北の動きしかないけど，他にも動きを追加することはできるのかな。」

太郎さん：「『○』と『●』を組み合わせたコードを新たに登録すれば，いろいろな動きを追加することは可能だよ。」

【コード表】

進行方向	コード
北	○○○
南	●○○
西	○●○
東	○○●

【コード入力表】

○○○○○○○○○○○○○○○○○○○○○…

問1　【コード表】のコードを使って書いた下のような【コード入力表】を読み込ませ
　　たところ，ロボットは【図1】のような線をかきました。このロボットがスタート
　　した位置に，はっきりとわかるように黒丸を書きなさい。ただし，ロボットは1つ
　　のコードで1マス分進むものとします。

【図1】

読み込ませた【コード入力表】

問2　会話文中の下線部分について，『〇』か『●』を合わせて3つならべてコードを
　　作るとき，最大で何通りの動きを登録することができますか。

花子さん：「太郎さんが作ったコード表（【コード表】）
　　　　　　に北東，北西，南東，南西の動きを追加
　　　　　　したコード表（【コード表（改訂版）】）を
　　　　　　作成したよ。これで，8方向の動きを表
　　　　　　すことができるね。」

太郎さん：「新たにコードを追加したのはいいけど，
　　　　　　これだとロボットがうまくコードを読み
　　　　　　込んでくれないんだよ。」

【コード表（改訂版）】

進行方向	コード
北	〇〇〇
南	●〇〇
西	〇●〇
東	〇〇●
北東	●〇〇〇
北西	〇●〇〇
南東	〇〇●〇
南西	〇〇〇●

問3　ロボットがうまく読み込んでくれないコードの例（【コード表（改訂版）】から2
　　つのコードをつなげたもの）を1つ挙げ，なぜうまく読み込んでくれないのかを説
　　明しなさい。

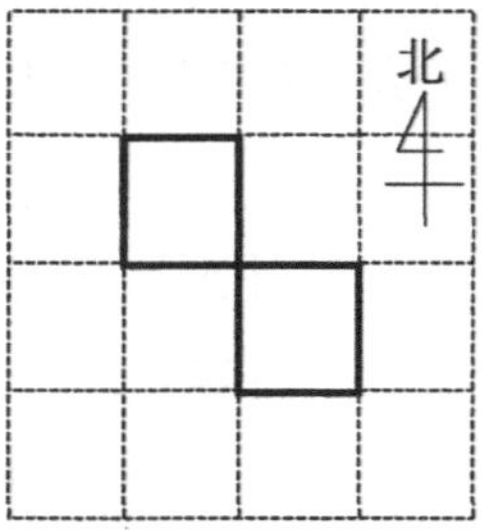

4. 理科室にある水よう液や固体について調べています。

理科室の机の上に無色とう明な異なる７種類の水よう液Ａ～Ｇがあります。これらの水よう液はそれぞれ石灰水，食塩水，アンモニア水，炭酸水，ミョウバン水，うすい塩酸，水のいずれかであることが分かっています。次の会話文はたろうさんとまことさんの会話文です。会話文や資料を参考にして，あとの各問いに答えなさい。

たろう：「Ａ～Ｇの水よう液を区別するためには，どのような実験が必要かな？」
まこと：「実験をする前に，まずはそれぞれの水よう液を観察してみようよ。よく見ると，Ｇの水よう液だけあわが発生しているね。」
たろう：「本当だ。でも他の水よう液の見た目はほとんど同じだなぁ。」
まこと：「Ａ～Ｇは，水に固体がとけてできた水よう液と，液体や気体がとけてできた水よう液に分けられるね。最初に水よう液からとけた固体を取り出す実験をしてみようか。」

【実験１】

Ａ～Ｇの水よう液の一部をそれぞれ蒸発皿に移し，水分がなくなるまで加熱しました。その結果，水よう液Ａ，Ｄ，Ｆではとけていたものが固体として蒸発皿に残り，残りの水よう液では蒸発皿には何も残りませんでした。

たろう：「実験１の結果から，Ａ，Ｄ，Ｆが石灰水，食塩水，ミョウバン水のいずれかであることが分かったね。」
まこと：「次に，液体を加熱したときに発生する気体の性質を調べる実験をしてみよう。」

【実験２】

A～Gの水よう液の一部をそれぞれ数本ずつ試験管に移し，そのうちの１本の試験管をバーナーの火で加熱しました。このとき発生する気体を，図１のように別の水よう液を入れた試験管に通す実験を行ったところ，Gの水よう液を加熱して発生した気体をDの水よう液に通したときだけ，Dの水よう液に変化がみられました。

図１

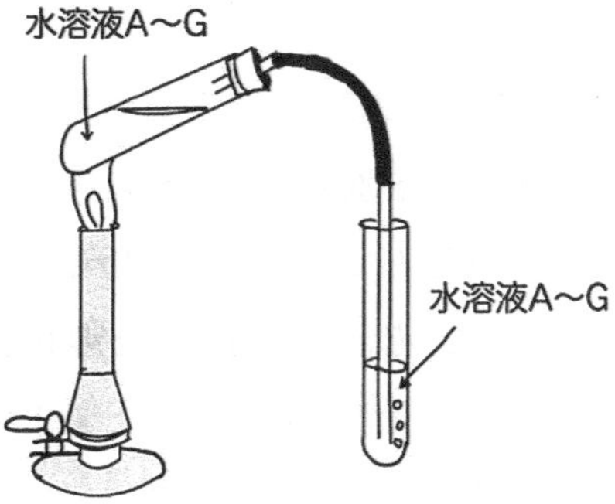

たろう：「実験２の結果から，水よう液DとGが決定できたね。」

まこと：「じゃあ次に，リトマス試験紙を使ってそれぞれの水よう液の性質を調べてみようか。」

【実験３】

ガラス棒を用いて，A～Gの水よう液をリトマス紙につけ，リトマス紙の色の変化を観察したところ，表１のような変化が観察されました。

表１

水よう液	リトマス紙の変化
A	（　①　）
B	青色から赤色へと変化した
C	変化しなかった
D	赤色から青色へと変化した
E	（　②　）
F	青色から赤色へと変化した
G	（　③　）

たろう：「これで７種類の水よう液が決定できたね。」

問１　実験２の結果をもとに，水よう液ＤとＧがそれぞれ何であるかを答えなさい。また，Ｇの水よう液を加熱して発生した気体を，Ｄの水よう液に通したときにみられた変化の様子を答えなさい。

問２　実験３の結果をまとめた表１について，空らん（　①　）～（　③　）にあてはまるものを次のア～ウからそれぞれ選び，記号で答えなさい。ただし，同じ記号を複数回選んでもかまいません。

ア．赤色から青色へと変化した

イ．青色から赤色へと変化した

ウ．変化しなかった

理科準備室に固体Hがあります。次の会話文はたろうさんとまことさんの会話文です。会話文や資料を参考にしてあとの各問いに答えなさい。

たろう：「学校では固体を水にとかして水よう液を作ったけど，気体を水にとかして作った水よう液もあるよね。固体を水にとかすことと気体を水にとかすことには何かちがいがあるのかな？」

まこと：「水の温度と水にとかすことのできる量の関係にちがいがあると聞いたことがあるよ。固体Hがあるから，固体については水の温度と水にとける量の関係を調べることはできるね。」

たろう：「それじゃあ，まずは固体Hを使って水の温度と水にとける量の関係について実際に調べてみよう。」

【実験4】

0℃～50℃の水100gを入れたビーカーをそれぞれ用意し，図2のように，それぞれのビーカーに100gの固体Hをいれてよくかきまぜ，(1)その後，ビーカーの水よう液をろ過し，とけ残った固体Hの質量を測定し，結果を表2にまとめました。

図2

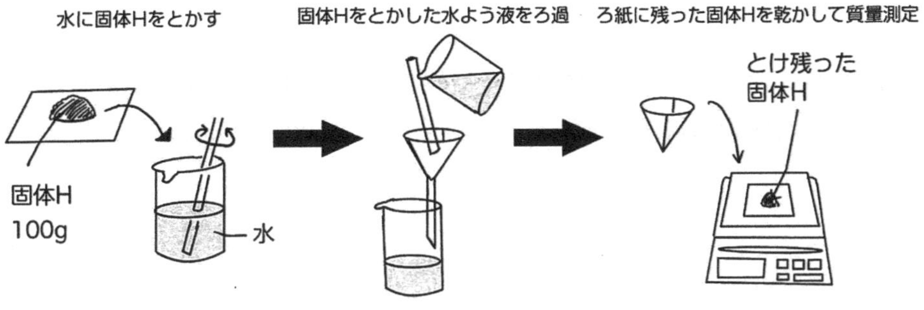

表2　さまざまな温度の水にとけ残った固体Hの質量

水の温度（℃）	0	10	20	30	40	50
とけ残った固体H（g）	86	78	70	54	36	15

たろう：「水の温度と水にとける気体の量の関係についてはどのようにして調べようか。」
まこと：「インターネットを使って調べてみよう。」
たろう：「気体Ｉを例にとって調べてみると，さまざまな温度の水にとける気体Ｉの質量は表３のようになるみたいだよ。」

表３　さまざまな温度の水にとける気体Ｉの質量

水の温度（℃）	0	10	20	30	40	50
水100gにとける気体Ｉの質量（g）	0.0335	0.0232	0.0169	0.0126	0.0097	0.0076

まこと：「これらの情報をもとに考えると，固体を水にとかすことと気体を水にとかすことのちがいについてわかりそうだね。」

問３　下線部(1)について，０℃～50℃の水100gにとけた固体Ｈの質量はそれぞれ何gであったと考えられるか，解答用紙の表にそれぞれ数値を書きなさい。

問４　０℃～50℃の水100gに30gの固体Ｈをそれぞれとかす場合，とけ残る固体Ｈの質量と，ビーカーの水の温度との関係を示す折れ線グラフを書きなさい。

問５　固体を水にとかすことと気体を水にとかすことのちがいについてわかることを，表２と表３をもとに説明しなさい。

5. 次の会話文はちなつさんとたいきさんの会話文です。会話文や資料を参考にして，あとの各問いに答えなさい。

たいき：「コンビニで買ったアイスクリームがかたくて食べれないよ。アイスがかたすぎるせいで，木のスプーンが折れちゃった。」

ちなつ：「木のスプーンを使うからダメなんだよ。キッチンにアイス用のスプーンがあるから，それを使ったら？」

たいき：「アイス用のスプーンなんてあるの？知らなかったなぁ。」

ちなつ：「(1)アイス用のスプーンはアルミニウムの素材でできているらしいね。」

たいき：「なんでアルミニウムでできているんだろう。」

ちなつ：「素材の種類によって熱の伝わりやすさがちがうからだよ。」

たいき：「熱の伝わりやすさってどういう意味なの？」

ちなつ：「たとえば，冷たい飲み物をガラスのコップと金属のコップに注いだときは金属の方がすぐにコップの温度が低くなるの。これは金属の方が熱を伝えやすいからなの。熱の伝わりやすさを数字の大きさで表したものを，熱伝導率というよ。」

たいき：「要するに，温めたときにすぐに熱くなる物質は熱伝導率が大きくて，なかなか熱くならない物質は熱伝導率が小さいってことだな。」

ちなつ：「そうね。ただし，熱の伝わりかたは熱伝導だけじゃないから注意が必要よ。」

たいき：「そうなの？他にどんな熱の伝わり方があるの？」

ちなつ：「熱伝導以外の熱の伝わり方には，対流があるわ。(2)対流は，温められた液体や気体が移動して，流れを生むことで熱が伝わる現象のことをいうのよ。」

たいき：「熱伝導は熱が静止した物体をゆっくりと伝わっていく現象で，対流は熱せられた物体そのものが動いていく現象ってことかな。」

表1　さまざまな物質の熱伝導率

物質	熱伝導率（W/(m*K)）
氷	2.2
アルミニウム	236
かんそう木材	0.15～0.25

問１　会話文中の下線部(1)について，なぜアルミニウムでできたスプーンを使うとかたいアイスクリームを食べることができるのか，表１を参考に，木でできたスプーンとのちがいが明確にわかるように説明しなさい。

問２　たいきさんは，熱が鉄板をどのように伝わっていくのかを調べるため，図１のように長方形の鉄板の頂点Ｂ，Ｃ，Ｄの上にロウソクを乗せ，頂点Ａをガスバーナーの火であぶり，Ｂ～Ｄのロウソクがとけはじめる順番を観察しました。ロウソクがとけはじめる順番として正しいものを，以下のア～カのうちから１つ選びなさい。ただし，長方形の１辺は，ＡＢよりもＡＣの方が長いものとします。

ア．Ｂ→Ｃ→Ｄ
イ．Ｂ→Ｄ→Ｃ
ウ．Ｃ→Ｂ→Ｄ
エ．Ｃ→Ｄ→Ｂ
オ．Ｄ→Ｂ→Ｃ
カ．Ｄ→Ｃ→Ｂ

図１
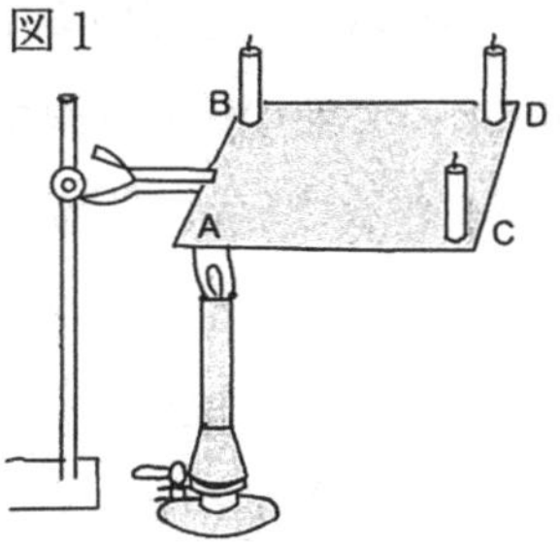

問３　会話文中の下線部(2)について，図２のように水を入れたビーカーを２つ用意し，それぞれの水の中にヒーターを入れて水を温めました。このとき，Ａのビーカーではヒーターを水面近くに設置し，Ｂのビーカーではヒーターを水底近くに設置しました。ビーカーの水の温度が早く温まるのは，ＡとＢのどちらでしょうか。理由とともに説明しなさい。

図２
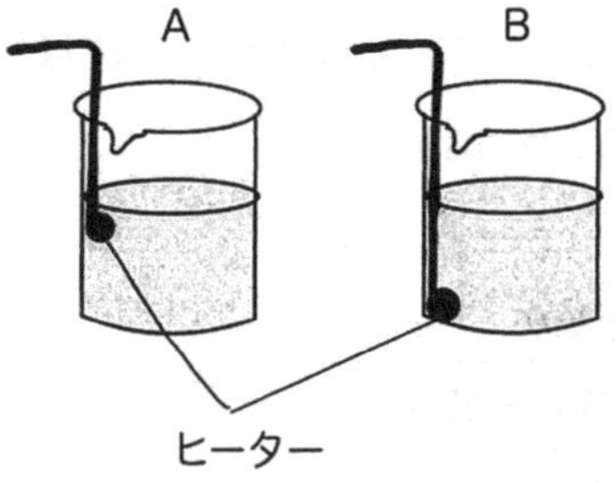

令和４(2022)年度

入試Ⅱ（適性検査型入試）

適　性　2

1月11日（火）

（45分）

受験上の注意

・試験開始まで問題用紙にも解答用紙にも手をふれてはいけません。
・用紙の決められた欄《らん》に，受験番号を書いてください。
・解答は解答用紙のわくの中にていねいな字で記入してください。
・筆記用具の貸し借りはいけません。
・解答用紙・問題用紙は回収しますので持ち帰らないでください。
・質問があるときや，筆記用具などを落としたとき，印刷が悪くて字がはっきりしないところなどがあれば，手を挙げて監督《かんとく》の先生の指示にしたがってください。
・記述問題において，特に指定がなければ，かぎかっこ（「　」）や句読点（、　。）なども１字に数えます。

広島国際学院中学校

1. 奈緒さんは，家族でお好み焼きを食べているときに，お好み焼きの食材はどのように供給されているか疑問を持ち，お好み焼きに用いられている食材の自給率について調べることにしました。次の資料１，資料２は，奈緒さんが手に入れた資料の一部です。

日本の食料自給率について，資料１，資料２を用いて，現在の問題点をふまえながら，あなたの考えを書きなさい。

資料１　お好み焼きの食材の輸入と国内生産の割合

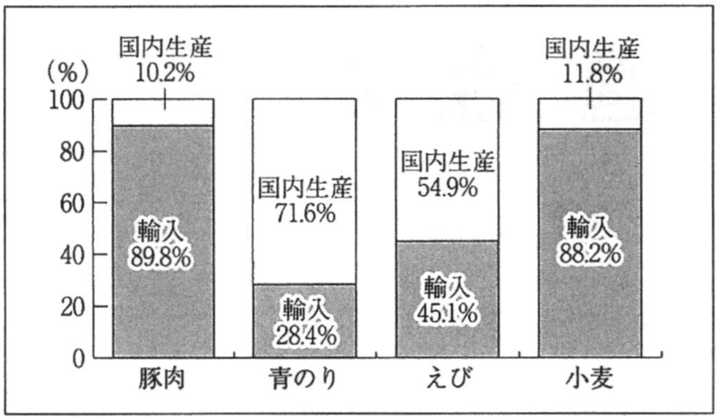

JICA資料より作成

資料２　食料をめぐる世界の状況

2007～08年には世界的な気象条件の悪化による不作で食糧《しょくりょう》輸出規制の動きが顕著《けんちょ》になった。07年から08年にかけてロシア，ウクライナ，カザフスタン，セルビア，アルゼンチンなどが小麦の輸出を禁止，さらにカンボジア，ベトナム，インドネシアなどがコメの輸出を禁止して穀物価格が高騰《こうとう》した。08年にイタリアのローマで開催《かいさい》された「食糧サミット」でこうした世界的な穀物価格高騰への対応を協議する中で，日本の総理大臣が穀物輸出国に対して輸出規制を自粛《じしゅく》するよう要請《ようせい》したが，輸出国からは「自国民の食料を守ることは当然のことであり，自国の食料確保を優先する」と反論され，日本の要請はあえなく一蹴《いっしゅう》された。食料とはそういうものだ。

JA（農業協同組合）新聞ホームページより作成

2. 良太さんと真澄《ますみ》さん，先生は，次のような会話をしています。〔会話文〕を読みあとの問いに答えなさい。

〔会話文〕

先生：この間の休みは何をして過ごしましたか？

真澄：祖父と祖母の家に遊びにいきました。自然が多くてきれいな町です。

良太：とても楽しかったみたいですね。

真澄：ええ。でも，祖父が「最近は町の人口がどんどん減っている」と言っていました。

良太：東京の大学に通っているいとこは，「東京は人がとても多い」と言っていました。地域によって事情がちがうのでしょうか。

先生：地域ごとの人口の変化には，自然増減と社会増減の２種類があります。

良太：どのように違うのですか？

先生：自然増減とは，その年の出生数と死亡数の差です。社会増減は，その年の転入者数と転出者数の差ですね。

真澄：転入者数，転出者数とは何ですか？

先生：転入者とは，その土地に引っこしてきた人，転出者とは，その土地から引っこしていった人のことです。人口は自然増減と社会増減の両方に影響《えいきょう》されますが，今は社会増減について表１を参考に調べてみましょう。

表１　2018年10月時点の人口，2018年10月～2019年10月までの転入者数と転出者数

都道府県	総人口（千人）	他都道府県からの転入者数（人）	他都道府県への転出者数（人）	社会増減率（％）
東京都	13,822	430,159	344,012	+0.62
山形県	1,090	12,378	16,741	
兵庫県	5,484	87,087	93,448	-0.12
広島県	2,776	125,550	126,000	
香川県	962	16,325	18,373	
長崎県	1,341	21,017	28,192	-0.54

＊ 外国籍《がいこくせき》の人の移動はふくまれていない

（総務省統計局HP：統計局統計調査部国勢統計課資料より作成）

先生：例えば東京都でみると，転入者数が転出者数より多いので，社会増減でみると増加していますね。増加数は430,159－344,012＝86,147人です。

良太：転出者数が転入者数よりも多いと，社会増減では減少になるのですね。

先生：はい。また，社会増減率の計算も大切です。表１の場合，社会増減率は，社会増減数を2018年10月時点の人口で割ります。東京都の場合は，86,147÷13,822,000×100＝約0.62％の増加となります。

真澄：社会増減率は，人口に対する社会増減の大きさを示すのですね。社会増減が減少していて，しかも社会増減率の数値が大きいと，人口の流出が深刻ということですね。

先生：これまで見てきた社会増減率に，自然増減率を加えたものが人口増減率です。2019年10月１日の人口推計では，日本の総人口は１億2616万７千人で，前年に比べ27万６千人の減少となっています。人口減少率は0.22％でした。

良太：地域によって差はあるけれど，日本全体として人口は減っているのですね。

真澄：祖父の住む町は，人口減少率が大きいと考えられますね。住む人が少なくなるのは，あまりいいことではないですよね。

先生：そうですね。例えば，人口減少のいちじるしい地域では，地方公共団体が困りますね。

良太：地方公共団体とは何ですか。

真澄：都道府県や市町村のことですよ。地方公共団体と我々の関係を図１にまとめてみました。

図１

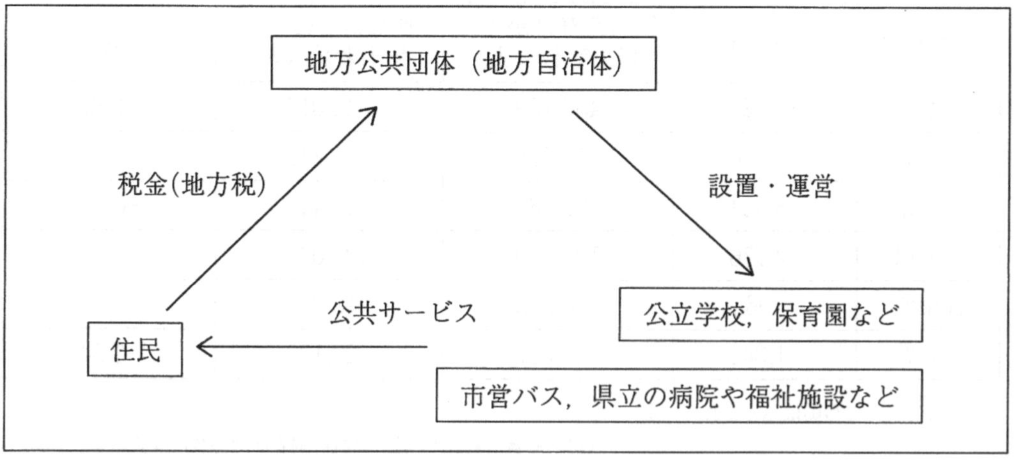

良太：なるほど。ぼくたちの通う小学校も，地方公共団体が運営しているのですね。バスや病院など，住民の生活に必要なものが公共サービスなのですね。

真澄：そのための費用は，住民がはらう税金（地方税）によってまかなわれているということですね。

良太：人口が減ることによる問題点は，他にもありますよね。

真澄：農業や漁業，林業でのあとつぎが不足していると聞いたことがあります。農家を継《つ》ぐ人がいないと，だれも使っていない農地が増えることになりますよね。

良太：人口が減ることによるいろいろな問題点と，対策について図2，図3を参考にして調べてみましょう。

図2　全国の空き家数および空き家率の推移

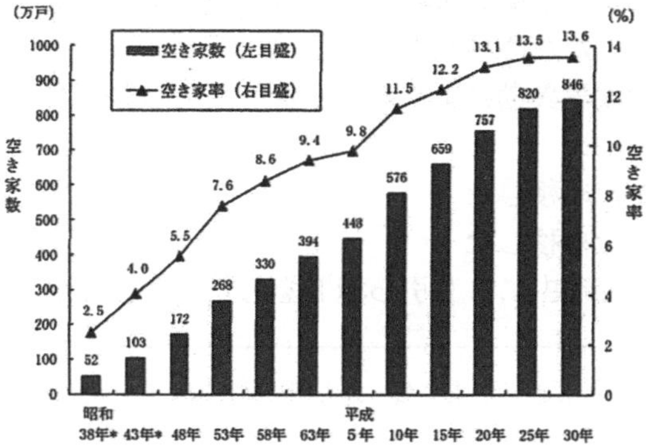

図3　空き家率の推移（都道府県別）

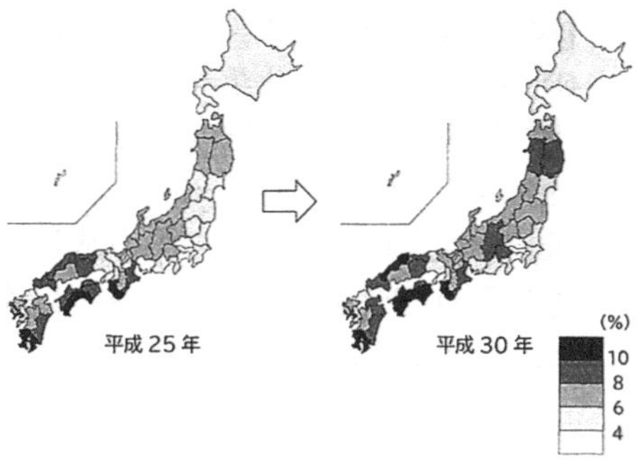

（平成30年住宅・土地統計調査）

良太：地方の経済を活性化させる取り組みは，観光以外にもあるはずですね。

真澄：インターネットで「地方創生の取り組み」という資料を見つけたのですが，そのなかに，人の出入りと地域活性化の関係がわかる表2と図4の資料がのっていました。

表2　地方創生に取り組む機関の例

機関	取り組み
地方の大学	A
東京の大学	B
企業	C

図４　地方圏《けん》から東京圏に移住した人の，移住した理由（％）

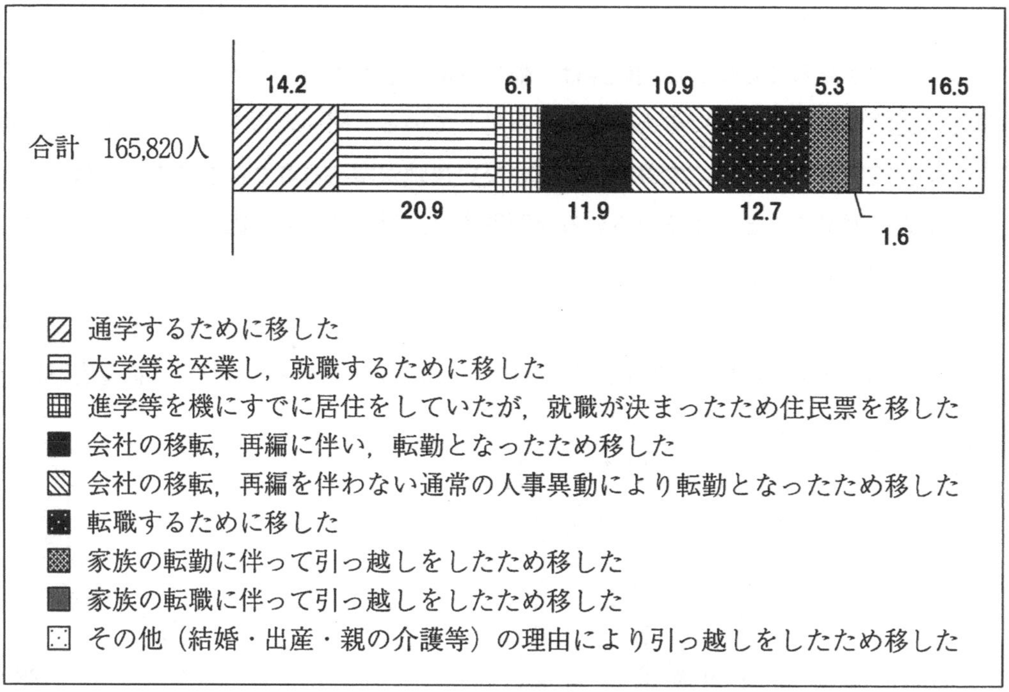

（「若年層における東京圏・地方圏移動に関する意識調査」）

良太：図４を見ると，若者が地方から東京圏に移住するのには，さまざまな理由があるようですね。

真澄：それに対して，表２の３種類の機関が，それぞれ対策に取り組み始めているようです。わたしたちも，身近な機関がどのような取り組みをしているのか理解しようとすることが，地方活性化への第一歩になるかもしれないですね。

2

問1	ア	イ	ウ

問2

(1) 求める過程

答え　　　　　分以上　　　　　分以下

(2) 記号　　→　　→　　→

到着時刻　　　　時　　　　分

※

3

問1

【図 1】

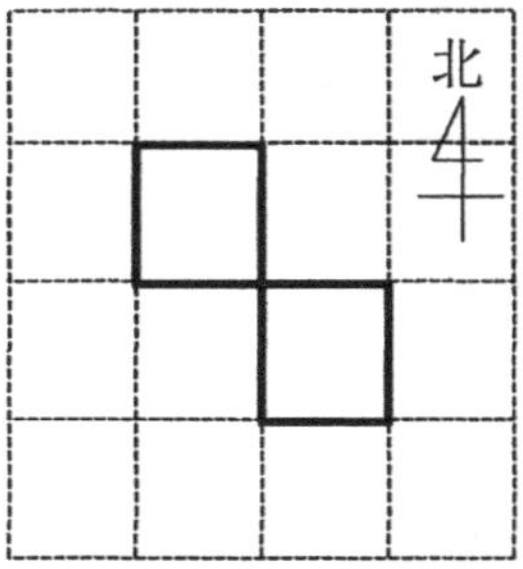

問2　　　　通り

問3

コードの例

説明

※

受験番号		総点	※

(※印欄は記入しないこと)

※100点満点
(配点非公表)

令和4(2022)年度　入試Ⅱ（適性検査型入試）
（適性1）　解　答　用　紙　②

4

問1	D		G			
	変化の様子					
問2	①		②		③	

問3

水の温度（℃）	0	10	20	30	40	50
水100gにとけた個体 Hの質量（g）						

問4

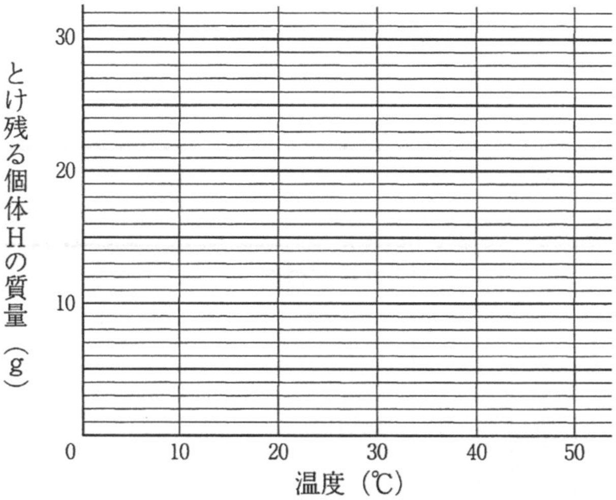

問5

※

(3)			
(4)	機関		
			※

受験番号		総点	※

（※印欄は記入しないこと）

※100点満点
（配点非公表）

(3)

250

300

※

令和四（二〇二二）年度
入試Ⅱ（適性検査型入試）
（適性2） 解答用紙 ②

受験番号
総点
※

（※印欄は記入しないこと）

※すべてたてがきで答えなさい。

3

(1)

A

B

(2)

17

※

※

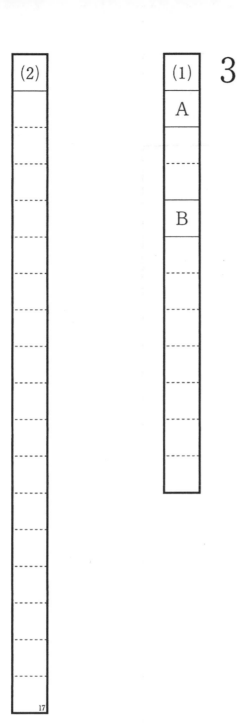

令和４（２０２２）年度
入試Ⅱ（適性検査型入試）
（適性２）　解　答　用　紙　①

1

※

2

(1)

【解答

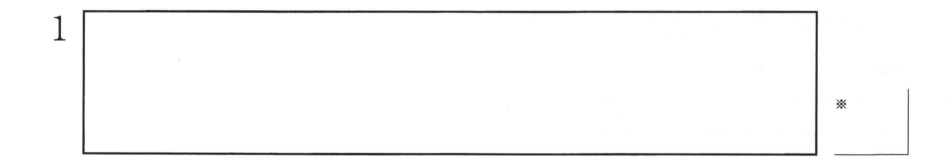

5

問1	
問2	
問3	

※

受験番号		総点	※

（※印欄は記入しないこと）

令和4(2022)年度　入試Ⅱ（適性検査型入試）
（適性１）　解　答　用　紙　①

1

問1	(1)	種類
	(2)	
問2	(1)	展開図 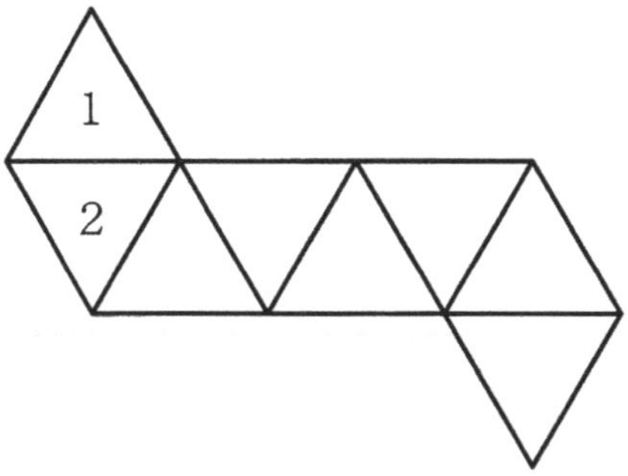
	(2)	

※

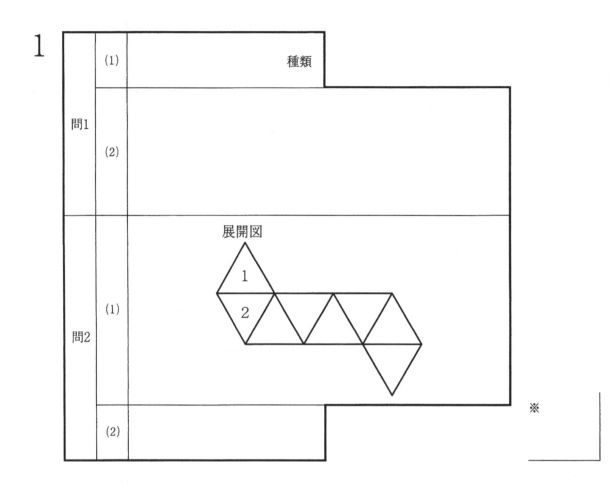

(1) 表1の山形県，広島県，香川県のうち，他の都道府県への人口の流出の割合がもっとも深刻なものを選んで書きなさい。

(2) 地方で人口が減少していくと，住民の生活にどのような問題が起きると考えられますか。図1と会話の内容からわかることを用いて書きなさい。

(3) 図2と図3から，空き家の増加には地域差がみられることがわかります。空き家の上昇《じょうしょう》率が高い地域で行える対策を，そうでない地域を参考に考えて書きなさい。

(4) 若者が地方から東京圏に移住することを防ぐ方法として考えられる取り組みを，図4から読みとれることをふまえて書きなさい。その際，表2中のどの「機関」が行う取り組みかわかるように，Ａ～Ｃのいずれかを選んで，記号で書きなさい。

3. 次の文章を読んで，あとの問いに答えなさい。

「人には優しく」「他人に思いやりを」といった言葉、君もよく聞かされるかい。でも、優しくって、いったいどうすればいいの？思いやるって、何をすること？そうとまどっている君に、私は全面的に同感する。思いやりというのだから、誰《だれ》かのことを頭の中で思えばいいのかな。思えと言われれば思うことはできるけど、それでどうだって言うのだろうか。

あっ、そうか。他人への思いやりを求める人は、思うことを通して他人に何かしてあげることを求めているのかな。でも、そうだったらもっとはっきりと、具体的に、「何々をしてあげなさい」と言えばいいじゃないか。あまり気は進まないけど親や先生にそう言われたからやるというのでは、いけないのだろうか。「それではいけない」という声が、どこからか聞こえてくるって？他人への思いを込《こ》めて、心から優しくしなさい。人に言われてするのではなく、みずからすすんで、自発的に、他人のために何かをしてあげなさい。

うーん、そうなのかな。そもそも、そのように人に要求すること自体、何かおかしくはないか。なぜなら、それは「みずからすすんで、自発的に」ということを、そう「しなさい」と命令し、強制しているからだ。自発性を強制してしまったら、それは自発性でも何でもなくなってしまって、結局のところ単なる強制でしかなくなる。それにもかかわらず、それが思いを込めた、心からの優しさでなきゃだめだなんて、どだい無理な話じゃないか。それをあえて、思いを込めた心からの優しさだとするのは、自分をも他人をも欺《あざむ》くものではないだろうか。①こういうのを「偽《ぎ》善《ぜん》」というのじゃないか。

こんなふうに君が考えたとしたら、これにも私は全面的に賛同する。大事なことは、人が何か困っていたら、助けを必要としていたら、その困難を取り除き、援助《えんじょ》することであって、それに思いが込められているか、優しさがともなっているかではない。たとえ君がそれをすることに気がすすまないとしても、その意味ではしぶしぶであり、場合によってはいやいやでも、それはそうすべきことなのではないだろうか。もちろん、そうすべきことがいつでもできるとはかぎらないけれども。

私たちは一人では生きていけない存在だ。一人では生まれてくることもできないし、死んだら後始末もしてもらわなければならない。自分でできることには限度があるし、他人たちといっしょに生活することではじめて手にできる恩恵《おんけい》は数かぎりない。たとえば、君がいま手にしている鉛筆《えんぴつ》、それを自分で作ろうとしたら、山から木を切り出すことからはじまって鉛を精錬するにいたるまで、膨大《ぼうだい》な労力と時間がかかって、他のことは何一つできなくなってしまうにちがいない。多くの他人たちが鉛筆の製造から販売《はんばい》までにかかわっているおかげで、君はわずかなお金で即座《そくざ》にそれを手に入れることができるんだ。

こうした他人たちとの生活を維持《いじ》し・円滑《えんかつ》に進めていくためには、おのずとそこに②ルールとマナーが必要になる。

ルール（規則）とは共同生活を損《そこ》なう行為《こうい》を禁ずる具体的なもので、「～してはいけない」というかたちをとる。でも、規則だけでは共同生活はギクシャクしてしまう。共同生活をより豊かなものにするためには、もっと積極的に他人とのかかわりを築き上げていかなければならないんだ。

そのとき大切なのは、他人の立場からものごとを見ることができるということ、つまり想像力だ。自分にはよくても他人にはそうでないこと、かえって害になることはたくさんあるからだ。逆に、自分にはちょっとつらいけど、人にはとても有り難いこともたくさんある。そうしたことがらを見極めながら他人との関係を築き上げていくスキル、それがマナー（作法）だと私は思う。つまり、マナーの本質は他人への配慮《はいりょ》だ。この配慮を、思いやりや優しさと取りちがえないでほしい。なぜなら、それは気持ちや思いや自発性とは似て非なるもので、豊かな共同生活に必要なスキル、身につけるべきものだからだ。③君に必要なのは優しさや思いやりではなく、他人への配慮、すなわちマナーなんだ。

最後に一言。こう言ったからといって、私は優しさや思いやりを否定しているのではない。君が誰かに対して心から優しくしたいと思ったなら、誰かを思わずにはいられなくなったなら、それはすばらしいことだ。でも、それがすばらしいのは、君がそれをみずからすすんで、自発的に望んだからだ。かりにそれが相手にとって、なんの役にも立たないとしてもね。優しさは、誰もそれを要求したり強制することのできないものだからこそ、すばらしいんだ。

（斎藤慶典「中学生の君におくる哲学」より）

⑴　下線部①「こういうのを『偽善』というのじゃないか」とありますが，どのような点で「偽善」なのか説明した次の文の[A]・[B]に当てはまる言葉を，[A]は２字，[B]は７字で本文中から抜き出しなさい。

[A]された優しさを，自発的な[B]であるかのように見せかけている点。

⑵　下線部②「ルールとマナーが必要になる」とありますが，「マナー」が必要なのは何のためですか。それを説明した部分を，本文中から17字で抜き出しなさい。

⑶　下線部③「君に必要なのは優しさや思いやりではなく、他人への配慮、すなわちマナーなんだ」と筆者は述べていますが，必要なのが「優しさや思いやり」ではなく「マナー」なのはなぜですか。また，「マナー」を身につけるためにあなたはこれからどうしていきたいと思いますか。以下の条件にしたがってあなたの考えを具体的に書きなさい。

〔条件〕

・２段落構成で，250字以上300字以内で書くこと。
・第１段落では，必要なのが「優しさや思いやり」ではなく「マナー」なのはなぜか，本文から読み取れる理由を書くこと。
・第２段落では，第１段落で書いたことをふまえて，「マナー」を身につけるためにあなたはこれからどうしていきたいか，具体例を挙げて，あなたの考えを書くこと。